Systemic Leadership

Ein innovativer Weg der Personalführung

von

Prof. Dr. Cyrus Achouri

Oldenbourg Verlag München

Bibliografische Information der Deutschen Nationalbibliothek

Die Deutsche Nationalbibliothek verzeichnet diese Publikation in der Deutschen
Nationalbibliografie; detaillierte bibliografische Daten sind im Internet über
<http://dnb.d-nb.de> abrufbar.

© 2009 Oldenbourg Wissenschaftsverlag GmbH
Rosenheimer Straße 145, D-81671 München
Telefon: (089) 45051-0
oldenbourg.de

Lektorat: Wirtschafts- und Sozialwissenschaften, wiso@oldenbourg.de
Herstellung: Anna Grosser
Coverentwurf: Kochan & Partner, München
Cover-Illustration: Wolfgang Spitzauer, München
Gedruckt auf säure- und chlorfreiem Papier
Druck: Grafik + Druck, München
Bindung: Thomas Buchbinderei GmbH, Augsburg

ISBN 978-3-486-59037-1

Vorwort

Die Systemtheorie hat sich in zahlreichen wissenschaftlichen Disziplinen inzwischen niedergeschlagen und fruchtbare Ergebnisse gebracht. Eine systematisch-wissenschaftliche Adaption für die Managementlehre, insbesondere für die Personalführung, ist aber bisher nicht erfolgt, zumindest ist mir keine bekannt. Hiermit möchte ich einen Beitrag leisten, die Diskussion um die Nutzbarmachung einiger systemtheoretischer Axiome für die Personalführung anzuregen.

Die angelsächsische Bezeichnung „Leadership" erschien mir aufgrund der Verbreitung des Begriffs sinnvoller für den Titel, als etwa „Systemische Personalführung", obgleich im Text beide gleichbedeutend verwandt werden.

Um zu verstehen, welchen Beitrag eine Systemic Leadership im Management leisten kann, werden zuerst allgemeine Grundlagen der Personalführung und -entwicklung vorgestellt. Einer Einführung in wesentliche Führungsinstrumente wie Feedback, Coaching, Performance Management und Human Resources Controlling (Kapitel 2 & 3) folgen wesentliche Führungsmethoden, auch unter Berücksichtigung ethischer Aspekte (Kapitel 4 & 5). Das 6. Kapitel erweitert die Betrachtung um die Anwendung internationalen Personalmanagements in einer globalisierten Welt und geht auf einige wesentliche Paradigmen interkulturellen Managements ein. Im 7. Kapitel schließlich erfolgt die Darstellung verschiedener systemtheoretischer Entwürfe, aus verschiedenen Teildisziplinen wie Biologie, Evolutionslehre, Physik, Kognitionswissenschaften, Philosophie, Pädagogik, Soziologie und Management. Alle diese Ergebnisse versuche ich schließlich im 8. Kapitel in einen Entwurf zu einer systemischen Personalführung (Systemic Leadership) einzubringen.

Der Inhalt des Buches ist hervorgegangen aus den Vorlesungen im Hauptstudium Betriebswirtschaftslehre, Vertiefung Human Resources Management sowie aus dem Oberseminar Systemtheorie, die im Sommersemester 2008 sowie im Wintersemester 2008/2009 an der Hochschule für Wirtschaft und Umwelt in Nürtingen gehalten wurden. Für die zahlreichen Anregungen durch die Studierenden möchte ich mich ganz herzlich bedanken. Ebenso gilt mein Dank für die Unterstützung, sowie die Bereitschaft, dieses Buch zu veröffentlichen, Herrn Dr. Schechler, Leiter des wirtschaftwissenschaftlichen Lektorats beim Oldenbourg Verlag. Herzlichen Dank auch an Wolfgang Spitzauer für den Entwurf des Umschlags.

Das Buch ist gleichermaßen als Vorlesungsbegleitung für Studierende der Betriebswirtschaft mit Schwerpunkt Personal gedacht als auch für interessierte Führungskräfte und Personalverantwortliche in der Unternehmenspraxis, die ihr Management-Instrumentarium erweitern möchten.

Ihnen allen wünsche ich Spaß und Nutzen beim Lesen.

Prof. Dr. Cyrus Achouri

Prof. Dr. Cyrus Achouri
Hochschule für Wirtschaft und Umwelt (HfWU),
Nürtingen-Geislingen
Lehrstuhl für Human Resources Management
Neckarsteige 6–10
72622 Nürtingen
www.hfwu.de

Doch Angst beschlich mich, mich sogar,
Als ich so grübelte in meiner Zelle:
Weh mir, wie kam ich auf den Teufelsweg –
In der Begierde Macht bin ich geraten!
Kurz ist die Spanne Zeit, die mir noch bleibt;
Alter und Krankheit drohn mich zu erdrücken.
Eh' dieser Körper hier zerfällt – vergeht,
Nutz' ich die Zeit; vergeude keine Stunde.
Den wahren Inbegriff des Lebens, wie es kommt und geht,
Bedenkend, erhob ich mich und stand befreiten Geistes!

Psalm der frühen Buddhisten

Inhaltsverzeichnis

1   Einführung

„Wenn du ein Schiff bauen willst,
so trommle nicht die Männer zusammen,
die Holz beschaffen, Werkzeuge vorbereiten,
Holz bearbeiten und zusammenfügen,
sondern lehre sie die Sehnsucht nach
dem weiten, unendlichen Meer."

Antoine de Saint-Exupéry

Jedes Unternehmen weiß heute, dass Leistung und Motivation der Mitarbeiter zum größten Teil vom Führungsverhalten im Unternehmen beeinflusst wird (mehr als 70%[1]). Hervorragende Führungsleistung ist heute aufgrund mehrerer Faktoren kein Ideal mehr, sondern conditio sine qua non erfolgreichen Unternehmertums. Das hat mehrere Gründe.

Zum einen gibt es aufgrund eines Unterangebots qualifizierter Arbeitskräfte insbesondere in Deutschland nicht nur das Erfordernis die besten Talente zu gewinnen, sie müssen auch gehalten werden. Diese Retention-Leistung hängt immer noch zum größten Teil an der direkten Führungskraft. In vielen Fällen, in denen Unternehmen Austrittsinterviews führen, zeigt sich eine direkte Korrelation von schlechtem Führungsverhalten zu ungewollter Fluktuation von Mitarbeitern.

Aber auch die veränderten Ansprüche der Mitarbeiter an Eigenverantwortung, Verbindung von Karriere und Beruf in den verschiedensten Arbeits- und Zeitmodellen, die so genannte Work-Life-Balance ist heute gerade für die hochqualifizierten Arbeitnehmer ein wichtiges Thema, insbesondere für die breite Schicht hochqualifizierter Frauen. Führungskräfte können heute nicht mehr erhöhten Koordinationsaufwand für Teilzeitkräfte oder Effizienzgründe für die Ablehnung flexibler Arbeitsmodelle angeben. Genügend Studien belegen, dass Teilzeitkräfte gerade effizienter mit ihrer Arbeitszeit umgehen (müssen).

In dem Maße, wie sich die technischen Möglichkeiten von Rationalisierung immer mehr asymptotisch perfektionieren lassen, stehen wir bezogen auf die Aktivierung der Ressource Arbeitnehmermotivation dagegen eher am Anfang. Da die Motivation der Mitarbeiter aber entscheidend für deren Leistungswillen und -fähigkeit ist, ist es notwendig, diesen ersten Dominobaustein nicht ungenutzt zu lassen und exzellente Leadership als zentralen Hebel für den Geschäftserfolg eines Unternehmens zu begreifen.

---

[1]   IES Report 355, From People to Profits, 1999

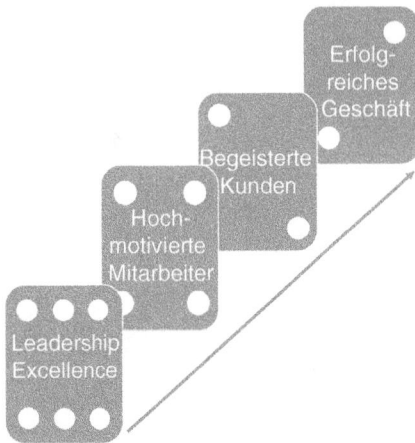

Abb. 1–1:   „Leadership-Domino"

Was Sie, lieber Leser in diesem Buch finden, ist keine gesamte Einführung in die Thematik der Personalführung. Vielmehr werden einzelne, für die Führungsarbeit aus unserer Sicht wesentliche, Kernthemen vorgestellt und in der Folge eine „Systemic Leadership" als systemtheoretischer Ansatz der Personalführung abgeleitet. Die Vorgehensweise ist dabei keine historische, sondern eine systematische.

So werden wir in Kapitel 2 zunächst Performance-Management-Systeme zur Leistungsbeurteilung beleuchten. Dazu stellen wir grundlegende Techniken wie Feedback und Kommunikationsanalyse vor, die Allgemeinwissen jeder Führungskraft sein sollten. In der Folge werden die einander ergänzenden Performance-Management-Systeme von Mitarbeiter- und Vorgesetztenbeurteilung behandelt. Die Ableitung relevanter Human Resources-Kennzahlen, um Mitarbeiterziele zu definieren und deren Erreichung insbesondere mit der Balanced Score Card als Personalcontrolling-Instrument zu messen, runden das Kapitel ab.

Kapitel 3 bietet eine Einführung in das Management-Coaching, die Königsdisziplin in der Personalentwicklung von Führungskräften. Trotz der Relevanz des Führungskräfte-Coaching für die Management-Performance gibt es keine einheitlich formulierten Qualitätsstandards für die Ausbildung und den Einsatz von Coaches. Wir werden Qualitätskriterien für die Auswahl von Coaches, sowie Kriterien für die erfolgreiche Steuerung und Evaluierung definieren. Das Kapitel schließt mit einer Einführung in ausgewählte Beratungsansätze, die im Führungskräftecoaching genutzt werden.

Während Kapitel 4 zunächst die Frage behandelt, auf welches Wertekonstrukt Führungskräfte ihr Handeln, insbesondere in personalpolitisch heiklen Situationen, stützen können, leitet Kapitel 5 bereits zu Theorien der Führungslehre über. Nach einer Einführung zu Mitarbeitermotivation werden zunächst Menschenbilder als grundlegende Paradigmen, die dem jeweiligen Führungsstil- und Verständnis von Personalführung immer schon zu Grunde liegen, vorgestellt. In der Folge werden ausgewählte Führungsstile vorgestellt, um schließlich mit den so genannten Führungstechniken, also der handwerklichen Umsetzung, zu schließen.

Kapitel 6 beleuchtet Personalführung in globalisierten Dimensionen, stellt Internationalisierungsstrategien und schließlich verschiedene Modelle zur Beschreibung interkultureller Kulturdimensionen vor. Damit ist die Einführung in grundlegende Leadership-Theoreme abgeschlossen.

In Kapitel 7 erfolgt ein Exkurs in verschiedene Wissenschaftsdisziplinen, um die System-theorie in ihren grundsätzlichen Aussagen vorzustellen. Dazu werden die Aussagen von Evolutionsbiologie, Physik, ebenso wie Chaosforschung, Kognitionswissenschaften oder Philosophie, Pädagogik und Managementlehre untersucht, um die gemeinsamen Aspekte herauszuarbeiten.

Diese werden in Kapitel 8 als Grundlage genommen, um die systemtheoretischen Aussagen und Ergebnisse auf die Personalführung anzuwenden und den Entwurf einer Systemic Lea-dership abzuleiten.

2 Performance-Management-Systeme

„Mein Job war es, Talente zu entwickeln. Ich war der Gärtner, der Wasser und andere Nahrung für unsere besten Leute bereitstellte. Natürlich musste ich auch etwas Unkraut rupfen. "

Jack Welch (*19.11.1935), ehem. CEO General Electric (1981–2001)

Performance Management bezeichnet den Prozess der Leistungsmessung, Leistungssteuerung und -kontrolle von Mitarbeitern, Teams, sowie Führungskräften. Das Ziel dieses Prozesses ist eine kontinuierliche Verbesserung von Individual- und damit letztlich auch der gesamten Unternehmensleistung. In Erweiterung einer rein rechnungswesenorientierten Fokussierung, welche im Schwerpunkt vergangenheitsorientiert ist, hat Performance Management auch nichtfinanzielle Leistungsindikatoren im Blickfeld. Diese ganzheitliche Planungs- und Steuerungshorizont wird zudem auch auf zukünftige Herausforderungen ausgerichtet.

Um diesem ganzheitlichen Ansatz gerecht zu werden hat sich in vielen Unternehmen die Balanced Score Card zur Messung der finanziellen Ergebnisse, der Prozesseffizienz, aber auch der Mitarbeiter- und Kundenzufriedenheit durchgesetzt. Im Folgenden sollen wesentliche Performance-Management-Instrumente, das Mitarbeitergespräch und dessen Komplementärinstrument, die Vorgesetzten- oder Führungskräftebeurteilung dargestellt werden.

Grundlage aller dieser Instrumente ist jedoch die Kommunikation. Strukturierte erfolgreiche Kommunikation ist dabei schon selbst ein (Führungs-)Instrument und alle eingesetzten Performance-Management-Verfahren stehen und fallen mit der Qualität der enthaltenen Kommunikation. Für Kommunikation, die zur Rückmeldung über Verhalten und Leistung genutzt wird, hat sich in Anlehnung an den naturwissenschaftlichen Begriff der Rückkopplung der Begriff des Feedback durchgesetzt.

Bevor wir die Verfahren selbst betrachten, sollten wir uns demnach den Grundlagen erfolgreicher Kommunikation zuwenden. Hier spielt insbesondere Feedback eine Rolle, welches als Kommunikationsinstrument eine Rückmeldung über Verhalten und Leistung gibt.

2.1 Feedback

2.1.1 Die Bedeutung von Feedback

Obwohl Feedback inzwischen zu dem wohl bekanntesten Managementinstrument überhaupt geworden ist, zeigt sich, dass sowohl Mitarbeiter als auch Führungskräfte sehr wohl die Inhalte der Feedbackregeln aus Theorie und Training zwar kennen, zugleich erweist sich in der Umsetzung aber entweder unzureichendes Verständnis der Thematik oder es ist zu wenig Überzeugung vorhanden, das gelernte Wissen auch praktisch einzusetzen. Jedenfalls lässt sich in der durchschnittlichen betrieblichen Praxis kein signifikanter Zuwachs an positiver Kommunikationskultur ausmachen.

Zugleich kann man aber behaupten, dass Feedbackgeben und -nehmen als wichtigstes Führungs-, Entwicklungs-, ja Personalinstrument überhaupt zu gelten hat. Wenn man notgedrungen auf alle Personalinstrumente verzichten müsste, ließe sich doch auf eine produktive und geregelte Kommunikation nicht verzichten. Die Relevanz, die Feedback haben sollte und die es in der Wahrnehmung vieler Führungskräfte genießt, klaffen aber fulminant auseinander.

Der beste Weg, an einer produktiven Feedbackkultur zu arbeiten, ist sicherlich, den theoretischen Input mit unmittelbaren Praxiseinheiten zu kombinieren. Erst das Training schafft das Verständnis für die (oft unbewusst) vorhandenen Kommunikationsmuster und erst Training kann lang etablierte Kommunikations- und Verhaltensweisen aufbrechen. Ein rein kognitiver, bewusster Zugang ist hier meist nicht ausreichend. Auch zeigt sich in Rollenspielen beim Training erst, wie weit die theoretischen Inhalte wirklich verstanden und internalisiert wurden. Eigeneinschätzung und Trainingsergebnis liegen deshalb zunächst nicht selten auseinander.

Das schöne und interessante am Instrument Feedback ist, dass es weder speziell für Führungskräfte noch Mitarbeiter konzipiert ist, respektive relevant ist. Es ist als Kommunikationsmuster für alle Bereiche der menschlichen Kommunikation anwendbar. Deshalb enthalten auch die meisten Feedbacktrainings die Aufforderung, die gehörten Inhalte möglichst oft auch gerade im privaten Bereich zu üben und damit zu einem individuellen Kommunikationsmuster zu machen.

Es zeigt sich in der Praxis, dass es meist lange dauert, bis etwa der Dreischritt der Feedbackregeln so formuliert werden kann, dass sie weder auswendig gelernt, noch inszeniert klingen. Insbesondere im Umgang mit gleichgestellten Kollegen in Unternehmen, sowie im privaten Bereich, kann es sich als echte Herausforderung herausstellen, Feedback professionell zu formulieren, ohne die eigene Authentizität und Natürlichkeit einzubüßen.

Die Lage ist anders in der Personalführung. Hier sind Werte wie Authentizität und Natürlichkeit natürlich ebenso Desiderata einer von den Mitarbeitern akzeptierten Führungskraft. Allerdings kommt hier das Moment der Beurteilung mit allen etwaigen Folgen hinzu. Demnach liegt hier das Ziel in der Kommunikation der Führungskraft mit Ihren Mitarbeitern vor allem in der Eindeutigkeit und Präzision der Aussagen und zugleich im sachlichen und nicht offensiven Ton. Liegen diese Aspekte in der Kommunikation der Führungskraft vor, so wird der Mitarbeiter das Gespräch als professionell bewerten, auch wenn die Feedbackregeln nicht hundertprozentig internalisiert sind und unter Umständen z.B. holprig oder mit Mühe formuliert werden.

Anders als im unprofessionellen Plauderton einer oft missverständlich „authentischen" Führungskraft wird dort gerade durch die bewusst eingehaltene Feedbackform auch verbal ausgedrückt, dass der Beurteilungsprozess respektiert wird und die Führungskraft ausdrücklich versucht, dieser Evaluation im wahrsten Sinne des Wortes „gerecht" zu werden. Wenden wir uns nun den Inhalten dieser Kommunikation zu.

2.1.2   Kommunikationsanalyse

Entstanden ist das Instrument Feedback und spezifische, empfohlene Feedbackregeln aus der Arbeit von Sozialpsychologen und Gruppendynamikern wie beispielsweise Kurt Lewin. Feedback ist eine Rückmeldung an eine Person über deren Verhalten und wie dieses von anderen wahrgenommen, verstanden und erlebt wird. Solche Rückmeldungen finden im Kontakt mit anderen ständig statt, bewusst oder unbewusst, spontan oder erbeten, in Worten oder körpersprachlich. Um diese Vorgänge deutlich zu machen und zu üben, und um die Selbst- und Fremdwahrnehmung zu verbessern, wird Feedback seit langem im gruppendynamischen Training gezielt als Übung eingesetzt. Hierbei geht es darum, sein eigenes Selbstbild zu überprüfen und mit Fremdbildern abzugleichen. Dieser Abgleich ist zum Beispiel beschrieben mit dem „Johari-Fenster".

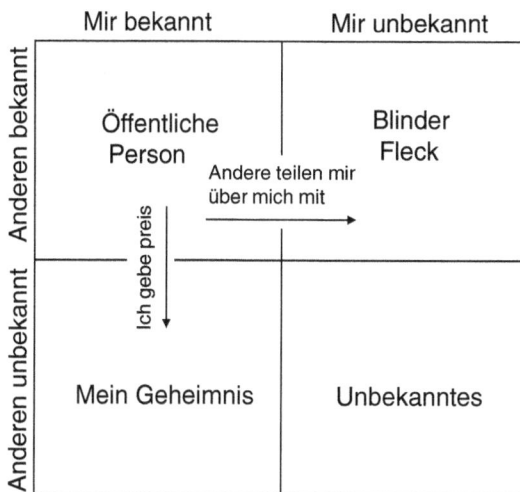

Das Johari-Fenster ist ein Fenster bewusster und unbewusster Persönlichkeits- und Verhaltensmerkmale zwischen einer Person und anderen bzw. einer Gruppe. Entwickelt wurde es 1955 von den amerikanischen Sozialpsychologen Joseph Luft und Harry Ingham[1]. Die Vornamen der beiden wurden für die Namensgebung herangezogen. Mit Hilfe des Johari-Fensters wird vor allem der so genannte blinde Fleck im Selbstbild eines Menschen illustriert.

Johari-Fenster

	Mir bekannt	Mir unbekannt
Anderen bekannt	Öffentliche Person	Blinder Fleck
Anderen unbekannt	Mein Geheimnis	Unbekanntes

Andere teilen mir über mich mit →

Ich gebe preis ↓

Abb. 2–1:　Johari-Fenster

Öffentlich ist alles, was ein Mensch von sich preis gibt, was also ihm selbst und Dritten bekannt ist und damit die Anteile der Persönlichkeit, die nach außen sichtbar gemacht werden. Dieser Teil ist im Vergleich mit den anderen meist eher klein. Es sind aber vor allem die nicht-öffentlichen Bereiche, die Beziehungen ganz wesentlich bestimmen.

Geheim ist alles, was der Betroffene weiß oder kennt, aber Dritten nicht zugänglich macht oder aktiv vor ihnen verbirgt. Unter „Blinder Fleck" versteht man alles, wovon der Betroffene selbst keine Ahnung hat, Dritte aber sehr wohl darum wissen. Unbekannt schließlich ist alles, das sowohl dem Betroffenen, als auch Dritten nicht bekannt ist, mit den Worten Sigmund Freuds das Unbewusste.

Ein wesentliches Ziel von Lernen in der Gruppendynamik ist es nun, den gemeinsamen Handlungsspielraum transparenter und weiter zu gestalten. Im Johari-Fenster wird dabei das linke obere Feld immer größer, die anderen drei werden zunehmend kleiner.

---

[1]　Angelehnt an Luft, J. & Ingham, H. 1955

Durch Mitteilen von Beobachtungen über Blinde Flecken direkt an den Betroffenen gewinnt dieser Erkenntnisse über sich selbst und kann so seinen privaten und öffentlichen Handlungsspielraum bewusster wahrnehmen und ausfüllen. Dieser Vorgang des „Was" wird durch das „Wie" der Feedbackregeln effizient unterstützt.

Eine andere bekannte Illustration zur Darstellung der Bewussten und unbewussten Anteile in der Kommunikation ist das so genannte „Eisbergmodell", welches sich auf den Psychoanalytiker Sigmund Freud zurückführen lässt.

Demnach spielt nur ein relativ geringer Teil der Kommunikation auf der Oberfläche des Meeres, dem sichtbaren Eisberg. Der weitaus größere Anteil der nonverbalen, emotionalen und unbewussten Kommunikation liegt im Meer der unmittelbaren Sicht verborgen.

Eisbergmodell

Abb. 2–2:   Eisbergmodell

Dieser Tatsache trug auch Ruth Cohn (*1912)[2], Psychoanalytikerin und Begründerin des Konzepts der „Themenzentrierten Interaktion (TZI)", Rechnung mit Ihrer Formulierung „Störungen haben Vorrang".

Demnach ist es insbesondere in der Arbeit mit Gruppen notwendig, vorhandene (emotionale) Störungen, die der Kommunikation spürbar werden, zu thematisieren, sie an die Oberfläche des Eisbergs zu bringen und damit eine sachliche, bewusste Klärung zu ermöglichen. Räumen wir den Störungen keinen Vorrang ein, werden sie sich de facto Vorrang schaffen, ob wir diesen einräumen oder nicht.

Der Gruppenprozess und damit auch die sachliche Klärung von Aufgaben und Problemen kann dann wieder auf den Anfang zurückgeworfen werden. Die TZI nennt vier entscheidende Faktoren im Gruppenprozess, die individuellen Anliegen (Ich), die Bedürfnisse der Gruppe (Wir), die Aufgabe (Es) und das Umfeld (Globe).

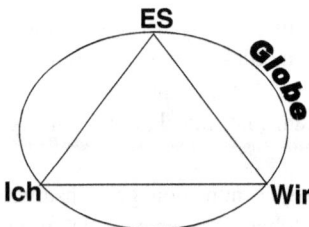

Abb. 2–3:   TZI-Dreieck

[2]   Cohn, 1975

Der berühmte Pantomime und Professor emeritus der Wiener Musikhochschule Samy Molcho (*1916 in Tel Aviv)[3] zeigte in seiner Analyse unserer Körpersprache ebenso eindrucksvoll, welch großen Anteil die nonverbalen und auch unbewussten Anteile an unserer Kommunikation haben.

Vier Seiten einer Nachricht

Eine weiteres, inzwischen weit verbreitetes, Modell zur Analyse von Kommunikation ist das Modell der „Vier Seiten einer Nachricht" von Schulz von Thun[4]. Jede Nachricht/Botschaft wird vom Sender ausgesendet (codiert), dann übermittelt und schließlich vom Empfänger aufgefangen (decodiert). Bei Ver- und Entschlüsselung können schwerwiegende Übersetzungsfehler entstehen.

Gründe dafür können vielfältig sein, z.B. aufgrund von technischen Störungen (rauschendes Telefon) oder auch sprachlichen Schwierigkeiten (Fremdsprache). Jeder Sender spricht mit vier Zungen, jeder Empfänger hört mit vier Ohren. Daher entsteht die Gefahr, dass Sender und Empfänger die vier Seiten einer Botschaft unterschiedlich stark gewichten bzw. von vornherein anders interpretieren.

Die vier Seiten einer Botschaft sind die 1) Sachebene, die 2) Beziehungsebene, 3) die Selbstoffenbarung sowie 4) der Appell. Man hört z.B. ganz deutlich einen Appell aus der Botschaft des Partners, obwohl dieser nur etwas über seine momentane Befindlichkeit mitteilen wollte oder auch nur sachlich beschreibt, z.B.: Mann und Frau sitzen beim Abendessen. Mann: „Da ist etwas Grünes in der Suppe." Die Frau antwortet: „Wenn es dir nicht schmeckt, kannst du ja selber kochen!"

Das Kommunikationsquadrat geht von der Annahme aus, dass jede Äußerung nach vier Seiten hin interpretiert werden kann – vom Sender der Äußerung wie auch vom Empfänger. Diese vier Seiten der Nachricht werden im Modell durch eine Quadratseite in einer eigenen Farbe repräsentiert.

Abb. 2–4:   Kommunikationsquadrat[5]

Auf der Sachseite (oben) informiert der Sprechende über den Sachinhalt, d.h. über Daten und Fakten. Die Selbstkundgabe (links) umfasst das, was der Sprecher durch das Senden der Botschaft von sich zu erkennen gibt. Auf der Beziehungsseite (unten) kommt zum Ausdruck, wie der Sender zum Empfänger steht und was er von ihm hält. Was der Sender beim Empfänger erreichen möchte, wird auf der Appellseite (rechts) deutlich.

---

[3]   Molcho, 2001
[4]   Schulz von Thun, 1981
[5]   Nach Friedemann Schulz von Thun, www.schulz-von-thun.de

Johari-Fenster, Eisbergmodell und das Kommunikationsquadrat sind Beispiele für die Analyse von Kommunikation. Sie liefern in erster Linie noch kein Handlungsmuster oder eine Empfehlung, wie Kommunikation erfolgen kann oder soll, sondern beschreiben zunächst, welche Aspekte in der Kommunikation von Menschen vorhanden sind und wie sie wirken. Wenden wir uns demnach nun konkreten Empfehlungen für Kommunikation zu, wie sie beispielsweise in den Feedbackregeln gegeben werden.

Feedbackregeln

Grundsätzlich gilt für jedes Feedback, dass es vom Feedbacksender nur gegeben werden sollte, wenn der Feedbacknehmer dieses auch wünscht. Dies macht im Kreise gleichrangiger Arbeitskollegen auch Sinn. Im Falle der Führungskräfte gilt dies nur uneingeschränkt, da zum einen Mitarbeitergespräche, die eine Rückmeldung über die Leistung des Mitarbeiters enthalten, fest im Performance-Management-Prozess etabliert und damit auch verbindlich vorgeschrieben sind. Zum anderen ergibt sich für eine Führungskraft darüber hinaus eine Verpflichtung, ihren Mitarbeitern Rückmeldung auch ungebeten zu geben, wenn es sich um die Beurteilung von Verhalten handelt, das im weiteren dann zur Leistungsmessung herangezogen wird.

Jede Führungskraft hat demnach die Verpflichtung, situativ und aktiv auf ihre Mitarbeiter zuzugehen und Feedback nicht nur anzubieten, sondern auch konkret zu adressieren. Ansonsten sollte sich der Feedbackprozess, wie er in der Kommunikation von Führungskraft zu Mitarbeiter stattfindet, nicht von jedem anderen Feedbackprozess unterscheiden. Im Feedback kann der Empfänger erfahren, wie er auf andere wirkt. Er kann nun überlegen, ob er das so beibehalten will und kann gegebenenfalls sein Verhalten verändern. In menschlichen Beziehungen wird vieles verschwiegen bzw. findet Kommunikation auch verdeckt statt, wie wir im Eisbergmodell oder dem Johari-Fenster gesehen haben. Durch offenes Feedback wird Verborgenes erkennbar. Wünsche und Bedürfnisse, Freude und Anerkennung können ausgetauscht werden, aber auch Ängste und Verletzungen können angesprochen werden. Dadurch entsteht Verständnis, Nähe, Verlässlichkeit und schließlich Vertrauen.

Insbesondere in Gruppen werden Gefühle oft unter den Tisch gekehrt und können dort negative Wirkung entfalten. Auch widersprüchliche Ziele können zu Konflikten führen. Im offenen Feedback können Gefühle gezeigt und Beweggründe und Bedürfnisse erklärt werden. Dadurch entsteht Klarheit und diese kann zu einer besseren Zusammenarbeit führen. Da Visualisierungen besonders geeignet sind, Lerninhalte darzustellen, soll im Folgenden anhand des Feedback-„Burgers" der Dreischritt der Feedbackregeln dargestellt werden.

Demnach wird Feedback immer in dem Dreischritt der drei „Ws" formuliert: 1) Wahrnehmung 2) Wirkung 3) Wunsch. Ausgangspunkt ist dabei immer ein wahrgenommenes, beobachtbares Verhalten. Wahrnehmbar bedeutet hier auf der rein sinnlichen Ebene wahrnehmbar, also in unserem Kontext vor allem visuell und auditiv. Im zweiten Schritt der Wirkung beschreibt der Feedbacksender die Wirkung, die das angesprochene wahrgenommene Verhalten beim Feedbacksender auslöst.

Diese Wirkung ist notwendigerweise subjektiv und löst bei verschiedenen Menschen sehr wahrscheinlich völlig unterschiedliche Wirkungen aus. Es macht deshalb Sinn, diese Wirkung als Ich-Botschaft zu formulieren. Dies nimmt der Aussage seine Schärfe, indem sie subjektiv relativiert wird.

Feedback-Burger Rules!

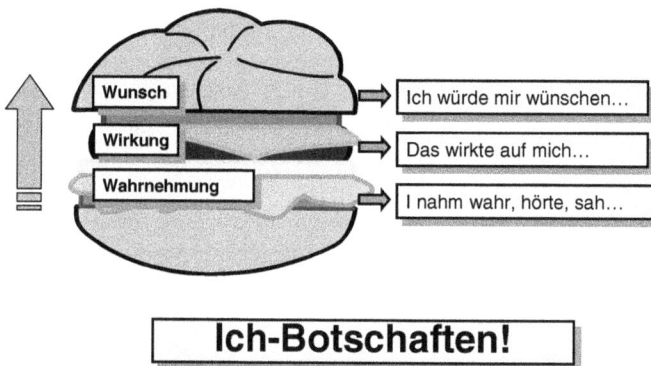

Wunsch → Ich würde mir wünschen…

Wirkung → Das wirkte auf mich…

Wahrnehmung → I nahm wahr, hörte, sah…

Ich-Botschaften!

Abb. 2–5:   Feedbackregeln

Im letzten Schritt kann ein Wunsch formuliert werden, wo der Feedbacksender, erneut in Form einer Ich-Aussage, sich eine Änderung des Verhaltens vom Feedbackempfänger wünscht. Man kann sich hier überlegen, ob es sinnvoll ist, wirklich einen Wunsch zu formulieren, denn jeder Wunsch enthält, auch als Ich-Botschaft relativiert, einen Wunsch zur Verhaltensänderung des Gegenüber. Es erscheint uns deshalb sinnvoller, den dritten Schritt als „Vorschlag" oder „Alternative" zu begreifen und dies auch so zu formulieren. Statt: „Ich würde mir wünschen, dass Sie dies oder jenes ändern" könnte man formulieren: „Wenn Sie so oder so handeln, dann würde es bei mir nicht diese (negative) Reaktion auslösen sondern diese Reaktion (positiv)".

Was diese Vorgehensweise so wirkungsvoll macht, ist die nicht offensive Art der Vermittlung. Es werden keine Persönlichkeitsaussagen getroffen, die in ihrer Invarianz und Allgemeinheit verletzend wirken können („Sie sind ein … Mensch!"). Vielmehr wird zunächst auf der Ebene objektiver Wirklichkeit ein sinnlich beobachtbares Verhalten angesprochen und darauf hin ein subjektives persönliches Anliegen formuliert. Hierin liegen zwei besondere Vorteile:

Zum einen wird in der reinen Wahrnehmung auf etwas referiert, was der Feedbacknehmer (hoffentlich) ebenso wahrgenommen hat, obwohl natürlich nicht ausgeschlossen ist, dass diese Wahrnehmung dem Feedbackempfänger nicht bewusst war, oder von ihm oder ihr schlichtweg geleugnet wird. Wenn man allerdings die Basis der gemeinsamen Wahrnehmung einmal geschaffen hat, ist es nicht nur leichter, darüber in Diskussion zu treten, wie dieses Verhalten gemeint war und welche Wirkung es entfaltet hat.

Die Schilderung der konkreten Verhaltensweisen bietet dem Feedbacknehmer zum anderen auch die Möglichkeit eines produktiven Ansatzes für seine mögliche Verhaltensänderung. Wenn eine Führungskraft ihren Mitarbeiter beispielsweise beschimpft „ Sie sind ein unzuverlässiger Mensch" so wirkt diese Äußerung zunächst nur verletzend für den Mitarbeiter. Wenn die gleiche Aussage nach Feedbackregeln getroffen wird, könnte sie z.B. lauten: „Sie kommen regelmäßig fünf bis zehn Minuten zu spät zu unseren Meetings. Das stört den Ablauf und wirkt auf mich so, als nähmen Sie meine Termine nicht ernst. Ich würde mir wünschen, dass Sie ab jetzt pünktlich zu den Terminen erscheinen."

Damit ist nicht nur ein nicht offensiver Rahmen für Kommunikation geschaffen, der Mitarbeiter weiß durch die Wahrnehmungsschilderung auch ganz konkret, wie er sein Verhalten ändern könnte, um eine andere Reaktion bei seiner Führungskraft hervorzurufen.

Die Berufserfahrung zeigt, dass diese Art der Kommunikation auch die jeweilige Erlebniswelt des Feedback-Empfängers adäquater beschreibt. So wird man feststellen, dass sich Feedbacknehmer oft gar nicht über das eigene Verhalten und vor allem auch dessen Wirkung auf andere im Klaren sind. Das Verhalten ist meist gar nicht als Provokation gedacht, es war nur nicht reflektiert. Eine Beleidigung der ganzen Person, wie im obigen Beispiel geschehen, würde die Erlebniswelt des Mitarbeiters unter Umständen völlig verfehlen und ihrerseits nur provozieren. Hier hilft es, sich einen Gedanken des Philosophen Sokrates vor Augen zu halten, wonach Menschen nicht bewusst aus schlechter Absicht handelten, sondern aufgrund von fehlender Einsicht. Feedback hilft, diese Einsicht zu ermöglichen.

Die Grenzen von Feedback

„Das rechte Maß zu wissen, ist die höchste Kunst",

Heraklit von Ephesos, 6. Jh. v. Chr.

dies gilt auch für Feedback als Kommunikationsinstrument. Demnach lässt sich auch der Einsatz von Feedback, ebenso wie seine Geltung, nicht unbegrenzt behaupten und es ist notwendig Grenzen zu setzen, um Feedback als Instrument nicht seinerseits zu einer Kommunikationswaffe werden zu lassen.

Wir haben bereits darauf hingewiesen, dass Feedbackprozesse auf gleicher Augenhöhe (beispielsweise im Kollegenkreis oder im Privaten) sich von der Anwendung als Führungsinstrument zwischen Führungskraft und Mitarbeiter unterscheiden. Eine Führungskraft kann demnach nicht darauf warten, dass Feedback vom Mitarbeiter erbeten wird.

Zum anderen würde der Habitus, sich beim Feedbackgeber für das Feedback zu bedanken, unpassend wirken, da es sich hier ja nicht nur um Inhalte handelt, die der Feedbacknehmer für seine persönliche Entwicklung nutzen kann, sondern konkrete Beurteilungen der Leistung daraus abgeleitet werden.

Ein weiterer wesentlicher Punkt betrifft die Relevanz, die ein gegebenes Feedback für die Umsetzung beim Feedbacknehmer hat. Nur der Feedbacknehmer entscheidet, ob er das Feedback annehmen will. Dies gilt auch für die Situation Führungskraft und Mitarbeiter, auch wenn hier andere Konsequenzen zu erwarten sind, wie im Umgang mit Kollegen.

Für die Führungskraft endet die Relevanz des Instrumentes Feedback mit der Relevanz, welche der Inhalt des Feedbacks bezogen auf den Arbeitsplatz hat. Alle Aussagen, die nicht mit der unmittelbaren Arbeitsumgebung in Verhältnis stehen und dazu gedacht sind, die Zusammenarbeit zu fördern, gehören nicht in den Aufgabenbereich der Führungskraft.

So verbietet es sich beispielsweise für eine Führungskraft, Rückmeldungen, die auf die gesamte Person ausgeweitet werden, bzw. die generelle Lebensführung, ethische Haltung etc. eines Mitarbeiters ausgerichtet sind, zu adressieren. Auch Ratschläge können Schläge sein, insbesondere wenn sie von Autoritätspersonen ausgesprochen werden oder innerhalb eines bestehenden Machtverhältnisses, wie es das Verhältnis Führungskraft zu Mitarbeiter darstellt, geäußert werden. Auf Seiten des Mitarbeiters besteht die Grenze von Feedback dort, wo die Adaption der Rückmeldung für das eigene Verhalten abgelehnt wird.

Auch in Hinsicht auf eine Führungskraft muss der Mitarbeiter entscheiden, inwieweit die Wünsche zur Verhaltensänderungen angenommen werden. Hierbei stellt sich in Anbetracht der Führungskraft als Vertreter des Unternehmens im Weiteren auch die Frage, in wie weit ein Mitarbeiter die Wünsche zur Verhaltensänderung in Anpassung an eine spezifische Unternehmenskultur umsetzen will und kann. Diese Entscheidung kann letztlich immer nur individuell fallen.

Es ist für Führungskräfte wie für Mitarbeiter wichtig, zu verstehen, dass Feedback als Instrument nicht dazu da ist, unbegrenzte Wünsche an Einzelne zu formulieren, denen der Feedbacknehmer dann entsprechen muss. De facto werden an uns täglich viele verschiedene Wünsche herangetragen, denen wir gar nicht alle entsprechen könnten. All diesen Wünschen nachzukommen würde im Extrem zur Auflösung unseres eigenen Willens führen.

Insbesondere Führungskräfte erlernen oft schmerzhaft, dass sie es nicht allen recht machen können, selbst wenn sie das wollten. Die Setzung eines Rahmens, innerhalb dessen kritisch das eigene Verhalten geprüft wird, insbesondere aufgrund der Rückmeldungen von anderen und auf der anderen Seite auch die Zurückweisung von Ansprüchen, denen man nicht gerecht werden kann oder will, gehört entscheidend mit zur Durchsetzungsfähigkeit, welche Führungskräfte haben oder erlernen müssen.

> *„Ich bin ich und Du bist Du. Ich bin nicht auf dieser Welt, um so zu sein, wie Du mich wünscht und Du bist nicht auf dieser Welt, um so zu sein, wie ich Dich wünsche."*
>
> Fritz Perls[6]

Nachdem wir nun die Grundlagen erfolgreicher Kommunikationsstrukturen kennengelernt haben, wollen wir uns nun im Folgenden verschiedenen Verfahren des Performance Management zuwenden, wo diese Kommunikation Einsatz findet.

2.2   Mitarbeiterbeurteilung

Die Mitarbeiterbeurteilung, meist Mitarbeitergespräch genannt, ist ein Instrument, in dem Führungskraft und Mitarbeiter üblicherweise jährlich (mit zusätzlichen unterjährigen Reviewterminen) Inhalte wie Zielvereinbarungen, Beurteilung der gezeigten Leistung, persönliche und fachliche Weiterbildung, generelle Entwicklungsmöglichkeiten im Unternehmen usw. besprechen.

Häufig orientieren sich diese Gespräche an Personalbögen, Leitfäden, Checklisten oder Formularen, die als Struktur für die Gesprächsführung durch die Führungskraft dienen, aber auch dem Sinn der Vergleichbarkeit aller beurteilten Mitarbeiter dienen.

Obwohl die Inhalte und Elemente optional sind und den betrieblichen Erfordernissen angepasst werden können und sollen, gibt es eine vergleichbare Grundstruktur, die ein Mitarbeitergespräch haben sollte.

Die Mitarbeiterbeurteilung ist natürlich ebenso wie andere Feedbackinstrumente, die ein Unternehmen einsetzt (z.B. Vorgesetztenbeurteilung, Mitarbeiterbefragung, 360-Grad-Feedback, Assessment Center) mit der Arbeitnehmervertretung abzustimmen und gegebenenfalls in schriftlichen Betriebsvereinbarungen festzuhalten.

---

[6]   Fritz Perls (1893–1970), Psychotherapeut und Mitbegründer der Gestalttherapie

Ein Mitarbeitergespräch kann zu verschiedenen Anlässen Einsatz finden, z.B. zum Ende der Probezeit, Ende einer Befristung, Aufhebung oder Kündigung, Leistungs- und Potentialbewertung, Weiterbildungsmaßnahmen, Veränderung von Aufgaben, Rückkehr nach Arbeitsunfähigkeit oder Krankheit, Karriereentwicklung, Konfliktanalyse usw. Ausgangspunkt ist die Beschreibung der Aufgabe, die ihrerseits der Definition des Anforderungsprofils jeder Stelle zugrunde liegt.

Nach Besprechung der Aufgaben wird üblicherweise ein Rückblick in das vergangene Jahr den Ausgangspunkt des Gespräches bilden. Hier wird festgestellt, welche Aufgaben in welchem Erfüllungsgrad erledigt wurden und was dafür die jeweiligen Gründe waren.

Im Folgenden werden die Ziele für das nächste Jahr (oder bei Antritt einer neuen Funktion unter Umständen der ersten sechs Monate) vereinbart und gegebenenfalls auch ein Termin für einen Review festgelegt, der nach einigen Monaten prüft, ob sich der Mitarbeiter auf dem richtigen Weg befindet, um im Zweifel einer Zielverfehlung gegensteuern zu können.

Auch die mittel- und langfristige Karriereplanung sollte besprochen werden und gegebenenfalls Maßnahmen in der Weiterbildung, die diese Entwicklung flankieren und unterstützen. Inhaltliche Kriterien, welche im Mitarbeitergespräch behandelt werden, lassen sich z.B. sehr gut über die Perspektiven der Balanced Score Card, festhalten (siehe Abschnitt 2.5.1).

Das Gespräch sollte in einer ruhigen Atmosphäre ohne Zeitdruck und ohne Störung stattfinden. Wenn ein Mitarbeitergespräch einmal jährlich stattfindet, ist ein Zeitrahmen von einer Stunde sicherlich nötig.

Gegenseitige Wertschätzung sollte nicht nur bei Eröffnung und Abschluss zum Ausdruck gebracht werden sondern auch Grundlage des ganzen Gesprächs sein. Hier hilft ein Vorgehen anhand der Feedbackregeln, da Sie die Kommunikation versachlichen und präzise Verhaltensanker als Orientierung für Beurteilung als auch für eine etwaige Verhaltensänderung liefern.

Im Anschluss an das Vieraugengespräch zwischen Führungskraft und Mitarbeiter sollte die Führungskraft ihre Beurteilung als auch die angedachten weiteren Schritte der Karriereplanung einem gleichrangigen Führungsgremium vorstellen.

Dies verhindert sowohl größere „blinde Flecken" für die Mitarbeiterbeurteilung auf Seiten der Führungskraft, als es auch erst den Rahmen für eine vergleichende Beurteilung schafft. Schließlich müssen Leistungsaussagen erst kalibriert werden in der Abstimmung mit den Evaluationen anderer Vertreter des Führungskräfte-Leitungskreises.

Die Eichung, welche Leistung als durchschnittlich, überdurchschnittlich oder auch unterdurchschnittlich zu bewerten ist, hängt nicht nur von den Vergleichen mit anderen Mitarbeitern ab, sondern auch von den strategischen Zielen des Unternehmens, den offenen Positionen, der Anzahl an Potentialträgern, der jeweiligen Qualifikation die zur Verfügung steht etc.

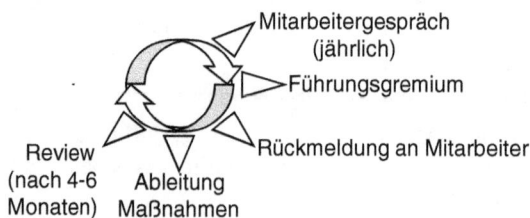

Abb. 2–6:   Mitarbeiterbeurteilung

Eine reine Beurteilung des Mitarbeiters durch seine Führungskraft wäre also nicht nur ungerecht, sondern würde auch dem Unternehmensinteresse entgegenlaufen.

Im Performance-Management-Prozess folgt dem Mitarbeitergespräch zwischen Führungskraft und Mitarbeiter demnach die Vorstellung und Beurteilung des Mitarbeiters im übergeordneten Führungsgremium, wiederum gefolgt von einer erneuten Vieraugen-Rückmeldung der verabschiedeten Beurteilung und Ergebnisse an den Mitarbeiter von seiner direkten Führungskraft.

2.3 Vorgesetztenbeurteilung

„Ich muss von denjenigen, mit denen ich arbeite, verlangen, dass sie auch mir gegenüber Kritik üben. Wenn sie das nicht tun, dann sind sie mir und dem Hause Siemens nicht von Nutzen."

C.F. von Siemens

Während das Mitarbeitergespräch die Beurteilung der Leistung des Mitarbeiters zum Inhalt hat, zielt die Vorgesetztenbeurteilung als Ergänzung dazu, die Führungskräfte von Ihren Mitarbeitern beurteilen zu lassen.

Mitarbeiterbeurteilung und Vorgesetztenbeurteilung (auch Aufwärtsbeurteilung genannt) ergänzen sich demnach im Performance-Management-Prozess zu einem Ganzen.

Ein Unternehmen, das um eine kontinuierliche Verbesserung der Personalführung und einer offenen Unternehmenskultur bemüht ist, sollte die Chance der Mitarbeiterrückmeldung nicht ungenutzt lassen.

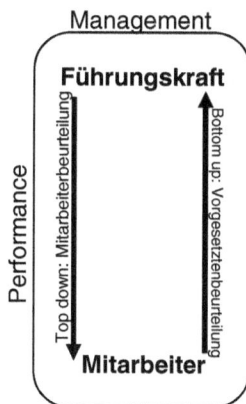

Abb. 2–7: Performance-Management-Prozess

Im Fokus der Vorgesetztenbeurteilung befindet sich das Verhältnis Vorgesetzter zu Mitarbeiter anhand der Beurteilung der Führungsperson durch ihre Mitarbeiter. Der Zweck ist vor allem die Bewertung der Führungsleistung des Vorgesetzten.

Obwohl es empirische Nachweise gibt, dass anonym bewertende Mitarbeiter ihre Vorgesetzten schlechter einschätzen als die offen Urteilenden,[7] gibt es gute Gründe für die Durchfüh-

---

[7] Voltz, 1998, 61

rung als semi-anonymes persönliches Gespräch. So kann eine Vorgesetztenbeurteilung, welche beispielsweise im Rahmen eines Workshops durchgeführt wird, zugleich als Teamentwicklung genutzt werden.

Zugleich stellt ein derartiges Instrument eine Intervention im Sinne der Organisationsentwicklung eines Unternehmens dar und ist sehr geeignet, die Etablierung einer kooperativen Führungskultur sowie etwa einer Unternehmenskultur, die auf Vertrauen und offenem Dialog gründet, zu begünstigen, sofern dies in der Unternehmensstrategie aktiv gewünscht wird.

Die Vorgesetztenbeurteilung als Feedbackinstrument ist dabei noch nicht lange etabliert, da es das traditionelle Rollenverständnis (Top-Down-Verfahren) durchbricht und Führungskräfte in ihrem Machtprivileg einschränkt. Eine Abhängigkeit von den Mitarbeitern kann entstehen, die jetzt in die Lage versetzt werden, ihrer Führungskraft ein „Zeugnis" auszustellen und nicht nur vice versa, wie es bislang der Fall war.

Im Zuge von partizipativen oder kollegialen Führungsstilen hat sich aber die Rolle der Führungsperson an sich geändert, die heute vielmehr als Berater und Teamplayer angesehen wird und Werte wie partnerschaftlichen Umgang und teamorientiertes Arbeiten in den Vordergrund stellt.

Anlass für eine Vorgesetztenbeurteilung kann ein schlechtes Betriebsklima oder auch Kritik seitens der Mitarbeiter zur Führung sein oder aber ein Soll-Ist-Vergleich der selbst auferlegten Führungsleitlinien des Unternehmens.

Ungeachtet dieser defizitären Strategie zur Problemlösung sind viele Unternehmen dazu übergegangen, die Vorgesetztenbeurteilung ohne akuten Anlass als festen Bestandteil ihres Performance-Management-Prozesses zu etablieren und demnach regelmäßig wiederkehrend durchzuführen, als Komplement zur iterativen Mitarbeiterbeurteilung.

Dabei hat es sich als klug erwiesen, Mitarbeiter- und Vorgesetztenbeurteilung zeitlich im Performance-Management-Prozess zu entzerren. Eine Vorgesetztenbeurteilung, die unmittelbar vor der Mitarbeiterbeurteilung stattfindet, ist demnach ungeeignet, weil sich die Mitarbeiter hierbei nicht frei in ihren (insbesondere kritischen) Äußerungen fühlen werden, aus der Angst heraus, diese könnten ihnen in ihrer eigenen Beurteilung nachteilig ausgelegt werden.

Ebenso ist darauf zu achten, wenn die Vorgesetztenbeurteilung im Rahmen eines Workshops durchgeführt wird, dass die Führungsspanne der Führungskraft groß genug ist, um ein zumindest relativ anonymes Gruppenfeedback zu ermöglichen, ohne dass einzelne Mitarbeiter sich über Gebühr exponiert fühlen. Als Erfahrungswert wird man hier von einer Führungsspanne von mindestens 6 bis 7 Mitarbeitern als unterer Grenze ausgehen.

Die Führungskraft erhält anhand der Rückmeldungen Informationen darüber, wie sich das Selbst- vom Fremdbild unterscheidet, also wie das eigene Verhalten von den Mitarbeitern wahrgenommen wird und wie es sich von der Eigenbeurteilung unterscheidet.

Gerade weil in diesem Bereich oft eine große Diskrepanz besteht, zahlt sich hier die Arbeit mit Feedbackregeln aus, um eine möglichst sachliche, nicht-offensive Atmosphäre zu ermöglichen. Feedbackregeln werden deshalb in jeder Vorgesetztenbeurteilung, welche nicht elektronisch, sondern im Rahmen persönlichen Austausches durchgeführt wird, eine feste Rolle im Ablauf spielen.

Durch das Instrument der Vorgesetztenbeurteilung erhalten die Mitarbeiter Einfluss und Verantwortung in Bezug auf die Gestaltung der Beziehung zu ihrer Führungskraft. Inwieweit dieser Einfluss kein bloß gefühlter ist, sondern wirklich zur Änderung des Führungsverhaltens und damit auch der Unternehmenskultur hinreichend sind, hängt nicht nur von der Einsicht und Kritikfähigkeit der einzelnen Führungskraft, sondern auch von der Konzeption des Performance-Management-Prozesses durch das Unternehmen ab.

Hier zeigt sich eine weite Bandbreite in der Umsetzungsbereitschaft von Unternehmen, welche von der bloßen formalen Etablierung einer Führungskräftebeurteilung reicht, bis hin zur Knüpfung realer Vergütungsanteile der Führungskraft an die Ergebnisse der Beurteilung. Als Mittelweg zeigt sich, dass oft schon eine Kontrolle der Durchführung, bzw. eine Transparenz darüber, z.B. im Intranet des Unternehmens, einen erheblichen Hebel in der Wirksamkeit darstellt.

Letztendlich soll die Vorgesetztenbeurteilung zu einer Verbesserung des Verhältnisses von Führungskräften und Mitarbeitern, zu einer Steigerung der Motivation und der Leistungsergebnisse, sowie zur Etablierung einer Kultur des offenen Dialogs führen. Dieser sollte geprägt sein von gegenseitigem Respekt und einer vertrauensvollen, angstfreien Unternehmenskultur.

Im Zentrum der Vorgesetztenbeurteilung sollte keine Haltung von Schuldzuweisung stehen, sondern das gemeinsame Bemühen, die Zusammenarbeit und damit das zugleich das Unternehmen als Ganzes zu verbessern.

Ein positive Beurteilung kann bei der Führungskraft eine positive Einstellung zur partizipativen Führung und Zusammenarbeit fördern und es können konkrete Ansätze für die eigene Personalentwicklung gewonnen werden. Eine Führungskraft kann mit gehobenem Interesse für das eigene Führungsverhalten reagieren, oder aber mit Abwehr oder Trotz aufgrund von negativen Beurteilungen.

Oft führen die Rückmeldeergebnisse auch zu einer Verunsicherung der Führungskraft über das eigene Führungsverhalten, dies ist insbesondere bei Nachwuchsführungskräften zu beobachten, die noch nicht viele Fremdwahrnehmungen zu ihrer Führungsrolle gespiegelt bekamen.

Mitarbeiter reagieren auf das Instrument der Vorgesetztenbeurteilung in der Regel mit einer Steigerung der Motivation, des Selbstwertgefühls, sowie verbesserter Arbeitsleistung im Team. Genauso können die Folgen jedoch Angst vor Sanktionen, unrealistische Erwartungen bezüglich konkreter Veränderungen, ein Überforderungsgefühl oder eine Überschätzung des eigenen Einflusses auf Veränderungsprozesse sein.

Auch Resignation kann sich einstellen, insbesondere wenn die Mitarbeiter Erwartungen an das Instrument herantragen, welche dann aus verschiedenen Gründen nicht erfüllt werden. Das kann an einer uneinsichtigen Führungskraft, wie an schlechter Moderation, sowie einfach an überhöhten Erwartungen liegen, die etwa eine revolutionäre Änderung der gesamten Umstände als Inhalt haben und demnach nicht realisierbar sind. Wichtig ist jedoch, dass die Ergebnisse aus der Beurteilung konkrete Folgen nach sich ziehen und sichtbare Veränderungen anstoßen.

Die Wirkungen der Vorgesetztenbeurteilung als Performance-Management-Instrument für das Unternehmen als Ganzes kann sehr vielfältig sein. Es ist jedoch abzusehen, dass eine Einführung dieses Verfahrens eine erhebliche Intervention in der Organisationsentwicklung darstellt. So wird es Rückkopplungen bezogen auf die Kommunikationskultur, die Führungsleitlinien sowie auf den Führungsstil im Ganzen geben.

Eine Einführung der Vorgesetztenbeurteilung als Performance-Management-System, ohne die aktive Vertretung einer partizipativen, kollegialen Führungskultur ist von vorneherein zum Scheitern verurteilt. Die Beurteilung stellt ein Frühwarnsystem für Motivationsverlust und Leistungsbereitschaft der Mitarbeiter dar. Ein Unternehmen muss jedoch darauf achten, dass Führungskräfte mit schlechten Ergebnissen nicht stigmatisiert werden, anstatt das Verfahren als Feedbackangebot für die ständige Personalentwicklung zu verstehen.

Auch die Qualifikation von Mitarbeitern zur Beurteilung ist umstritten und Beurteilungsfehler, ebenso wie subjektive Wahrnehmungs- und Bewertungsfehler, wie Halo-Effekt, Primär- und Rezenzeffekt usw.) können und werden auftreten. Unterstellt man die Richtigkeit der Aussage, dass eine Führungskraft immer nur so gut ist, wie die Mitarbeiter diese sehen, und zieht man in Betracht, dass sich weder Führungskräfte ihre Mitarbeiter als auch Mitarbeiter ihre Führungskräfte immer aussuchen können, erscheint es zumutbar, dass sich Führungskräfte den Bewertungen ihrer jeweiligen Mitarbeitergruppe, auch unabhängig von deren Qualifikation, zu stellen haben.

2.3.1   Durchführung als moderiertes Gespräch

Im Folgenden wird ein Beispiel für eine Vorgesetztenbeurteilung, konzipiert als moderierter Gesprächsworkshop mit Kartenabfrage, im Ablauf dargestellt. Der Einsatz eines Workshops oder eines moderierten Gesprächs zwischen Führungskraft und Mitarbeiter hat viele Vorteile gegenüber fragebogengestützten oder elektronischen Verfahren.

Viele Feinheiten, die im rein anonymisierten Fragebogenverfahren untergehen, können die Rückmeldungen klarer und menschlicher machen. Natürlich ist der Druck für die Mitarbeiter, ebenso wie für die Führungskraft, im persönlichen Austausch höher, durch die Auge zu Auge-Rückmeldung wird aber zugleich der Austausch direkter und bringt latente und versteckte Aussagen und Annahmen an das Tageslicht.

Im Vorfeld müssen alle Beteiligten genau informiert werden, am besten durch die Person, welche das Verfahren auch moderiert. Es bietet sich in großen Unternehmen an, mit der Moderation hierfür ausgebildete Mitarbeiter der Personalorganisation zu beauftragen, sofern deren Funktion eine neutrale Moderation zulässt.

Einige Wochen vor dem geplanten Durchführungstermin der Vorgesetztenbeurteilung wird der Moderator mit der Führungskraft ein Vorgespräch führen, um organisatorische und inhaltliche Dinge zu klären. Das kann die Einweisung der Führungskraft in das Instrument sein, die Delegation der administrativen Verantwortung wie Raumbuchung, Catering etc. bis zu inhaltlichen Dingen, die beispielsweise schwierige Mitarbeiter, zu erwartende Unzufriedenheiten oder auch die letzten Abteilungsereignisse umfassen.

Obwohl die Führungskraft üblicherweise frei in der Wahl des Moderators ist, sollten Konstellationen vermieden werden, welche den Moderator parteiisch erscheinen lassen oder wenn eine ungünstige Vorgeschichte besteht. Am Workshoptermin müssen ein bzw. mehrere geeignete Räume vorbereitet werden. Ein größerer Raum, welcher je nach Größe der geführten Mitarbeiter ausreichend Platz für die Arbeit im Plenum bietet, sollte durch zwei bis drei kleinere Räume für Gruppenarbeiten ergänzt werden. Mehr als vier Gruppen sollte ein Moderator aus Zeit- aber auch aus Gründen der Übersichtlichkeit nicht bilden. Da jede Gruppe nacheinander präsentiert, sprengen mehr als vier Gruppen sowohl den Zeitrahmen, als auch eine fokussierte Teilnahme.

Als Setting im Plenum eignet sich, ebenso wie bei anderen Workshopvarianten, der offene Stuhlkreis, der durch das Entfernen von Tischen Distanz zwischen den Teilnehmern abbaut.

Es macht Sinn, die Führungskraft auf eine Seite des Kreises und alle Mitarbeiter auf die andere Seite zu setzen. Als Moderationsmaterialien sollte der übliche Mix aus Laptop und Beamer, Overhead-Projektor sowie Flipchart und Pinwand, auch Metaplanwand genannt, verwendet werden.

Dabei können z.B. die allgemeinen Informationen animiert über Laptop vermittelt werden sowie Step-by-Step-Informationen über das Flipchart. Als eigentliches Medium für die Feedbackmoderation eignet sich eine Pinwand sehr gut, da diese das Clustern, also das Ordnen von Karten zu thematischen Zusammenhängen, ebenso ermöglicht, wie eine rasche Umstellung oder Änderung der Visualisierung. Demnach macht es Sinn, in Verbindung mit einer Pinwand Karten zum Anstecken zu verwenden.

Am eigentlichen Workshoptermin sollte die Führungskraft zunächst die eigenen Mitarbeiter begrüßen und den Moderator vorstellen. Damit wird klar, dass die Veranstaltung von der Führungskraft durchgeführt wird und auch von ihr gewollt ist. Die Führungskraft sollte in die Veranstaltung mit einer Begrüßung einführen und am Ende der Veranstaltung auch die Verabschiedung gestalten. Nach der Einführung übergibt die Führungskraft an den Moderator. Dieser wird gegebenenfalls auf eine eventuell geänderte Rolle als Moderator hinweisen, wenn der Moderator aus einer anderen Funktion im Unternehmen bekannt ist.

Im Anschluss daran sollte das Instrument der Vorgesetztenbeurteilung den Mitarbeitern vorgestellt werden. Sollte die Beurteilung verbindlich regelmäßig im Performance-Management-Prozess eines Unternehmens einen Platz haben, genügt es, wenn auf die wesentlichen Punkte eingegangen wird so beispielsweise Ablauf, Feedbackkultur im Workshop, Einordnung des Instruments in der Personal- bzw. Organisationsentwicklung eines Unternehmens usw.

Im Folgenden werden einerseits die Mitarbeiter in Gruppenarbeit gebeten, Rückmeldungen zur Führungsleistung zu sammeln und zu diskutieren, während die Führungskraft für sich selbst Kriterien für erfolgreiches und weniger erfolgreiches Führungsverhalten aus dem beruflichen Alltag reflektiert.

Die Gruppenbildung der Mitarbeiter sollte dabei, wenn nicht fachliche Gründe dagegensprechen, zufällig erfolgen und kann mit farbigen Karten oder auch einfach durch Durchzählen erfolgen. Die zufällige Mischung erlaubt sachlicheres Arbeiten und dient der Teamentwicklung, indem unter Umständen so auch Mitarbeiter zusammenkommen, die sonst keine unmittelbaren Schnittstellen in ihrer Arbeit miteinander haben.

Es macht Sinn, die Führungsleistung in zwei Kriterien zu unterteilen, 1) erfolgreiches Führen und 2) Entwicklungspotenziale. Demgemäß sollten die ausgegebenen Karten an die Mitarbeiter sowie die Führungskraft auch farblich oder bezogen auf die Form unterschieden sein. So können beispielsweise grüne Karten für erfolgreiche Führung und rote oder gelbe Karten für Entwicklungspotenziale verwendet werden. Auch hier macht eine zahlenmäßige Begrenzung von Karten Sinn, mehr als drei Karten pro Kriterium und Gruppe würde jeden Zeitrahmen sprengen.

Die Kriterien sollten dabei möglichst genau ausformuliert und präzisiert sein, eine Regel, die für jede Anleitung einer Gruppenarbeit gilt, und könnten z.B. für die Mitarbeiter lauten „Welche Verhaltensweisen sollte meine Führungskraft beibehalten?", „Was läuft bereits gut in der Abteilung?" bzw. „Welche Verhaltensweisen sollte meine Führungskraft ändern?". Für die Führungskraft würde sich demnach die Reflexion anbieten „Wo liegen meine Stärken in der Führung?" bzw. „Wo sehe ich Raum für Verbesserung meiner Führungsleistung?".

Die Diskussion in den Kleingruppen ermöglicht es den Mitarbeitern, anders als im anonymisierten (elektronischen) Fragebogenverfahren die eigenen Wahrnehmungen und Beurteilungen zu relativieren und zu einem objektiveren Bild über die Führungsleistung zu gelangen. Als Kriterien, nach denen die Leistung der Führungskraft bewertet wird, sollte den Mitarbeitern zusätzlich noch die Unternehmensleitbilder an die Hand gegeben werden. Damit wird klar, welche spezifischen Anforderungen an die Führungskräfte gestellt sind.

Nachdem sowohl Selbstbewertung der Führungskraft, als auch Gruppenarbeiten beendet sind, bietet sich für den Moderator an, die Feedbackregeln als Grundlage wertschätzender Kommunikation für das folgende Rückmeldegespräch zu erklären und mit den Mitarbeitern zu vereinbaren. Auch sollte noch einmal auf die Vertraulichkeit des Workshops hingewiesen werden, wonach die erfolgten Feedbacks im Workshop den Raum bzw. den Teilnehmerkreis nicht verlassen sollen.

Nachdem die Kommunikationsgrundlage gelegt wurde, bittet der Moderator die Führungskraft, mit der Selbsteinschätzung zu beginnen. Der Moderator wird im Vorfeld mit der Führungskraft festgelegt haben, mit welchen Kriterien, den Stärken oder den Entwicklungspotenzialen, die Führungskraft beginnen möchte. Sollte die Führungskraft keine Präferenz haben, ist es sinnvoll, mit den Entwicklungsbereichen zu beginnen, so dass die Stärken der Führungskraft am Ende des Workshops besprochen werden und somit einen positiven Ausstieg möglich machen.

Nachdem die Führungskraft ihre Karten erklärt hat und an die Pinwand geheftet hat, beginnen die jeweiligen Mitarbeiterkleingruppen diejenigen Karten vorzustellen, die unmittelbar an die Selbsteinschätzung der Führungskraft anschließen. Diese werden vom Moderator nachdem er das jeweilige Einverständnis der Autoren geholt hat, zu sinnvollen Cluster an der Metaplanwand geordnet, um im Weiteren rasch Themenschwerpunkte und Prioritäten gewinnen zu können.

In diesem Rückmeldegespräch, das den Kern der Vorgesetztenbeurteilung ausmacht, wird der Moderator die Teilnehmer, wenn nötig, immer wieder an die getroffene Vereinbarung zu einer wertschätzenden Rückmeldung nach den Feedbackregeln erinnern. Die Führungskraft wird hier erfahrungsgemäß vom Moderator daran erinnert werden, dass Rückmeldungen nicht kommentiert werden sollten und auch keine Rechtfertigung der Führungskraft hinsichtlich der gemachten Äußerungen stattfinden sollte. Davon sind natürlich Verständnisfragen ausgenommen.

Nachdem alle Rückmeldungen erfolgt sind, sollte der Moderator die Phase der Feedbacks zu den Entwicklungspotenzialen abschließen. Dies soll verhindern, dass insbesondere kritische oder negative Mitarbeiterstimmen sich immer wieder im weiteren Verlauf zu Wort melden. Dieser Prozess des Abschlusses kann dadurch unterstützt werden, indem der Moderator darauf hinweist, dass nun die letzte Möglichkeit besteht, sich zu dem Bereich der Entwicklungsmöglichkeiten zu äußern und sich das Einverständnis aller Mitarbeiter, nun zu den Stärken zu wechseln, ausdrücklich geben lässt.

Nachdem mit den Rückmeldungen zum positiven Führungsverhalten ebenso verfahren wurde, wie mit den Entwicklungsbereichen, und nach der Diskussion alle Karten zu Cluster geordnet sind, ist das eigentliche Rückmeldegespräch vorbei.

Während die Mitarbeiter eine Pause haben, nutzen Führungskraft und Moderator die Zeit, um die Zielvereinbarung vorzubereiten. Wesentlich, wie bei jeder erfolgten Evaluation, ist die Ableitung von Maßnahmen. Unter Umständen können nicht alle Entwicklungsthemen aufgenommen werden. Je nach Inhalt empfiehlt sich eine natürlich Grenze von maximal drei Schwerpunktthemen, die priorisiert in die Zielvereinbarung mitgenommen werden.

Die Auswahl der Themen kann der Moderator der Führungskraft nicht abnehmen und jede Art von Beeinflussung und Manipulation der Führungskraft durch den Moderator sollte auch vermieden werden. Das Ziel des Moderators in der Vorbereitung der Zielvereinbarung ist es, der Führungskraft als Coach zur Seite zu stehen, so dass es dieser möglich ist, drei Zielvereinbarungen aus den Clustern herauszugreifen und diese im Folgenden den Mitarbeitern als Vorschlag zu präsentieren.

Wie bei allen Zielvereinbarungen ist es nützlich, diese nach bestimmten Kriterien zu gestalten, um die Aussagen klar zu formulieren und Missverständnisse oder sogar Unmöglichkeiten in der weiteren Umsetzung zu minimieren. Dafür hat sich die Orientierung an den S.M.A.R.T.-Kriterien der Zielvereinbarung bewährt. Demnach haben Ziele spezifisch, messbar, aktiv erreichbar, realistisch und mit einem konkreten Termin versehen sein.

S   Specific

M   Measurable

A   Achievable

R   Realistic

T   Terminated

Abb. 2–8:   S.M.A.R.T.e Kriterien zur Zielvereinbarungen

Bevor die Führungskraft den Mitarbeitern die konkrete Zielvereinbarung vorstellt, macht es Sinn, diese Kriterien durch den Moderator im Plenum vorzustellen. Dies dient nicht nur der Erinnerung der Mitarbeiter, sondern wirkt auch als Qualitätskriterium in der Veranstaltung selbst, da es auch die Führungskraft zwingt, diesen qualitativen Rahmen einzuhalten.

Im Anschluss daran sollte die Führungskraft die Gründe für die Auswahl und Priorisierung der abgeleiteten Entwicklungspotenziale zu Zielvereinbarungen begründen und sich das Einverständnis der Mitarbeiter holen.

Die Evaluierung der Zieleinhaltung in einem Zeitrahmen von ca. drei Monaten nach dem Workshop (ähnlich wie der Review drei bis vier Monate nach dem Mitarbeitergespräch) obliegt der Verantwortung der Führungskraft. Es ist jedoch wichtig, bereits am Workshop den Follow-Up-Termin der Evaluation festzuhalten.

Nachdem der Moderator noch eine Abschlussrunde einleitet, um die Erfüllung von vorhandenen Erwartungen aller Beteiligten des Workshops zu erfragen und unter Umständen auch Rückmeldung über die Akzeptanz des Instruments der Vorgesetztenbeurteilung als Feedback-Workshop einholt, übergibt er das Wort wieder an die Führungskraft.

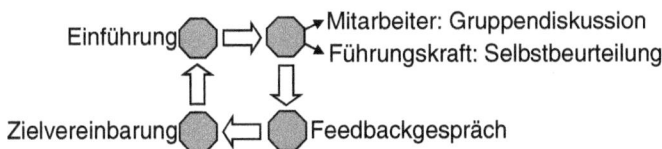

Abb. 2–9:   Vorgesetztenbeurteilung als Gesprächsworkshop

Schließlich hat die Führungskraft zum Workshop eingeladen und sollte diesen nun mit Dank an die Mitarbeiter auch beenden und gegebenenfalls zu einem Ausflug, einem gemeinsamen Essen etc. überleiten um dem Workshop einen angenehmen und würdigen Rahmen zu geben. Damit ist der Prozess der Vorgesetztenbeurteilung abgeschlossen und kann im Abstand von einem Jahr neu beginnen.

Die Rolle des Moderators

Die Aufgabe des Moderators kann je nach Situation und Beteiligten erhebliche Anforderungen an seine Fähigkeiten, mit diversen Unwägbarkeiten umzugehen, stellen. Zusätzlich zu den üblichen Regeln der Moderation, die immer zu beachten sind, muss der Moderator bei der Vorgesetztenbeurteilung besonders darauf sehen, den Prozess wertschätzender Rückmeldung zu ermöglichen. Zugleich ist er als Schutz der Mitarbeiter, wie auch der Führungskraft zu sehen. Je stärker die Person des Moderators im Vergleich zur Führungskraft wirkt, umso mehr tendieren Mitarbeiter erfahrungsgemäß dazu, Rückmeldungen an den Moderator zu geben. Hier muss sich der Moderator immer wieder entziehen und auf die Führungskraft verweisen.

Die grundsätzliche Haltung des Moderators sollte von Neutralität, Sachlichkeit sowie Gelassenheit und Höflichkeit getragen sein. Zugleich ist es im Setting der Vorgesetztenbeurteilung keine Seltenheit, wenn es im Workshop zu Konflikten kommt, bzw. sich bereits lang bestehende Konflikte ihre Bahn brechen.

Der Königsweg in der Konfliktmoderation besteht dabei immer, den Konflikt zu thematisieren (siehe Abschnitt 2.1.2.2., TZI) und wenn möglich, diesen zu klären. Ist dies nicht möglich, muss der Moderator erkennen, wann er abbrechen muss, um einen anderen Zeitpunkt zur Klärung zu vereinbaren. Es hilft der Gelassenheit des Moderators, wenn er Kritik nicht als persönlichen Angriff versteht, sondern höflich und bestimmt der Struktur des Workshops folgt. Erfahrenen Moderatoren hilft die Gewissheit, dass bestimmte Mitarbeiterrollen in nahezu jedem gruppendynamischen Setting zu finden sind und auch taktisch erfolgreich pariert werden können.[8]

2.4   Das 360-Grad-Feedback

Während die Mitarbeiterbeurteilung Top-Down geführt wird und die Vorgesetztenbeurteilung ergänzend dazu Bottom-Up, erweitert das 360-Grad-Feedback diese beiden Wege zusätzlich noch um den Kreis von Kollegen (der so genannten „peer group"), Kunden, übergeordneter Führungskraft und bei Bedarf weiterer Beteiligten. Das Konzept der 360-Grad-Beurteilung wurde bereits in den 1970er Jahren von dem amerikanischen Psychologen Clark Loudon Wilson (1914–2006) entwickelt, und findet heute, meist in elektronischer Form, weltweite Verbreitung in Unternehmen im Rahmen von Führungskräftebewertungen (so genannte „Management Audits" bzw. „Leadership Appraisals").

Wird ein 360-Grad-Feedback zusätzlich zur Vorgesetztenbeurteilung durchgeführt, lässt dies eine gelungene Verwendung der Ergebnisse in der Vorgesetztenbeurteilung zu. Man kann so die Ergebnisse der Mitarbeiterseite, welche in anonymisierter Form vorliegen, in das Rückmeldegespräch mit einbeziehen.

---

[8]   Vgl. Gruppendynamische Rollen in: U. Lipp, H. Will, 2000

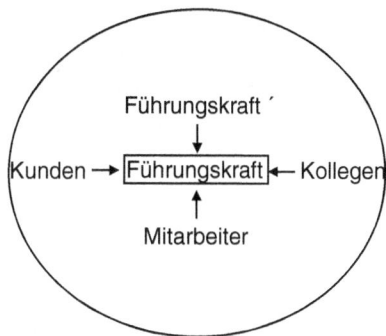

Abb. 2–10: 360-Grad-Feedback

Der Moderator hat dafür zu sorgen, dass dabei nicht anonymisierte Rückmeldungen mit Gewalt personifiziert werden, sondern vielmehr die Chance genutzt werden kann, die oft standardisierte Weise der Rückmeldungen in Fragebogenform durch Beispiele und Erläuterungen für die Führungskraft transparenter zu machen bzw. Verständnisfragen der Führungskraft an die jeweiligen Autoren zu erlauben.

Der Vorteil der 360-Grad-Beurteilung ist sowohl die Möglichkeit, die beurteilte Person von allen wesentlichen Blickwinkeln der Organisation bewerten zu lassen, als auch, insbesondere bei elektronischer Vorgehensweise, eine schnelle Befragung und Auswertung sogar auf internationaler Ebene ohne Weiteres möglich zu machen.

Das 360-Grad-Feedback wird meist für die Bewertung von Führungskräften verwendet, aber auch bei Projektleitern oder anderen Schlüsselfunktionen im Unternehmen macht eine Anwendung Sinn.

Liegt keine disziplinarische Führung vor, lässt man den Bereich der Mitarbeiter offen bzw. ergänzt ihn durch entsprechend andere relevante Beteiligte. Es kann sinnvoll sein, die Ergebnisse aus der 360-Grad-Bewertung mit einer erfolgten Selbsteinschätzung zu den gleichen Kriterien zu vergleichen, um der übergeordneten Führungskraft (Führungskraft ´) weitere Informationen für die zu erfolgende Personalentwicklung der bewerteten Führungskraft zu geben.

Wie für alle Performance-Management-Systeme gilt auch für die 360-Grad-Beurteilung der Grundsatz, die bewerteten Kriterien unbedingt an den vorhandenen Führungsleitlinien bzw. dem allgemeinen Kompetenzmodell eines Unternehmens zu orientieren und keine externen Kriterien zu übernehmen, wie sie allzu oft von beauftragten Unternehmensberatern an ein Unternehmen herangetragen werden.

2.5   Personalcontrolling

Während Controlling generell als umfassendes Steuerungsinstrument ergebnisorientierter unternehmerischer Aktivitäten verstanden wird, fokussiert sich das Personalcontrolling auf die strategischen Zielgrößen, welche speziell das Personal im Unternehmen bzw. die angewandten Verfahren im Personalmanagement betreffen.

Controlling bezieht sich dabei sowohl als Analyse vorangegangener Prozesse als auch auf die Ableitung geeigneter Maßnahmen und die Prognose bzw. zukunftsgerichtete Planung.

Dabei ist klar, wie bei jeder Art von Analyse, dass diese in sich selbst keine Entscheidungskriterien trägt. Controlling muss demnach als Unterstützung des Managements verstanden werden, die Ableitung von Schlüssen aus den analysierten Daten obliegt immer dem Management.

Etwa seit Beginn der 1990er Jahre hat sich in vielen Unternehmen ein Denken etabliert, welches qualitativen Messgrößen ebenso Rechnung trägt, wie den rein quantitativen. Dabei waren die Verantwortlichen im Personalwesen oft selbst nicht interessiert, diesem Denken Vorschub zu leisten, etwa mit der Argumentation, Personalarbeit sei zu einem großen Teil qualitativ und lasse sich nicht in einem Atemzug mit quantitativen Messzahlen gleichsetzen.

Heutzutage ist es selbstverständlich, auch alle Personalprozesse einem detailliertem Controlling zu unterwerfen und Instrumente wie die Balanced Score Card eignen sich vorzüglich, auch qualitative Schlüsselkennzahlen, so genannte Key Performance Indicators (KPIs), abzuleiten. Je nachdem, wie ein Unternehmen aufgestellt ist, wird dieses Controlling von den Personalverantwortlichen selbst oder auch von anderen Stellen im Unternehmen evaluiert, etwa dem Qualitätsmanagement.

Ebenso wie es etwa in der Qualitätssicherung um die Erfüllung von Anforderungen geht, die immer erst definiert werden müssen, ist Controlling per se inhaltsleer und muss durch konkrete inhaltliche Zielvorgaben gespeist werden. Im Folgenden werden anhand der Balanced Score Card, als ein mögliches Instrument im Personalcontrolling, die konkrete Ableitung von Kennzahlen beschrieben.

2.5.1   Balanced Score Card

Die Balanced Score Card (BSC) wurde Anfang der 1990er Jahre von Robert Kaplan, Professor der Harvard Business School, und David Norton, u.a. Präsident der Beratungsfirma Renaissance Solutions, Inc., konzipiert.

Ziel war es, den Führungskräften eines Unternehmens ein Instrument an die Hand zu geben, welches die Aktivitäten des Unternehmens anhand von Kriterien misst, welche über die Betrachtung aus rein finanztechnischer Sicht (etwa „Du Pont-Schema" oder das spätere „ZVEI-Kennzahlensystem") hinausgehen.

Obwohl die Kriterien für jedes Unternehmen individuell festgelegt werden müssen, wird eine Betrachtungsspanne vorgeschlagen, welche zusätzlich zur obligaten Finanzperspektive mindestens auch die Perspektiven von Mitarbeitern, Kunden und Prozessen berücksichtigt.

Diese Perspektiven können natürlich beliebig auf weitere, für ein Unternehmen relevante Stakeholder, wie Lieferanten, Gesellschaft, Politik usw. ausgeweitet werden. Die Balanced Score Card (BSC) will so nicht nur Shareholder- sondern auch Stakeholder Value schaffen, welche letztlich auch den Shareholdern wieder zu Gute kommt.

Die Balanced Score Card bricht unter Umständen relativ vage formulierte Ziele und Leitbilder zunächst auf mindestens vier Perspektiven herunter, um danach aus diesen Perspektiven konkrete quantitative Kennzahlen oder auch qualitative Maßnahmen abzuleiten.

Sollten sich keine Kennzahlen formulieren lassen, ist es wichtig, einen vergleichbaren qualitativen Maßstab anzulegen, wie er etwa in einem Maßnahmenplan oder S.M.A.R.T.er Zielvereinbarungen (siehe Abschnitt 2.3.1) zum Ausdruck kommt. Die Erreichung der Zielvereinbarungen ist rückgekoppelt mit den ursprünglichen Zielen bzw. fließt in neue Strategieformulierungen mit ein.

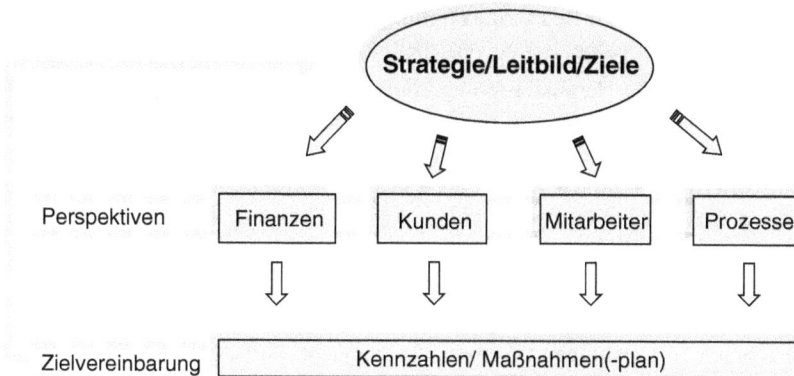

Abb. 2–11: Ableitung von Zielvereinbarungen nach der BSC

In der BSC werden die Ziele ausgewogen (balanced) verfolgt, d.h. es werden ständig die Auswirkungen der Maßnahmen auf alle Ziele bewertet. Es sollten demnach nicht zu viele Kennzahlen zugleich betrachtet werden, weil die Umsetzung sonst nicht realistisch ist.

Ein Richtwert sind ein bis zwei Kennzahlen pro Perspektive, insgesamt sollten keinesfalls mehr als 20 KPIs Verwendung finden. Dies ist ein wichtiger Punkt, welcher zugleich die Achillesferse des Instruments deutlich macht, denn auch zu viele, zu komplexe oder auch einfach falsche Ziele können durch die Balanced Score Card professionell umgesetzt werden, die Zielinhalte selbst werden, wie bei Controllinginstrumenten üblich, nicht geprüft.

Während Kennzahlen numerisch klar feststellbar sind, sollten Zielvereinbarungen nach dem S.M.A.R.T-Prinzip erfolgen und konkrete Maßnahmen in einem detaillierten Maßnahmenplan beschrieben sein, welcher Maßnahme, Verantwortlichen und Datum festhält.

Sollten diese Kriterien aus irgendwelchen Gründen nicht eingehalten und beispielsweise gegen das „Achievable"-Kriterium der S.M.A.R.T-Prinzipien verstoßen werden, so muss darauf in einer Unterscheidung zwischen eigen- und fremdverantworteten Abweichungen vom Sollplan eingegangen werden.

Werden die Kriterien der Balanced Score Card innerhalb eines Mitarbeitergesprächs verwendet, so kann man unerwarteten Abweichungen beispielweise Rechnung tragen, in dem die Gründe der Zielabweichung angeführt werden. Die Einführung von Risiken erweitert dabei die ursprüngliche Konzeption von Kaplan und Norton, welche kein Risikomanagement bezüglich der Umsetzung von Zielvereinbarungen beinhaltete.

Kennzahlen im Human Resources Management

Im Folgenden sollen einige Beispiele für Kennzahlen im Human Resources Management (HR-Management) genannt werden. Auf der Ebene der Strategie finden sich meist nur allgemeine, unspezifische Beschreibungen, wie beispielsweise das Ziel, ein wettbewerbsfähiges Recruiting im Unternehmen zu etablieren. Bricht man diese sehr vage Beschreibung auf konkrete mögliche Perspektiven herunter, so lassen sich konkrete Handlungsfelder ausmachen.

Auf der Finanzseite könnte dies beispielsweise die Reduktion von Kosten bezogen auf die Einstellung neuer Mitarbeiter sein. Werden diese Kosten als nicht wettbewerbsfähig gesehen, ließen sich im Folgenden beispielsweise Aufgabenteile nach extern verlagern. So bietet es sich insbesondere für kleinere Firmen an, eventuelle konjunkturelle Stoßzeiten nicht mit dem

Aufbau einer eigenen spezialisierten Recruitingabteilung zu beantworten, sondern z.B. diese Aufgabe an einen externen Personalberater zu vergeben.

Eine mögliche Antwort auf diese Herausforderung könnte auch sein, nur Teile der Personalbeschaffung, die viel Zeit verschlingen, z.B. die Vorselektion von Kandidaten, an unternehmensexterne Dienstleister zu vergeben. Ist dieser Weg etwa aus Gründen der Personalmarketing-Strategie nicht vorteilhaft, könnten Kosten auch gesenkt werden, indem Personaldienstleistungen innerhalb des Hauses verrechnet werden. Anstatt über eine unternehmensinterne Umlagenverrechnung angewiesen zu sein, könnten Personalabteilungen ihre Leistungen direkt den Kosten verursachenden Abteilungen in Rechnung stellen.

Damit wird sowohl eine gerechtere Verteilung der Kosten im Unternehmen gewährleistet, als zugleich auch die erbrachten Leistungen transparenter gemacht. Auf der Perspektivenebene der Kunden könnte die Strategie mit der Erhöhung der Bewerberzufriedenheit beantwortet werden. Als abgeleitete Handlungen könnten Interviews eingeführt werden, die sowohl mit eingestellten Bewerbern als auch mit abgelehnten Bewerbern geführt werden.

Auch wenn der Recruiting-Prozess streng genommen mit der Einstellung neuer Mitarbeiter endet, wird die Integrationsphase oft noch als Bestandteil desselben gesehen. Demnach lässt sich der Zufriedenheit neu eingestellter Mitarbeiter ebenso wie eine eventuelle ungewollte Fluktuation während der Probezeit durch ein Integrationsprogramm entgegenwirken, welches insbesondere der Bildung von Netzwerken dient.

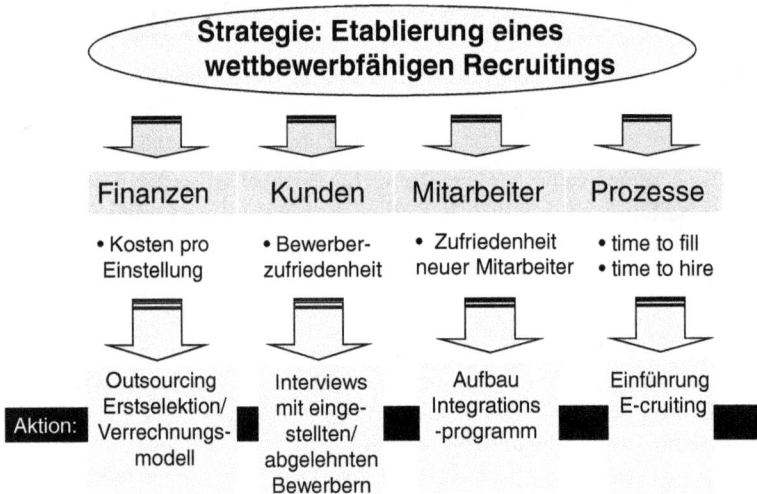

Abb. 2–12: Ableitung von HR-Kennzahlen nach der BSC

Schließlich kann sich wettbewerbsfähiges Recruiting auf der Perspektive der Prozesse in den Kennzahlen von „time to fill" bzw. „time to hire" spiegeln. Sollte sich hier zeigen, dass der Prozess bis zur Vertragsunterzeichnung bzw. bis zum konkreten Arbeitsbeginn zu langwierig ist, könnte beispielsweise die Einführung einer elektronischen Bewerberabwicklung als Maßnahme erwogen werden.

Alle skizzierten Maßnahmen lassen sich weiter präzisieren und müssen in der konkreten Umsetzung ihren Ausdruck in weiteren Meilensteinen, Maßnahmenplänen mit Verantwortlichen und Terminen oder direkt in quantitativen Kennzahlen finden.

Sinnvolle Kennzahlen für erfolgreiche Personalarbeit könnten im Recruiting die genannten time to fill und time to hire sein, aber auch die Kosten pro Einstellung. Ebenso kann die Quote betrachtet werden, welche die Vertragsangebote an den unterschriebenen Verträgen misst. Wie viele Interviews werden geführt bis es zu einer Einstellung kommt? Wie groß ist die Zufriedenheit der neueingestellten Mitarbeiter? Wie hoch ist die Fluktuation während der Probezeit? Wie hoch ist die Korrelation zwischen den Ergebnissen der Auswahlverfahren und dem späteren Erfolg im Unternehmen?

In der weiteren Auswertung dieser Kennzahlen wird man nicht umhin kommen, die qualitativen Gründe dafür zu ermitteln, beispielsweise die Gründe für eine hohe Fluktuation in der Probezeit oder die angegebenen Ablehnungsgründe von Bewerbern. Die Ursachenforschung ist dabei nicht nur notwendig zur erfolgreichen Gegensteuerung von Problemen, sondern kann direkt in die Rückkopplung zur Strategie einfließen und neue Strategien und Zieldefinitionen hervorbringen, die ihrerseits wieder mit der Balanced Score Card auf neue Zielvereinbarungen heruntergebrochen werden.

Kennzahlen für erfolgreiches Personalmarketing könnten die Anzahl qualifizierter Bewerbungen sein oder auch die Ergebnisse eines Unternehmens im Bewerberranking beliebter Arbeitgeber. Auch hier wäre im nächsten Schritt dann qualitativ auszuwerten, was beispielsweise als Entscheidungsgrund für die Bewerbung angegeben wird, um die Kennzahlen präzise auswerten zu können, aber auch eine Zuordnung zu Verursachern feststellen zu können. So kann eine Personalmarketing-Abteilung nicht für das gesamte Image des Unternehmens, das so genannte Employer Branding, verantwortlich gemacht werden.

Verfolgt eine Personalabteilung inhouse ein sozialverträgliches Trennungsmanagement, so lässt sich der Erfolg beispielsweise an einer vorgegebenen Vermittlungsquote (z.B. > 80%) in einem vorgegebenen Zeitraum (z.B. 9 bis 12 Monate) festhalten. Aber auch die Rückfallquote derjenigen, die nach erfolgreicher Vermittlung während der Probezeit gekündigt werden, könnte als relevante Kennzahl für Outplacement angegeben werden.

Die Tage, als Personalentwicklung noch im Wesentlichen als Weiterbildung betrieben wurde und sich hartnäckig weigerte, aus der als rein qualitativ beschriebenen Arbeit quantitative Kennzahlen abzuleiten, bzw. ableiten zu lassen, sind längst vorbei und dementsprechend umfangreich sind die Ziele geworden, die an eine moderne Personalentwicklung heutzutage herangetragen werden.

So stehen beispielsweise nicht mehr nur die Anzahl der Weiterbildungen oder deren Kosten im Fokus, auch die Durchführung und Implementierung von Mitarbeiterbefragungen und Organisationsentwicklungsprozessen und Performance-Management-Instrumenten samt deren Erfolgsmessung gehören heute zum Alltag. Wie hoch ist die Mitarbeiterzufriedenheit? Wie hoch ist die Fluktuationsrate? Wie weit treffen die über Personalentwicklungsinstrumente ermittelten Aussagen über Mitarbeiterpotenziale bezogen auf die nachfolgend zu beobachtenden Karrieren im Unternehmen ein? Was sind Gründe für qualifizierte Mitarbeiter, das Unternehmen zu verlassen? Was folgt aus diesen Ergebnissen? Welche Maßnahmen werden durchgeführt, um den Problemen Abhilfe zu schaffen? Welchen Erfolg haben wiederum diese Maßnahmen?

Aktives Personalmanagement wird nicht warten, bis von Seiten des Controllings oder des Qualitätsmanagements der Ruf nach einem Nachweis erfolgreicher Personalarbeit in Form von Kennzahlen laut wird, sondern in Vorleistung bereits konkrete Kennzahlen definieren und regelmäßig in Reports aufbereiten.

Auf Ebene des Abteilungsreportings bietet es sich für die Personalverantwortlichen auch an, bereits an der Formulierung der übergeordneten Strategie mitzuwirken, nicht nur um hier bereits Experten Know-how mit einfließen zu lassen, sondern auch um auf eine positive Erwartungserfüllung hinzuwirken.

3   Coaching

3.1   Coaching als Instrument der Führungskräfteentwicklung

Die folgenden Ausführungen sollen keine generelle Einführung in das Coaching leisten, vielmehr Coaching als via regia der Führungskräfteentwicklung skizzieren. Coaching ist teurer und zeitaufwändiger als übliche Weiterbildungsseminare, aber der wesentliche Mehrwert liegt darin, dass Führungskräfte und Schlüsselfunktionsträger eines Unternehmens ein maßgeschneidertes Paket für ihr spezifisches Problem oder ihren Entwicklungsbedarf bekommen.

Dies setzt voraus, dass die üblichen Weiterbildungsinhalte, die auf die Entwicklung der Person zielen und nicht fachlicher Natur sind, wie Kommunikationsanalyse, Präsentation, (Konflikt-) Moderation, oder auch Standardführungstrainings, bekannt sind. Während ein Standardtraining gleichsam mit der „Gießkanne" ein vorher festgelegtes Seminar- oder Trainingsziel an einen ganzen Mitarbeiter- oder Führungskreis ausschüttet, setzt Coaching als individuelle Maßnahme immer nur an der jeweiligen Ausgangslage der Führungskraft, dem Coachee, an.

Im Gegensatz zum Trainer kann der Coach demnach das Ziel des Coachings nicht bereits von Beginn ab im Auge haben, sondern es entwickelt sich während der Entwicklungsmaßnahme. Letztlich muss der Coachee das Ziel selbst definieren, der Coach soll auf dem Weg dazu beraten und unterstützen.

Ebenso wie von Trainingsmaßnahmen lässt sich Coaching auch von therapeutischen Maßnahmen abgrenzen. Auch wenn viele Coaches ausgebildete Therapeuten sind und diese Tätigkeit auch oft parallel ausüben, zielt Coaching auf die persönliche Entwicklung der Führungskraft, welche relevant für den Arbeitsplatz und das Unternehmen ist. Persönliche Anliegen können tangiert werden, sollten aber nicht zum Hauptthema der Sitzungen werden. Hier ist die Ethik des Coaches gefragt, denn ein professioneller Coach wird das Coaching mit einer Führungskraft abbrechen, wenn deutlich wird, dass die Sitzungen privaten Inhalt bekommen, bzw. dass der Coachee eigentlich eine Therapie benötigt.

Während die Abgrenzung der Rolle des Coaches von denjenigen des Therapeuten oder Trainers immer relativ klar umrissen war, hat sich in den letzten Jahren ein neuer Trend Bahn gebrochen, nämlich die Ausübung der Doppelrolle von Führungskraft und Coach. Hier wird in die Aufgaben der Führungskraft auch die Ausübung einer Coachingfunktion für ihre Mitarbeiter festgeschrieben.

Dabei lässt sich die Frage stellen, ob es möglich ist, diese Doppelrolle ohne Interessenkonflikt auszufüllen. Einerseits soll die Führungskraft ihre Mitarbeiter als Coach beraten, andererseits als vorgesetzte Führungskraft bewerten. Ist es aber für Mitarbeiter zumutbar, sich in seinen Schwächen zu öffnen, im Wissen darum, dass dies dann im Rahmen der Leistungsbeurteilung von der Führungskraft gegen ihn verwendet werden kann?

Dabei sollte man wissen, dass viele Unternehmen die Doppelrolle Führungskraft und Coach nicht so weit fassen, wie es professionelles Coaching tut. Mit der Doppelrolle der coachenden Führungskraft wird vielmehr Beratung und Mentoring des Mitarbeiters zu Themen der Personalentwicklung gemeint, also persönliche Entwicklungswege im Unternehmen aufzeigen, Ratschläge bezüglich der weiteren Schritte geben usw.

Doch dies ist nichts anderes als die ureigenste Aufgabe von Führungskräften. Indem mit einem Trainingsprogramm Führungskräfte als Coaches ihrer Mitarbeiter ausgebildet werden, wird die Führungskraft lediglich in ihrer Funktion, Personalentwickler der eigenen Mitarbeiter zu sein, unterstützt und bestärkt.

Die Rolle als professioneller Coach ist damit nicht gemeint und deshalb sollte der Begriff im engen Sinn auch nur für Entwicklungsmaßnahmen verwendet werden, welche mit einem externen, neutralen, professionellen Coach, außerhalb des Unternehmens, stattfinden.

Coaching kann im Unternehmen grundsätzlich als vorbeugende Maßnahme zur Personalentwicklung (PE) von Führungskräften eingesetzt werden oder dann, wenn ein konkretes Problem oder ein Entwicklungsfeld sichtbar wird.

Performanceschwächen von Führungskräften oder Schlüsselfunktionsträgern eines Unternehmens (z.B. Projektleiter, Vertriebsmitarbeiter etc.) können dabei weitreichende Auswirkungen haben, die nicht nur die Person selbst betreffen. Eine schlechte Performance als Führungskraft kann viele Mitarbeiter in ihrer Leistungserbringung hemmen und damit eine Störung des Organisationsflusses darstellen.

Setzt man Coaching hier ein, so ist das Coaching als Intervention im Rahmen einer Organisationsentwicklung (OE) zu sehen. Coaching kann also „prophylaktisch" oder „defizitär" eingesetzt werden.

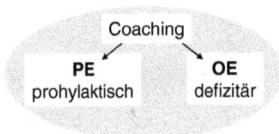

Abb. 3–1:   Einsatzfelder von Coaching

3.1.1   Qualitätskriterien und Prozessphasen

Nachdem der Begriff „Coaching" nicht geschützt ist, und demgemäß keine allgemeingültige Ausbildung mit Zertifizierung am Markt vorhanden ist, tut ein Unternehmen unter Umständen gut daran, eigene Qualitätskriterien zu definieren. Diese Kriterien sollten sich sowohl auf die notwendige Ausbildung von Coaches beziehen, als auch auf den Ablauf des Coachingprozesses, wie er im Normalfall von der Personalabteilung implementiert und controllt wird.

Dabei stellt das Controlling der Personalabteilung keinen Bruch mit der Vertraulichkeit zwischen externem Coach und der Führungskraft als Coachee dar, denn es ist möglich, dies rein auf die Prozessevaluation zu beziehen, ohne inhaltliche Offenlegung der Sitzungen.

Vielmehr legt die Personalabteilung den Rahmen fest, innerhalb dessen sich professionelles Coaching im Unternehmen bewegen soll und kann und schützt damit nicht nur das Unternehmen vor unmäßigen Ausgaben als auch die gecoachten Führungskräfte vor unseriösen Coaches.

Wir wollen uns im Folgenden mögliche Kriterien, an die die Auswahl von Coaches von einem Unternehmen geknüpft werden können, ansehen.

Zertifizierungskriterien

Sollte ein Unternehmen die Auswahl von Coaches an Qualitätskriterien knüpfen, bietet es sich an, dies in Form von Zertifizierungsinterviews, welche die Personalabteilung mit externen Coaches führt, umzusetzen. Wie bei allen Auswahlinterviews bietet sich ein strukturierter Interviewleitfaden mit offenen Fragen an, welcher Vergleichbarkeit und Prozesssicherheit gewährleistet und am Besten die einzelnen Fragen gewichtet und wertet.

Um mit den gecoachten Führungskräften auf einer Augenhöhe zu sprechen, sollte ein Hochschulstudium vorausgesetzt werden, ergänzt mit einer Coaching- oder auch Supervisionsausbildung. Wenn die Abschlüsse in sich keine Vergleichbarkeit bieten (z.B. Supervisionsausbildung durch die Deutsche Gesellschaft für Supervision DGSV oder durch diese Institution anerkannte Ausbildungen), sollten Ausbildungsinhalte, sowie die Dauer und der Zeitraum der erfolgten Ausbildung genau unter die Lupe genommen werden. Eine dreimonatige Ausbildung an einem Stück absolviert ist sicherlich von der Intensität nicht mit einer berufsbegleitenden, mehrjährigen Ausbildung oder sogar einer Vollzeitausbildung zu vergleichen.

Der Beratungsansatz, welcher der Ausbildung zu Grunde liegt, sollte dabei ebenso hinterfragt werden. Auch wenn das beauftragende Unternehmen hierbei keine Präferenzen zeigt, etwa hinsichtlich psychotherapeutischer, gestalttherapeutischer, oder familientherapeutischer Ausrichtung, so sollte die Berufserfahrung des Coaches darauf hinweisen, dass ein Transfer der therapeutischen Inhalte auf den ökonomischen Berufsalltag der Führungskräfte in Unternehmen geleistet werden kann. Auch wenn die „Besucheraugen" des Coaches durchaus nützlich für die Beratung sein können, wird eigene Führungserfahrung des Coaches, ebenso wie Branchenkenntnis, nicht nur dem Coaching hilfreich sein, als auch die Akzeptanz bei der Führungskraft erhöhen.

Andere angelegte Kriterien könnten sein: Betreibt der Coach eigene Qualitätssicherung, beispielsweise nachgewiesen durch eigene Supervision und Weiterbildung? Welche Referenzen können, insbesondere im eigenen Unternehmen vorgewiesen werden? Wie viele Jahre bzw. Stunden Coachingerfahrung liegen vor? Situationsbezogene Fragen bieten sich insbesondere an, um Arbeitsmethode als auch Arbeitsethos des Coaches zu ersehen. Was wird als (Interessens-)Konflikt in der eigenen Arbeit gesehen? Wie wird damit umgegangen? Wie wird Qualität, aber auch Erfolg im Coaching gemessen?

Schließlich wird es immer wichtig sein, zu ermitteln, für welche Themen und für welche Zielklientel der Coach sich am besten eignet. Niemand kann alle Themen gleich professionell anbieten und ebenso wird es Vorlieben bezogen auf das Feld möglicher Klienten geben. Wie in der Dienstleistung üblich, sollte auch der Coach seine USP, die eigene Unique Selling Proposition, angeben und begründen können.

Prozesskriterien

Sobald eine Personabteilung genügend Coaches für einen Coachingpool zertifiziert hat, kann das Coaching starten. Wie viele Coaches ein Pool enthalten sollte, richtet sich nach vielen Variablen wie Unternehmensgröße, Standortverteilung, Beratungsschwerpunkten, Akzeptanz im Unternehmen usw.

Die Beauftragung eines Coaches kann sich aufgrund prophylaktischer oder defizitärer Erfordernisse ergeben, wie wir gesehen haben. In beiden Fällen ist es sinnvoll, wenn diese Indikation durch einen Personalverantwortlichen, welcher die betroffene Führungskraft betreut, erfolgt. Erfolgt die Beauftragung durch die dem potenziellen Coachee übergeordnete Führungskraft, so befindet sich der Personalverantwortliche im selben Dilemma wie ein Coach, der einem Coachee verordnet wird. In beiden Fällen werden Personalverantwortlicher wie Coach versuchen, im Dreiecksverhältnis von 1) übergeordneter Führungskraft, 2) potenziellem Coachee und 3) Coach den Auftrag zu klären, transparent zu machen oder gegebenenfalls auch abzulehnen.

Der Personalverantwortliche muss erkennen, ob aufgrund der geschilderten Sachlage des Coachee ein Coachingbedarf vorliegt oder andere Maßnahmen zu raten sind. Das können interne oder externe Weiterbildungsmaßnahmen, Förderprogramme oder Ähnliches sein. Im Einzelfall muss der Personalverantwortliche auch erkennen, wo die Grenze zu persönlichen Themen und Problemen gezogen werden muss und an die Sozialberatung des Unternehmens verweisen, welche ihrerseits gegebenenfalls auch externe therapeutische Hilfe vorschlagen kann.

Hier muss man sich die Frage stellen, ob die Vertraulichkeit von Coaching, welche wir bereits in der Doppelrolle Führungskraft als Coach als gefährdet sahen, nicht wiederum im Verhältnis Personalverantwortlicher zu Coachee verletzt wird. Schließlich ist die Personalabteilung auch in die Leistungsbeurteilung der Führungskräfte mit einbezogen.

Dieses Problem lässt sich jedoch eindämmen, indem die Indikationsphase auf die Eingrenzung und Priorisierung der für den Coachee relevanten Problemstellung beschränkt bleibt. Der Personalverantwortliche muss für die Auswahl eines geeigneten Coaches aus dem Coachpool lediglich einige thematische Eckdaten vom potenziellen Coachee erfahren. Es wird in der Praxis nicht ausbleiben, dass über die Schilderung konkreter Problembeispiele auch Inhalte transportiert werden, doch ist dies innerhalb der Vertraulichkeit, welche Personalmitarbeiter aufbringen müssen, zu vertreten.

Sobald der Personalverantwortliche die Themen- und Problemstellung der Führungskraft eruiert hat, muss er aufgrund seiner Kenntnisse und Erfahrungen entscheiden können, welche berufliche Maßnahme sich am besten eignet. Die Bandbreite reicht hier von beruflichen zu persönlichen Weiterbildungsmaßnahmen im Unternehmen, innerbetrieblichen Fördermaßnahmen bis zu Kooperationen mit Universitäten und Weiterbildungsorganisationen außerhalb des Unternehmens.

Sollte der Personalverantwortliche persönliche Probleme indizieren, welche nicht für den beruflichen Alltag relevant sind, respektive welche die Möglichkeiten der beschriebenen Maßnahmen einschließlich Coaching sprengt, so sollten entsprechende Ansprechpartner in oder auch außerhalb des Unternehmens der Führungskraft empfohlen werden.

Innerbetriebliche Anlaufstellen, die sich anbieten, sind, falls im Unternehmen vorhanden, Sozialberatungsstellen oder auch betriebsärztliche Einrichtungen, welche ihrerseits nach weiterer Indikation gegebenenfalls auch z.B. an externe therapeutische Einrichtungen überweisen können.

Sollte der Personalverantwortliche zu dem Schluss kommen, dass Coaching eine sinnvolle Maßnahme für die Führungskraft ist, wird er aus dem Coachingpool zwei bis drei für die angesprochenen Themen geeignete Coaches auswählen und diese Profile der Führungskraft vorstellen.

In dieser Vorstellung sollten sowohl Lebenslauf, Foto, Referenzen, Internetadresse der Homepage als auch Honorarvorstellungen enthalten sein, so dass sich die Führungskraft ein umfassendes Bild sowohl der hard-, als auch der soft facts machen kann, und in der Folge einen

Coach auswählen kann, ein Wunsch dem durchaus ohne weitere Begründung entsprochen werden sollte.

So ist auch der Tatsache Rechnung zu tragen, dass Führungskräfte ohne Ansehen der Qualifikation eine Präferenz für ein bestimmtes Alter, Geschlecht etc. des Coaches eine Auswahl treffen. Im Weiteren ist es durchaus vertretbar, dass die Führungskraft mit allen vorgeschlagenen Coaches ein persönliches Gespräch führt, welches kostenlos und unverbindlich ist und lediglich zur Feststellung der notwendigen Sympathie dient.

Die Möglichkeit eines kostenlosen und unverbindlichen Erstgespräches ist dabei vom Personalverantwortlichen bereits in den Zertifizierungsinterviews, ebenso wie alle weiteren Prozessschritte, mit den Coaches zu verhandeln. Nach den Erstgesprächen sollte sich die Führungskraft für einen Coach entscheiden.

Wenn auch grundsätzlich die Möglichkeit besteht, dass kein Coach Anklang gefunden hat, so zeigt sich in der Praxis, dass bei guter Vorarbeit des Personalverantwortlichen und entsprechender Steuerung dieser Fall so gut wie nie eintritt. Auch aufgrund der endlichen Auswahloptionen im Coachingpool ist eine Quote von zwei bis drei passenden Coaches durchaus als guter Wert zu sehen.

Obwohl jeder Coach ein anderes methodisches Vorgehen an den Tag legen wird, ist es sinnvoll, bestimmte Prozessphasen als Qualitätskriterien zu definieren, welche in keinem Coaching fehlen sollten und welche es sowohl dem Personalverantwortlichen, als auch der Führungskraft erlauben, den Status und Fortschritt der Sitzungen transparent zu machen, ohne auf vertrauliche Inhalte einzugehen.

Auch um etwaige Verzögerungen oder zeitliche Ausdehnungen unseriöser Coaches zu vermeiden, bietet sich dieses Prozesscontrolling an, welches die sechs Phasen von 1) Erstgespräch, 2) Diagnose, 3) Entwicklung, 4) Umsetzung, 5) Evaluation und 6) Abschluss beinhalten sollte.

Diese sollen im Folgenden lediglich als Phasenbausteine erläutert werden, die konkrete inhaltliche Ausgestaltung der angewendeten Methoden muss der individuellen Arbeitsweise des Coaches überlassen bleiben.

6 Abschluss	1 Erstgespräch
5 Evaluation	2 Diagnose
4 Umsetzung	3 Entwicklung

Abb. 3–2:   Coachingphasen

Im Erstgespräch wird der Coach mit der Führungskraft das oder die Themen aufgrund konkreter Situationsbeschreibungen erneut definieren, präzisieren und bereits eine konkrete Zielvereinbarung protokollieren. Auch Generelles zum Coaching, wie die Vertraulichkeit oder Regelungen über einen etwaigen Abbruch des Coaches sollten besprochen werden und in einem „Vertrag" als Vereinbarung zwischen Coach und Führungskraft festgehalten werden.

Im Übergang zur Diagnose wird eine Standortbestimmung stehen, welche sich von den vorhandenen Kompetenzen der Führungskraft bis auf Analyse bisheriger Versuche zur Problembewältigung und vorhandener Ressourcen erstreckt. Hier werden bereits Problemanalysemethoden, sowie Reflexionsmethoden zur Analyse und Gegenüberstellung von Selbst- und Fremdbild zum Einsatz kommen.

Im Anschluss daran knüpfen sich konkrete Entwicklungsmodelle mit Lösungsszenarien, welche ihren Ausdruck in Methoden der Konfrontation, im Probehandeln oder auch Rollenübungen finden können.

In der Phase der Umsetzung versucht die Führungskraft, das Gelernte im Alltag zu trainieren. Der Coach kann hier als begleitender Schatten, wenn gewünscht, oder auch nur mit telefonischer Beratung punktuell unterstützen.

Schließlich sollten Coach und Coachee die Maßnahme in ihrem Gesamterfolg messen, indem die ursprüngliche Zielsetzung (sofern diese im Laufe des Coachings nicht neudefiniert wurde) mit dem Status Quo als auch der Zufriedenheit des Coachee mit dem Erreichten gegenübergehalten werden.

Hierbei kann es auch sinnvoll sein, auf Ergebnisprotokolle, erfolgte Fremdeinschätzung bzw. auf generell inzwischen erfolgtes Feedback aus dem Unternehmen zurückzugreifen.

Allerdings sollten die Ansprüche hier nicht überzogen werden, um die Führungskraft nicht unnötig unter Erfolgsdruck zu setzen. Werden im Coaching tiefer reichende, persönliche Themeninhalte angestoßen, so lassen sich Fortschritte oft erst nach Zeiträumen von mehreren Monaten sinnvoll betrachten.

Nach dieser erfolgten Evaluation sollte das Coaching mit einer Abschlussphase ausgeleitet werden, welche noch einmal für den Coachee den Nutzen des Coachings bilanziert, eventuell offen gebliebene Punkte anspricht oder auch Perspektiven für die weitere Entwicklung der Führungskraft thematisiert.

Auch die Absicherung des Erlernten respektive wie dieses auf zukünftige Situationen eigenverantwortlich transferiert werden kann, können dem Coaching einen sinnvollen Abschluss schaffen.

Evaluation
Während sich der Coach vom Personalverantwortlichen, ebenso wie von der gecoachten Führungskraft, hinsichtlich der Transparenz des Prozessstatus einem Controlling stellen muss, sollte sich der Personalverantwortliche selbst ebenso einer Qualitätssicherung unterziehen, indem der jeweilige Erfolg der Coaching-Maßnahme gemessen und dokumentiert wird und seinerseits in zukünftige Empfehlungen einfließt.

Mit dieser Rückkopplung der Erfolgsmessung, sowohl an die erneute Auswahl von Coaches, als auch gegebenenfalls an die Zertifizierungskriterien selbst, schließt sich der Kreislauf der Prozesssteuerung.

Als Methode der Coaching-Evaluierung können natürlich mehrere Wege in Frage kommen. Insbesondere mittel- und langfristige Evaluierungen werden Ergebnisse aus im Unternehmen durchgeführten Performancemanagementergebnissen (Vorgesetztenbeurteilung, 360-Grad-Beurteilung) ebenso mit einbeziehen wollen, wie unmittelbares Feedback durch übergeordnete Führungskraft oder andere Betroffene.

Zertifizierung
der Coaches

Indikation
Coaching-
bedarf

Vorschlag
Coaches/
Auswahl
durch
Führungskraft

Erstgespräch
Diagnose
Entwicklung
Umsetzung
Evaluation
Abschluss

Coaching-
Evaluation

Weiterbildung   Sozial-
oder andere   beratung
Maßnahmen

Therapie

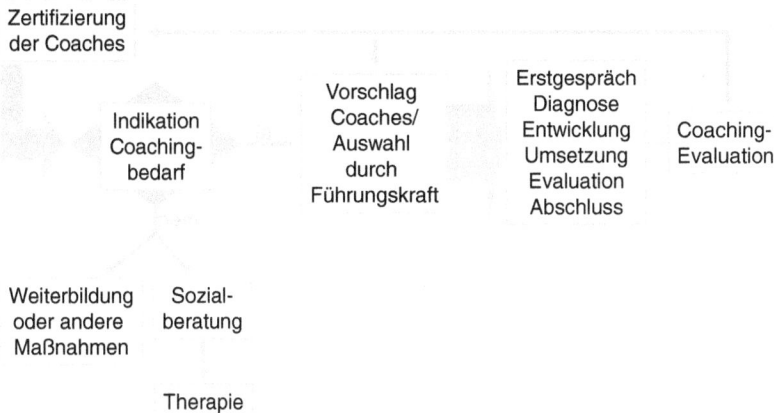

Abb. 3–3:   Prozesssteuerung Coaching

Da sich in den meisten Fällen aufgrund der Vertraulichkeit diese Vorgehensweisen nicht anbieten, mach es am meisten Sinn, die Evaluation auf die Beurteilung der Führungskraft zu gründen. Wenn auch aus Evaluationsgründen ein zweistufiges Verfahren, welches den unmittelbaren Eindruck nach dem Coaching als auch einen mittelfristigen Eindruck, welcher nach einigen Monaten erhoben wird, am validesten wäre, wird sich aus pragmatischen Gründen in den meisten Fällen eine einmalige Evaluation nach dem Coaching durchsetzen.

Hier bietet sich ein vertraulicher Fragebogen an, welcher mit wenigen Kriterien, die ihrerseits in die Bewertung des Coaches im Coachingpool einfließen, die Zufriedenheit des Coachee misst. War die Häufigkeit der Termine angemessen? Gab es konkrete Coachingziele? Konnten die Erfahrungen aus dem Coaching in den Alltag umgesetzt werden bzw. wurden konkrete Handlungsmöglichkeiten für den Arbeitsalltag gewonnen? Wurden die eigenen Stärken und Schwächen der Führungskraft bewusster bzw. ist sie sich allgemein klarer über ihre Situation geworden? Wurden nach einzelnen Prozessschritten gemeinsam Resumée gezogen und das weitere Vorgehen besprochen? Empfand die Führungskraft den Coach als sicher und professionell im Vorgehen? Würde sie den Coach selbst weiterempfehlen? War das Coaching effektiver, als ein Training es hätte sein können?

Diese oder ähnliche Fragen, welche jeweils im Fragebogen bezogen auf ihre Signifikanz gewertet werden, können ergänzend mit einem Feld für freie Bemerkungen der Führungskraft eine gute Grundlage für die Beurteilung des Coaches im Coachingpool darstellen.

3.1.2   Beratungsansätze im Coaching

Nachdem wir mit den Qualitätskriterien und Prozessphasen die Form, in der Coaching stattfinden sollte, dargestellt haben, wollen wir nun näher auf einige Inhalte, in Form zu Grunde liegender Beratungsansätze, eingehen.

Es ist sowohl für die gecoachten Führungskräfte, als auch die beauftragende Personalabteilung nützlich, die zu Grunde liegenden Beratungsansätze im Coaching zu kennen und zu verstehen, um die jeweiligen Herangehensweisen von Coaches einschätzen zu können. Im Folgenden sollen vier, aufgrund Ihrer Verbreitung ausgewählte, Beratungsansätze vorgestellt werden, was nicht als Wertung gegenüber den nicht erwähnten zu verstehen sein soll.

Psychotherapie

Coaches, die eine psychotherapeutische Ausbildung haben, sind meist auch in eigener psychotherapeutischer Praxis tätig. So kann es für ein Unternehmen gut sein, im Coachingpool einen Mix an eher businessorientierten Coaches zu haben, als auch einen Anteil an Coaches, welche bei Bedarf tiefer gehende und komplexere Themen in Angriff nehmen können.

Dabei werden seriöse Coaches keine Folgeaufträge für eigene Therapiesitzungen aus den Coachings generieren. Während Psychotherapie oft ungenau als Sammelbegriff für alle therapeutischen Verfahren verwendet wird, soll im engeren Sinne hier die Ausrichtung in psychoanalytischer (wie er von Sigmund Freud, Carl Gustav Jung oder Alfred Adler entwickelt wurde) sowie verhaltenstherapeutischer (welche sich aus dem Behaviorismus Edward Thorndikes, J. B. Watson und B. F. Skinner entwickelt hat) Methoden genannt sein, welche in Deutschland kassenärztlich anerkannt werden.

Anders als, bzw. ergänzend zu Methoden, die der persönlichen Weiterentwicklung dienen, ist es das Anliegen und die Aufgabe der Psychotherapie, Patienten eine Heilung seelischen oder auch körperlichen Leidens zu ermöglichen oder zumindest Linderung zu verschaffen. Die Ursachen und Zusammenhänge, die der Patient über sein Leiden im Rahmen der Therapie erfährt, sollen dabei Anstoß für die eigene persönliche Entwicklung sowie gegebenenfalls für die Änderung der eigenen Persönlichkeitsstruktur sein.

Die analytisch orientierte Psychotherapie setzt dabei auch auf die Auseinandersetzung des Patienten mit seinem Unbewussten, um die Ursachen von Verhalten und Leiden zu erklären.

Auch wenn letztlich der Zusammenhang persönlicher Lebensführung mit dem Verhalten in der Berufswelt nicht entkoppelt werden kann, ist es nicht Aufgabe eines Unternehmens, bzw. eines Coachings, das vom Arbeitgeber beauftragt und bezahlt wird, grundsätzliche Lebensthemen der Führungskräfte behandelt zu wissen.

Dies würde nicht nur die Kosten, sondern auch den zeitlichen Rahmen unternehmerischer Aktionen sprengen. Abgesehen von wenigen gravierenden Fällen lassen sich Verhalten am Arbeitsplatz und im privaten Bereich auch durchaus erfolgreich getrennt behandeln.

Insbesondere hinsichtlich der Beauftragung von Coaches mit psychotherapeutischem Beratungsansatz müssen sich die Verantwortlichen genau fragen, inwieweit die Klärung persönlicher Anliegen für die erfolgreiche Änderung beruflicher Verhaltensweisen notwendig und sinnvoll sind.

Psychoanalyse

Im Unterschied zur Verhaltenstherapie, welche Verhaltensänderung durch Training angeht, versucht die Psychoanalyse durch Aufdeckung der meist unbewussten Ursachen dem Patienten einen Einblick und ein Verständnis für die Zusammenhänge seines Leidens zu schaffen. Da die Ursachenforschung weit in die Vergangenheit gehen kann, ist die Psychoanalyse ein vergangenheitsorientiertes Verfahren, welches nicht selten an (früh-)kindlichen Erlebnissen ansetzt.

Psychoanalyse ist sehr zeitintensiv und kann sehr langwierig sein, bis zu mehreren hundert Sitzungen. In der klassischen Freudschen Psychoanalyse liegt der Patient auf einer Couch und sagt möglichst unzensiert und im freien Assoziieren alles, was ihm durch den Sinn geht. Der hinter ihm sitzende Analytiker hört zu und deutet dem Patienten die während der Sitzung gewonnenen Erkenntnisse.

Insbesondere bemüht sich der Analytiker, die sich in der Beziehung zu ihm einstellenden Übertragungen (Projektionen) emotionaler Muster des Patienten zu ermitteln und ihren Stellenwert zu interpretieren, um sie einer Veränderung zugänglich zu machen. Auch die Analyse von Träumen, welche ein alternativer Zugang zum Unbewussten des Patienten sein kann, kommt während der analytischen Behandlung zur Sprache.

Verhaltenstherapie
In den 1950er Jahren entwickelte sich in den USA der Behaviorismus, als Vorläufer der späteren Verhaltenstherapie, welcher sich vor allem auf experimentell entwickelte Lerntheorien stützte. Hervorgegangen auch aus der Unzufriedenheit der mangelnden Wirksamkeit tiefenpsychologischer Verfahren legen Verhaltenstherapeuten großen Wert auf die empirische Überprüfung ihrer Methoden. Entscheidend ist hierfür eine genaue Verhaltensanalyse zur Bestimmung der augenblicklichen Determinanten des Verhaltens.

Anders als im Credo der Psychoanalyse wird es für die Bewirkung von Verhaltensänderungen als nicht unbedingt notwendig gesehen, die Ursachen der Probleme zu ergründen, was sich insbesondere bei Problemen mit zwanghaftem Verhalten oder Phobien als erfolgreich erwiesen hat und mit zum Teil kürzeren Therapiezeiten zu Buche schlägt. Im Unterschied zur Psychoanalyse liegt der Fokus auf dem Er- bzw. Verlernen von Verhaltensweisen, ohne etwa genetische Faktoren zu verleugnen. Die Veränderung des problematischen Verhaltens steht im Vordergrund, nicht dessen Erklärung.

Dabei arbeitet die Verhaltenstherapie mit Verfahren, die z.B. auf der Theorie klassischer Konditionierung aufbauen und darauf abzielen, eine Gegenkonditionierung zu etablieren, beispielsweise durch Exposition, welche vorwiegend bei Phobien, Panik- oder Zwangsstörungen angewandt werden.

Der Patient setzt sich den problematischen Reizen zunächst in der Vorstellung, dann in der Wirklichkeit in graduell abgestufter Weise aus, um systematisch eine Desensibilisierung zu erreichen.

Psychoanalytiker warfen der Verhaltenstherapie vor, dass es im Wesentlichen nur um die Reduzierung oder Eliminierung von Symptomen gehe, damit aber die Ursache der Störung nicht behoben werde. Dies könne zu einer Bildung neuer Symptome (der gleichen Ursache) führen, zur so genannten Symptomverschiebung.

Auch die Kopplung an ein behavioristisches Menschenbild, welches den Menschen stark von seiner Umwelt als Reiz-Reaktions-Schemata dominiert sieht, wurde und wird von Vertretern anderer Richtungen wie humanistischer Psychologie, Gestalt- oder Gesprächstherapie, als kritisch angeführt.

Transaktionsanalyse
Die Transaktionsanalyse wurde von dem kanadischen Psychiater Eric Berne (1910–1970) gegründet, um stattfindende Kommunikationsstrukturen zu analysieren. Es werden drei Zustände des Ich unterschieden, die bereits in der Kindheit angelegt werden, 1) Eltern-Ich, 2) Erwachsenen-Ich und 3) Kind-Ich. Dabei vertritt das Eltern-Ich Gefühle, Gedanken und Handlungen, wie sie von den Eltern, als früheren Autoritätspersonen, vertreten wurden und von einer Person in das eigene Eltern-Ich übernommen wurden. Das Eltern-Ich nennt Berne auch Exteropsyche.

Im Erwachsenen-Ich, auch Neopsyche genannt, stehen eigene, bewusste Entscheidungen im Mittelpunkt, während das Kind-Ich, auch Archeopsyche genannt, in Erleben und Verhalten auf die kindliche Lebenssituation referiert.

Vorhandene Kommunikationsmuster werden in der Transaktionsanalyse nun auf jeweils diese Ich-Funktionen zurückgeführt, um die Interaktionen zunächst transparent zu machen und in der Folge Möglichkeiten zur Auflösung von Gesprächsstörungen anzubieten. So kann der Ausdruck des Eltern-Ich fürsorglich oder kritisch, der des Erwachsenen-Ich angemessen und vernünftig sowie der des Kind-Ich angepasst oder rebellisch sein.

Die Transaktionsanalyse unterscheidet parallele und überkreuzte Transaktionen. Verläuft eine Transaktion parallel, so geschieht sie aus dem angesprochenen Zustand heraus, verläuft sie gekreuzt, so antwortet ein Gesprächspartner unerwartet aus einem anderen als dem angesprochenen Ich-Zustand.

Zusätzlich kennt die Transaktionsanalyse noch die verdeckte Transaktion, welche unter einer offenen Botschaft eine weitere (meist nonverbale) Botschaft transportiert.

Auch wenn parallele Transaktionen keine Störungen hervorrufen und prinzipiell als „Spiel" weitergeführt werden können, ist es das Ziel, parallele Kommunikation im gegenseitigen Respekt aus dem Erwachsenen-Ich zu führen.

Ein Mitarbeiter von Eric Berne, Thomas Harris, hat diese Beziehung später bezeichnet als eine Haltung des „Ich bin o.k. – Du bist o.k.", was als verkürztes Motto der Transaktionsanalyse große Popularität erlangte und auch von anderen Beratungsansätzen wie der Neurolinguistischen Programmierung (NLP) oder der Themenzentrierten Interaktion (TZI) übernommen wurde.

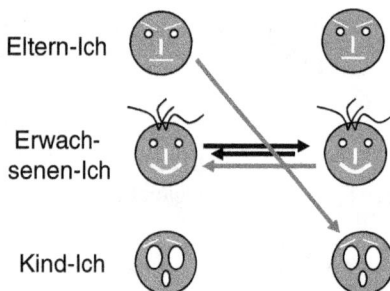

Abb. 3–4:   Parallele und gekreuzte Kommunikation in der Transaktionsanalyse

Neurolinguistische Programmierung

Die Begründer der Neurolinguistischen Programmierung (NLP) sind der Psychologe Richard Bandler und der Linguist John Grinder. Bandler und Grinder untersuchten zunächst Therapieansätze von Fritz Perls (Gestalttherapie), Virginia Satir (Familientherapie) Milton Erickson (Hypnotherapie) und verknüpften dies mit Erkenntnissen aus der Linguistik, sowie der Analyse der Verhaltensweisen von herausragenden Persönlichkeiten auf unternehmerischem, künstlerischem oder auch wissenschaftlichem Gebiet.

Dementsprechend fußt NLP nicht auf einer umschriebenen, wissenschaftlichen Theorie, sondern kann als eine, auf ständige Weiterentwicklung angelegte, Methodensammlung (so genannte „NLP-Formate") verstanden werden.

Einige typische Instrumente im NLP sind „Pacing" und „Leading". Im Pacing werden Verhaltensmuster des Gegenüber gespiegelt (z.B. Tonfall, Körperhaltung etc.), im Leading werden Signale gesetzt, welche das Ziel haben, das Gegenüber zum Nachfolgen und Mitmachen zu bewegen. Ziel ist dabei nicht die Manipulation (auch der Begriff der „Programmierung" soll nicht manipulativ verstanden werden), sondern die Schaffung emotionaler Kontakte.

Andere typische Methoden im NLP sind Autosuggestion, das so genannte „Ankern" (das der klassischen Konditionierung entspricht) sowie „Reframing".

In der Autosuggestion werden, ähnlich wie beim autogenen Training, positive Aspekte in wiederholtem Male durch affirmative Aussagen eingeübt und so mit der Zeit mehr und mehr verstärkt.

Im Ankern sollen neue emotionale Konnotationen geknüpft werden bzw. vorhandene genutzt werden, um spezifische Reize und Situationen mit neuen sinnlichen Empfindungen zu assoziieren. Das Ankern geht dabei auf die Theorie des klassischen Konditionierens zurück, wie sie von dem Physiologen und Mediziner Iwan Petrowitsch Pawlow (1849–1936) formuliert wurde.

In Pawlows Experiment folgt auf die Darbietung von Futter als unbedingtem Reiz Speichelfluss als unbedingte Reaktion, auf das Ertönen eines Glockentons als neutralem Reiz hingegen nichts. Wenn aber der Glockenton wiederholt in engem zeitlichem Zusammenhang mit dem Anbieten von Futter erklingt, reagieren die Hunde schließlich auf den Ton allein mit Speichelfluss. Dieses Phänomen bezeichnete Pawlow als Konditionierung.

Im NLP soll die Methode des Ankerns die ursprüngliche negative Konditionierung auflösen und mit neuen positiven Empfindungen kombinieren.

Im Reframing, welches der Familientherapie Virginia Satirs entlehnt wurde, wird ein Ereignis umgedeutet und ihm ein neuer Rahmen und eine neue Bedeutung gegeben (z.B.: Wird das Glas halbleer oder halbvoll gesehen?).

NLP verfolgt mit der Lehre der so genannten „autonomen Augenbewegungen", die Absicht, Gedanken über die Wahrnehmung der Augenbewegungen ableiten zu können. Die wissenschaftliche Wirksamkeit konnte dabei nicht bestätigt werden.

Die Verknüpfung von NLP mit esoterischen Inhalten, welche von einigen Dienstleistern und Ausbildungsstätten erfolgt, hat dabei zum Ruf einer Pseudowissenschaft beigetragen.

Systemische Beratung
Seit den 1960er Jahren wurde in unterschiedlichen therapeutischen Institutionen an Konzepten gearbeitet, welche zunehmend auch die Systeme (Familie, Umwelt etc.) außerhalb des Klienten (als Symptomträger des Problems) in die Betrachtung mit einbezogen. Die Familientherapie geht davon aus, dass Symptome nur im Zusammenhang aller vorhandenen Personen in der Familie verstehbar sind, und auch nur in diesem Gesamtkontext an einer Veränderung gearbeitet werden kann.

Die systemische Beratung hat sich aus dieser systemischen Familientherapie entwickelt und basiert, neben verschiedenen familientherapeutischen Schulen, auf der Systemtheorie, welche interdisziplinär vielfältig etwa durch biologische, physikalische oder philosophische Konzepte ausformuliert wurde. Wir werden die Systemtheorie noch ausführlich in Kapitel 7 behandeln.

Systemische Beratung wird auch lösungsorientierte Beratung genannt, weil im Gegensatz beispielsweise zur Psychoanalyse nicht das auf die Vergangenheit gerichtete Problem in seiner Ursache und Entstehung fokussiert wird, sondern die in die Zukunft gerichtete Lösung im Vordergrund steht.

Systemische Beratung ist, anders als die Psychoanalyse, kurzzeitig ausgerichtet, was Unternehmen sowohl bezüglich Effizienz, als auch bezüglich der anfallenden Kosten, zu schätzen wissen.

Umso mehr muss es überraschen, dass bis heute die Systemtherapie in Deutschland trotz ihrer Wirksamkeit nicht von den gesetzlichen Kassen gestützt wird, etwa im Unterschied zu Österreich und der Schweiz.

Der systemische Berater vermeidet es, Lösungen oder auch nur Interpretationen für den Coachee zu formulieren, sondern versteht den Klienten selbst als Experten für die Lösungsfindung. Das Problem wird dort gelöst, wo es entstanden ist, im Klientensystem.

Eine der wichtigsten Methoden der systemischen Beratung ist das zirkuläre Fragen, wo die Perspektiven der Umwelt mit einbezogen werden bzw. Hypothesen über deren Sichtweise vom Klienten selbst entworfen werden. Ziel ist es dabei, dass sich der Coachee auf einen Perspektivenwechsel innerhalb des Systems einlassen lernt und damit die Gefühlslage anderer Beteiligter nachempfinden kann.

Ein anderer typischer Ansatz in der systemischen Beratung ist die so genannte Wunderfrage, wo sich der Klient ausmalt, wie er, nach einem erfolgten Wunder, die Lösung seines Problems im Alltag feststellen würde und was sich genau verändert hätte. Aus der Analyse der für diese Realisierung notwendigen Faktoren plant der Klient sein weiteres Vorgehen bzw. seine weitere Sichtweise auf das Problem.

Andere Methoden sind z.B. Skalenfragen, zur Verdeutlichung von Unterschieden und Fortschritten oder auch die Paradoxe Intervention, wo in paradoxer Weise vom Therapeuten genau das problematische Verhalten empfohlen wird, um im Klienten eine Reaktanz dazu hervor zu rufen und damit ein Signal zur aktiven Verhaltensänderung zu setzen.

Die Amerikanerin Virginia Satir gilt als eine wesentliche Gründungsgestalt der systemischen Therapie und Beratung. Aus ihren Ansätzen etwa der Familienskulptur, -rekonstruktion haben sich Ansätze wie Familienaufstellung oder auch das Reflecting Team (vom norwegischen Sozialpsychiater Tom Andersen entwickelt) weiterentwickelt, wo der Klient durch Platztausch mit den Therapeuten die Therapie gespiegelt bekommt. Ziel ist es hierbei, das Vorgehen und die Interventionen des Therapeuten kritisch zu hinterfragen, indem ein alternatives beobachtendes System installiert wird.

Andere Weiterentwicklungen der systemischen Beratung wurden etwa durch Insa Sparrer und Matthias Varga von Kibéd mit der „Therapie ohne hörbare Antworten" entwickelt. Der Therapeut stellt lösungsfokussierte Fragen, der Klient gibt durch Nicken zu verstehen, dass er die jeweilige Frage für sich selbst beantwortet hat. So begleitet der Therapeut den Klienten in Lösungsmöglichkeiten, ohne das Problem selbst kennenzulernen.

Insbesondere die systemische Organisationsberatung, welche Probleme von Unternehmen als Probleme komplexer sozialer Systeme, die nicht isoliert voneinander betrachtet werden können, versteht, hat sich heute im Bereich der Organisationsentwicklung und des Change Managements (Veränderungsberatung), erfolgreich etabliert. Da nicht wenige Coaches auch in diesem Feld tätig sind, müssen Unternehmen darauf achten, dass aus individuellen Coachings von Führungskräften keine weiteren Organisationsentwicklungsprojekte generiert werden.

4   Personalführung und Ethik

„Was aber kümmert mich das Gemeinwohl? Das Gemeinwohl … ist nicht mein Wohl."

Max Stirner (1806–1856) – Der Einzige und sein Eigentum

Fehlt unseren Managern die Moral? „Selbstbedienung, Korruption, Betrug, Vertragsbruch – für die Eliten scheinen keine Regeln mehr zu gelten … Das ethische Fundament der Wirtschaft bröckelt."[1] In den letzten Jahren wurde der Ruf nach verbindlichen moralischen Normen für die wirtschaftliche ebenso wie die politische Elite in unserem Lande immer lauter. Auf der anderen Seite wurde immer wieder betont, „wer als Manager auf Werte in seinem Unternehmen setzt, darf mit einer höheren Rendite rechnen."[2] Hierbei ist es sinnvoll, zu sehen, worauf sich Werte und moralisches Handeln für Manager überhaupt gründen können.

4.1   Individuelle Werte

Wir können zunächst den Bereich individueller Werte ausmachen, die sich auf Religion, ethische Normen und praktische Moral stützen und beziehen können. Zum anderen können unternehmensspezifische Werte eine Rolle spielen, welche etwa in Unternehmensleitbildern ihren Ausdruck finden. Zudem lässt sich der Bereich gesellschaftlich etablierter Werte ausmachen. Alle drei Ressourcen für Wertvorstellungen und Überzeugungen können und sollten Manager nutzen, um ihren Handlungen Halt und Fundament zu geben.

Auf Ebene der gesellschaftlichen Wertvorstellungen sehen sich Unternehmen und auch einzelne Akteure gezwungen, diesen Forderungen und Entwicklungen Rechnung zu tragen, etwa dem Wunsch der Gesellschaft nach mehr Teilzeitarbeitsplätzen oder einer höheren Work-Life-Balance.

Auf Unternehmensebene wird jeder Arbeitgeber eigene unternehmensspezifische Werte und Prinzipien definieren, welche nicht nur als interner moralischer roter Faden dienen, sondern auch außerhalb des Unternehmens bis hin zum Employer Branding Auswirkungen haben können und gegenüber anderen Wettbewerbern als Marketingstrategie fungieren kann.

In der globalisierten Welt strahlt diese Positionierung bis in eine „Weltmarktethik" aus, auch wenn sich diese nur theoretisch benennen lässt. Aber auch wenn Führungskräfte eines Unternehmens sich sowohl an demographischen Eckpfeilern, sowie lokalen oder globalen Unternehmensleitlinien orientieren, ist dies noch nicht hinreichend für den Entscheidungshorizont, welcher Führungskräften individuell und konkret in Konflikten und Krisen abverlangt wird.

---

[1]   Managermagazin 6/2007
[2]   Harvard Business Manager 1/2006

Hier kommt keine Führungskraft umhin, sich selbst ein Rüstzeug zu schaffen, welches auch auf hoher stürmischer See als Leuchtturm individueller Werthaltung dient. Diese Werte wiederum können ihr Fundament in der Religion, der Ethik und der praktischen Moral haben.

4.1.1   Religion, Ethik und Moral

Religiöse Normen und Werte bieten den Vorzug der Unbedingtheit. Durch die Unbedingtheit einer Handlung wird ein Verhalten oder die Haltung zu einem Handeln als unabhängig von etwaigen Folgen oder Umständen bewertet.

So werden beispielsweise die Lüge oder das Töten als unbedingt falsch bewertet, auch wenn etwa durch den Tod eines Einzelnen der Tod vieler verhindert werden könnte. Eine Handlung sollte so nicht als Mittel zu einem anderen Zweck eingesetzt werden, oder anders gesprochen, kein Zweck kann die eingesetzten Mittel rechtfertigen.

Die Absolutheit und Unbedingtheit solcher Normen, wie sie Religionen eigen sind, schafft dabei Entscheidungssicherheit und Gewissheit für das eigene Tun. Religion beschränkt sich nicht damit, vorhandene Werte in einer Gesellschaft deskriptiv zu beschreiben, sondern setzt diese normativ.

Anders als religiöse Werte, welche bezüglich ihrer Umsetzung einen Pflichtcharakter haben (und deshalb auch „deontologisch" genannt werden, von griechisch to deon: die Pflicht), kennt die Ethik mehr Antworten auf Sinnfragen.

Die Ethik lässt sich als zu Grunde liegendes theoretisches Konzept von der praktischen Moral, also von jeweiligen konkreten Handlungsanweisungen, differenzieren.

Ethik kann sowohl heteronom, etwa durch religiöse Gebote bestimmt sein, als auch autonom (durch jeden Menschen selbst), etwa formal (Kants kategorischer Imperativ), material (Max Schelers objektive Wertethik) oder auch relativ (z.B. im Utilitarismus).

Im Extremfall lassen sich im ethischen Relativismus alle sittlichen Maßstäbe aufkündigen und der Unterschied von Gut und Böse relativiert sich ebenfalls. Ist Ethik nicht in absoluter Geltung verstanden, sondern relativ, so verschiebt sich letztlich die Begründung auf ein anderes Letztes.

So setzt beispielsweise der Utilitarismus die Nützlichkeit einer Handlung für einen Einzelnen oder die Gesellschaft als Zweck. Ebenso beurteilt der Konsequentialismus den Wert einer Handlung rein in Hinsicht auf die Konsequenzen. Die folgende Geschichte erläutert sehr gut, wohin die extreme Haltung eines subjektiven Konsequentialisten hypothetisch führen könnte:

Onkel Karl, ein älterer reicher Junggeselle und Fritz, sein Neffe und einziger Erbe, sitzen in einem kleinen Boot und angeln. Das Gewässer wimmelt von Haifischen. Kein anderes Boot ist in Sicht. Es entspinnt sich folgender Dialog:
Fritz: Weißt Du, ich will um alles in der Welt zu einer halben Million Dollar kommen, um sie für meine Vergnügungen auszugeben.
Onkel Karl: Ich kenne Dich gut genug, um Dir das zu glauben. Du hast in letzter Zeit ja eine Reihe von Versuchen gemacht, um an Geld zu kommen, die aber wohl alle schief gegangen sind.
Fritz: So ist es. Ich bin unterdessen zu der Überzeugung gekommen, dass es für mich nur eine Möglichkeit gibt an Geld zu kommen, ich bringe Dich um.

Onkel Karl: Ich fürchte, Du hast bei Deinen begrenzten Begabungen und Deinem Hang zur Faulheit tatsächlich keine andere Möglichkeit, um an Geld zu kommen.

Fritz: Da Du zugibst, dass es für mich nur eine Möglichkeit gibt, zu Geld zu kommen: Welchen Rat gibst Du mir?

Onkel Karl: Da Du nur einen Wunsch hast, nämlich rasch zu Geld zu kommen und es für Dich keine andere Möglichkeit gibt, als mich umzubringen, solltest Du mich aus dem Boot stoßen.

Fritz: Ich stimme beiden Prämissen und Deiner Schlussfolgerung zu. Da ich den guten Rat meines Onkels immer befolge, werde ich Dich jetzt aus dem Boot stoßen. (Fritz stößt Onkel Karl aus dem Boot)[3]

In diesem fiktiven Beispiel, welches das deontologische Gebot „Du sollst nicht töten" konsequentialistisch konterkariert, wird klar, wie vorsichtig man in der Setzung relativer Werte sein muss. Diese Relativierung kann ihrerseits wiederum zu einer Begründung in reiner Verstandesethik, in individueller oder gesellschaftlicher Nützlichkeit oder auch durch die in einer Gesellschaft vorgefundenen Werte führen.

Im letzten Falle wäre damit alles als gut zu bezeichnen, was ist. Auf der anderen Seite wird von den Vertretern eines Ethikrelativismus das Argument in das Feld geführt, dass alle Normen und Werten, so auch die jeweiligen Religionen, zeit- und kulturabhängig entstanden sind, aus diesen Entstehungsbedingungen zu erklären und damit notwendigerweise auch nur als relativ zu begreifen sind.

Nachdem wir der individuellen Bestimmung von Werten nachgegangen sind, wollen wir uns nun den von Unternehmen aufgestellten Werten zuwenden.

4.2   Unternehmenswerte

Jedes Unternehmen schreibt sich eigene Leitbilder auf die Fahnen, welche für das jeweilige Haus im Sinne eines „Code of Conduct", also eines Verhaltenskodex, gelten. Die Werte, welche hier beispielsweise mit Corporate Responsibility, also unternehmerischer Verantwortung bezeichnet werden, verkörpern keine finanzielle unternehmerische, sondern ethische Verantwortung.

Diese Wertepostulate können etwa den fairen Umgang mit Wettbewerbern fordern, oder auch die Wahrung des Respekts gegenüber der Würde der einzelnen Mitarbeiter umfassen. Wie auch immer das Unternehmensleitbild definiert wird, es muss seinerseits aus der übergeordneten Vision (dem Selbstbild eines Unternehmens in der Zukunft) und der Mission (als dem für jeden Kunden nachvollziehbaren Geschäftsauftrag) abgeleitet werden. Das Unternehmensleitbild schafft in der Beschreibung der innerbetrieblichen Zusammenarbeit dann die so genannte Unternehmenskultur.

Während Unternehmensleitbilder den Führungskräften eines Unternehmens noch keine hinreichende konkrete Entscheidungsgrundlage bieten, denn dazu sind sie zu allgemein gefasst, so müssen doch umgekehrt die Entscheidungen einer Führungskraft in ihrer Werthaltung dem Code of Ethics and Conduct eines Unternehmens entsprechen.

---

[3]   R.M. Hare, 1985

Sowohl individuelle Werthaltungen von Führungskräften als auch die unternehmerische Verantwortung sind ihrerseits eingebettet in den gesellschaftlich vermittelten Wertekonsens. Wir wollen deshalb sehen, wie sich gesellschaftliche Werte vermitteln.

4.3   Gesellschaftswerte

4.3.1   Demographie, Teilzeit und Empowerment

Wenn wir nun als dritten Eckpfeiler die Gesellschaftswerte betrachten, so sind hierbei viele Facetten zu unterscheiden. Eine aktuelle Facette in Deutschland ist z.B. die demographische Entwicklung. Die deutsche Bevölkerung wird zunehmend älter und es stehen immer weniger qualifizierte Arbeitskräfte zur Verfügung.

Der Altenquotient (welcher das Verhältnis der Bevölkerung im Rentenalter der ab 60-Jährigen im Verhältnis zur Bevölkerungsgruppe im Erwerbsalter der 20 bis 59-Jährigen angibt) lag 1995 bei 37, 2001 bei 44 und wird bis 2030 auf 71 bzw. bis zum Jahr 2050 weiter auf 78 steigen.

Während diese Entwicklung für Arbeitnehmer vorteilhaft ist, werden sich die Unternehmen zunehmend Konkurrenz um die bestqualifizierten Talente machen. Darauf können die Unternehmen unterschiedlich reagieren. Ein wesentlicher Weg muss sein, zu erkennen, welche Werte diese bestqualifizierten Arbeitskräfte haben und welche Werte sie, auch und gerade am Arbeitsplatz, verwirklicht sehen wollen.

So lässt sich beispielsweise ein gesellschaftlicher Trend zur Work-Life-Balance ausmachen, welcher zunehmend auch bei den männlichen Erwerbstätigen mit gutem Einkommen eine Rolle spielt, was etwa in der überraschend großen Anzahl der Männer, die das Angebot der Elternzeit ab 2007 in Anspruch nahmen, zum Ausdruck kam.

Ein weiterer Schwerpunkt wird auf die Möglichkeit von flexiblen Teilzeit- und Arbeitszeitmodellen gelegt werden, da somit der große Bereich hochqualifizierter Frauen für die Unternehmen erschlossen werden kann.

Interessanterweise ist in vielen Fällen mit dem Entschluss zur Arbeit in Teilzeit kein Karriereknick verbunden, auch wenn sich das Vorurteil hartnäckig hält. Vielmehr kann man eher von einer gebremsten Karriere sprechen, welche weder Stillstand noch gar Abwärtstrend bedeutet.

Durch den wirtschaftlichen Druck, den die demographische Entwicklung in Deutschland ausübt, ist zu erwarten, dass sich diese Bedingungen noch verbessern werden müssen, will ein Unternehmen konkurrenzfähige, attraktive Arbeitsplätze, insbesondere für qualifizierte Frauen, anbieten.

Ein weiterer gesellschaftlicher Trend, auf den die Unternehmen zu reagieren haben, ist die generell stärker vorhandene Werthaltung, welche nicht nur familiäre Werte, sondern auch gelebte Werte am Arbeitsplatz mit einschließt. Als meist genannte Werte finden sich hier Verantwortung, Vertrauen und Respekt[4].

Dies bedeutet, dass Unternehmen und Führungskräfte eine Sensibilität für diese moralischen und ideellen Präferenzen ihrer Mitarbeiter aufbauen sollten. Insbesondere die Forderung

---

[4]   Vgl. z.B. Befragung von 500 Fach- und Führungskräften, Institut für angewandtes Wissen iaw, Köln, 2007

nach mehr beruflicher Verantwortung für Mitarbeiter, dem so genannten Empowerment,[5] wird insbesondere für die Gewinnung und das Halten hochqualifizierter Talente unerlässlich sein.

Dies bedeutet erhebliche Veränderungen, nicht nur der Unternehmenskultur, sondern insbesondere des klassischen Führungsverhaltens. Hochqualifizierte Mitarbeiter, welche sich ihren Arbeitnehmer aussuchen können, werden ihre Wahl insbesondere vom Empowerment, das ihnen in ihrem Verantwortungsbereich zugestanden wird, abhängig machen.

Deshalb werden wir uns im weiteren Gedanken machen, welche Auswirkungen diese neuen Parameter auf die Personalführung haben und wie Leadership aussehen kann, um diesen Herausforderungen gerecht zu werden. Zuvor sollten wir einige klassische Theorien der Führungsforschung näher betrachten, um zu sehen, welche Antworten sie auf diese Herausforderung bieten können.

---

[5] Der amerikanische Sozialwissenschaftler Julian Rappaport hat den Begriff Empowerment begründet. Ursprünglich in der sozialpsychologischen Arbeit entstanden findet der Begriff immer mehr Verbreitung im Management bezogen auf die Mitarbeitermotivation.

5 Führungstheorien

„Was Hast Du eine Aufgabe übernommen, der Du nicht gewachsen bist, so wirst du dich damit nicht nur bloßstellen, sondern darüber auch das versäumen, was du hättest tun können."

Epiktet[1]

Wenn man junge Mitarbeiter fragt, welche Laufbahn sie am liebsten einschlagen würden, so zeigt sich die ungebrochene Attraktivität der Führungslaufbahn und dies ungeachtet, ob etwa ausgewiesene Fähigkeiten als Experte oder Projektleiter vorhanden sind. Dies hängt wahrscheinlich weniger an den Zusatzprojekten mit denen (Nachwuchs)-Führungskräfte betraut werden noch an der Zusatzarbeit, welche die Führungslaufbahn mit sich bringt.

Auch sind in vielen Unternehmen bereits erfolgreiche alternative Karrierewege in der Fachlaufbahn oder auch als Projektmanager möglich, gerade um dem Risiko entgegen zu wirken, einen sehr guten Experten zu verlieren, um vielleicht eine nur durchschnittliche oder sogar schlechte Führungskraft zu gewinnen. Dennoch bleibt die Führungslaufbahn für viele der größte Wunsch. Woran liegt das?

Die Attraktion oder auch die Aura, welche Führungsaufgaben umgibt, speist sich wohl vielmehr aus, teilweise vielleicht unterbewussten, anthropologischen Annahmen, welche Führungspersonen als anderen überlegen imaginieren.

Von großen Führern wie Alexander dem Großen bis hin zur Machtpolitik Machiavellis oder auch evolutionsbiologischen Konzepten wie etwa der sozialdarwinistischen Dominanz des Stärkeren bis hin zum Alphatier im Wolfsrudel finden wir auf den vielfältigsten Ebenen Attraktoren, die sich mit unserem Bild von einer Führungsfigur verknüpfen.

Einer der bekanntesten Manager, welche diesem Bild entsprechen, war Jack Welch, 20 Jahre CEO von General Electric, der interessanterweise auf die Frage nach seiner Managementphilosophie antwortete: „Ziel eines jeden Menschen muss es sein, viel Selbstbewusstsein zu erlangen"[2], was in Anlehnung an einen charismatischen Führungsstil sich gerade als Abgesang jeder objektivierbaren Managementtechnik verstehen lässt.

Wenn einerseits Welch z.B. aufgrund seiner Differenzierung im Mitarbeiterranking, welche die besten 20% belohnt, die durchschnittlichen 70% hält und die schlechtesten 10% jährlich entlässt, sozialdarwinistische Methoden nachgesagt werden, so wird er doch als einer der einflussreichsten Manager des 20. Jahrhunderts in die Geschichte eingehen, nachdem er z.B. mehrmals in einer „Financial Times"-Umfrage zum besten Manager der Welt gewählt wurde.

---

[1]   Handbüchlein der Moral 1984, 43

[2]   Podiumsdiskussion mit Jack Welch, Manager Magazin 10.10.2001. Vgl. auch Jack und Suzy Welch: Winning, 2005

(Zugleich ist es noch nicht gelungen, empirische Nachweise zu erbringen, wie die Eigenschaften einer Führungskraft sein sollten, bzw. was erfolgreiche Führungskräfte von weniger erfolgreichen unterscheidet. Wenn auch generelle Korrelationsbildungen zwischen Führungserfolg und Persönlichkeitsmerkmalen möglich wären, so waren die Einzelergebnisse so weit gestreut, dass die Ableitung von Allgemeinaussagen nicht zulässig ist.[3]

Aufgrund dieser Unzulänglichkeit von Eigenschaftstheorien der Führungsleistung und der Varianz der geforderten Eigenschaften, bezogen auf die jeweilige Situation und das Arbeitsumfeld ist man in der aktuellen Führungsdiskussion dazu übergegangen, spezielle Schlüsselqualifikationen zu definieren.

Obwohl diese Fähigkeiten sehr allgemein definiert sind, haben sie gegenüber Eigenschaftsmerkmalen den Vorteil der Veränderbarkeit und Entwicklungsfähigkeit und kommen damit etwa der Forderung F. Maliks vom Management Zentrum St. Gallen näher, Leadership und Management als konkrete Ausbildung zu begreifen, ähnlich der Ausbildung von Juristen oder Ärzten:

> *„Auf eigentümliche Weise ist die Vorstellung in die Welt gekommen, Manager ...*
> *müssten eine Kreuzung aus einem antiken Feldherrn, einem Nobelpreisträger für*
> *Physik und einem Fernseh-Showmaster sein ... Das Grundproblem muss lauten: Wie*
> *ist es zu schaffen, gewöhnliche Menschen – weil wir letztlich keine anderen haben –*
> *zu befähigen, außergewöhnliche Leistungen zu erbringen?"*

F. Malik[4]

Wir haben in Kapitel 4 bereits die Parameter angedeutet, auf welchen Führung sich zunehmend gründen sollte, wenn sie den vorhandenen Gesellschaftswerten gerecht werden will, nämlich stärkerer Verantwortung der Mitarbeiter (Empowerment), gestiegener Anspruchshaltung und Individualisierung qualifizierter Arbeitnehmer, wobei Work-Life-Balance und flexible Arbeitszeitstrukturen, insbesondere für qualifizierte Frauen, nur einige Elemente davon sind. Was heißt dies nun bezogen auf die Anforderungen, die an Führungskräfte gestellt werden? Wir wollen dazu zunächst einmal das Phänomen Mitarbeitermotivation betrachten, da es zu den meisterwähnten Themen in der Literatur der Personalführung zählt.

5.1   Mitarbeitermotivation

Die Motivation von Mitarbeitern lässt sich als Determinante vieler Einflussfaktoren charakterisieren, wie spannende Aufgaben, Kollegen im Team, die Organisationskultur oder auch die „geeignete" Führungskraft[5], was immer damit gemeint ist. Dabei wird oft übersehen, dass z.B. die geeignete Führungskraft nicht die motivierende Führungskraft ist, ebenso wenig wie andere Faktoren Motivationshebel in sich selbst sein können. Motivieren kann sich jeder Mitarbeiter, jeder Mensch, nur selbst. Das wissen Sporttrainer am Besten. Die Frage ist vielmehr, wie wird das vorhandene Potential der Eigenmotivation im Mitarbeiter entfacht? Porter und Lawler[6] etwa nennen sowohl intrinsische (personeninterne Faktoren, z.B. Spaß)

---

[3]   Vgl. etwa R.M. Stogdill, 1974

[4]   Führen, Leisten Leben, 2001

[5]   L. v. Rosenstiel, G. Comelli, Vahlen, 2001

[6]   L.W. Porter, E.E. Lawler, 1968

als auch extrinsische Belohnung (von außen kommende Faktoren, z.B. Bezahlung) als Ansatzpunkte zur Beeinflussung der eigenen Motivation und der davon abhängigen Leistung. Durch die mehrfache Rückkopplung der vorhandenen Faktoren ergeben sich vielfältige Interdependenzen der einzelnen Komponenten mit multikausaler Komplexität.

Der oft übersehene Aspekt in den Motivationstheorien beruht in der Vernachlässigung und der damit verbundenen Überbewertung rationaler Entscheidungen. Doch ein Gedanke kann uns nicht allein zu einer Handlung motivieren. Entscheidend für jede Motivation, ebenso wie jede Entscheidung generell, ist ein dahinterliegender Antrieb, welcher unsere Wahl in eine bestimmte Richtung fallen lässt.

Die reine Ratio kann dies nicht leisten, wie sich sehr schön an der Geschichte von „Buridans Esel"[7] zeigt, der vor zwei gleichwertigen Heuhaufen verhungert, weil er sich aufgrund der Gleichwertigkeit beider Möglichkeiten nicht entscheiden kann.

Überträgt man Buridans Gleichnis auf den Menschen, ohne den Menschen klüger machen zu wollen, als er ist, so zeigt sich die Unmöglichkeit einer rationalen Entscheidung zwischen gleichwertigen Lösungen. Der Verstand gibt uns keinen Anhaltspunkt bei gleichen Argumenten zu einer Wahl zu kommen. Diese Entscheidung muss, wie überhaupt jedes Tun, aus Neigungen und Leidenschaften erwachsen, wie schon David Hume in seiner Ethik ausführte.[8]

Was lernen wir daraus? Zunächst: Menschen können sich nur selbst motivieren, keine Führungskraft kann dies leisten oder sollte dies versuchen. Weiter: Wenn Menschen motiviert sein sollen, können sie diesen Antrieb nicht aus dem Verstand, sondern nur aus Ihren Gefühlen, Neigungen und Leidenschaften gewinnen.

Dies hat erhebliche Auswirkungen auf die Weise, wie Leadership sein sollte, bzw. Führungskräfte agieren und ihre eigene Rolle verstehen sollten, damit Mitarbeiter motiviert arbeiten können. Dies bringt uns zur Rolle der Führungskraft. Um aber zu verstehen, wie eine Führungskraft ihre Mitarbeiter führt, muss man zunächst verstehen, welches Menschenbild eine Führungskraft hat.

5.2   Menschenbilder

„Jeder individuelle Mensch trägt der Anlage und Bestimmung nach einen reinen idealistischen Menschen in sich, mit dessen unveränderlicher Einheit in allen seinen Abwechslungen übereinzustimmen die große Aufgabe seines Daseins ist."

Friedrich Schiller (1759–1805)[9]

Als Menschenbild versteht sich die grundlegende anthropologische Auffassung, die jemand bezüglich der menschlichen Natur vertritt. Historisch typische Positionen wurden durch die Philosophen Thomas Hobbes (1588–1679) in England sowie Jean Jacques Rousseau in Frankreich (1712–1778) vertreten.

---

[7]   Fälschlich dem Pariser Universitätsrektor Johannes Buridan (ca.1300–1358) zugeschriebenes Gleichnis für die Willensunfreiheit, das sich bereits bei Aristoteles (De Caelo) findet.

[8]   David Hume, Enquiries concerning human understanding and concerning the principles of morals, Edition 1777, reprinted 1975 by Oxford University Press, New York

[9]   Friedrich Schiller, Über die ästhetische Erziehung des Menschengeschlechts, 1795

Während Hobbes davon ausging, dass der Mensch aufgrund seiner Selbstsucht seines Mitmenschen Wolf ist (Homo Homini Lupus) und sich bereits im Naturzustand im Krieg aller gegen alle befindet (Bellum Omnium Contra Omnes) vertritt Rousseau die Ansicht, dass der Mensch prinzipiell gut sei und erst durch die Sozialisation aggressives und machtsüchtiges Verhalten annimmt (Milieutheorie).

Die logische Folge bei Hobbes ist die Notwendigkeit der Unterwerfung unter Gesetze (Staat als Leviathan, z.B. sterblicher Gott), bei Rousseau soll der Mensch frei bleiben wie er geboren ist, wobei aber auch Rousseau einen Gesellschaftsvertrag (contrat social) zur Überwindung der Ungleichheiten postuliert.

Zwei Menschenbilder, die nach wie vor prototypisch für eine pessimistische bzw. optimistische Sicht auf die menschliche Natur in der Betriebswirtschaft angeführt werden, sind die Konzeptionen von F. W. Taylor[10] und A. Maslow[11].

5.2.1   Taylor

Der amerikanische Ingenieur Frederick Winslow Taylor (1856–1915) ging davon aus, dass ein Arbeiter kontrolliert werden muss, um Leistung zu erzielen. Die Kontrolle erfolgt vom Vorgesetzten, dessen Rolle somit als Aufpasser und Antreiber festgeschrieben wird. Er geht davon aus, dass ein Arbeiter ähnlichen Gesetzen wie eine Maschine folgt. Taylor begründet die Lehre der wissenschaftlichen Betriebsführung („Scientific Management", bzw. „Taylorismus").

Taylor ging es darum, die Arbeitstätigkeiten zu perfektionieren und das im mechanistischen Sinne. Dazu führte er unter anderem Zeitstudien durch, um die Abläufe möglichst effizient zu gestalten. Diese Messungen sollten objektive Fertigungszeiten für genau definierte Arbeitsvorgänge liefern und einen Standard an Produktivität definieren.

Die Fließbandarbeit, wie sie durch Henry Ford im Automobilbau Einzug fand, lässt sich z.B. als direkte Umsetzung dieser Idee verstehen, ebenso wie die Produktivitätssteigerungen der amerikanischen Wirtschaft nach dem ersten Weltkrieg in ihrem Rationalisierungsgedanken.

Taylor wird zugeschrieben, als erster eine Gesamtlehre der Betriebswirtschaft verfasst zu haben. Dabei liegt ihm eine Sichtweise des Arbeiters zu Grunde, welche Leistung nur denkbar macht, sofern sie erzwungen wird, bzw. Lohn und Strafe als Erziehungsmittel eingesetzt werden müssen, um Arbeiter unter Kontrolle zu halten.

Sonst werden die Arbeiter laut Taylors Menschenbild die Arbeit meiden, ihre Leistung und Produktivität gering halten, sogar Arbeit sabotieren.

Auf die lange Sicht zeigte sich, selbst innerhalb der Produktionsverhältnisse, die zu Taylors Zeiten üblich waren, dass die kurzfristige erzwungene Rationalisierung sich negativ auf die Motivation der Arbeiter auswirkte. Vorgesetzte wurden als Gegner erlebt und Arbeiter distanzierten sich zunehmend innerlich vom Unternehmen, was zu Qualitätseinbußen und erhöhtem Krankenstand führte.

Ergänzend muss man sagen, dass Taylors Menschenbild eigentlich kein Menschenbild, sondern Taylors Bild vom Arbeiter war. Der gebildeten, leitenden Klasse sprach er positive

---

[10]   F.W. Taylor, Principles of Scientific Management, New York, Harper, 1911

[11]   A. Maslow, A Theory of Human Motivation, Psychological Review 50, 1943

Attribute wie Fleiß, Aufrichtigkeit oder Sparsamkeit zu und vertritt damit ein Zweiklassen-
bild vom Menschen.

Antipodisch zu Taylors pessimistischer Sicht der menschlichen Natur lassen sich die Ausführungen des amerikanischen Psychologen Abraham Maslow (1908–1970) einordnen.

5.2.2   Maslow

> *„Die menschliche Natur ist bei weitem nicht so schlecht, wie man gedacht hat.*
> *Tatsächlich kann man sagen, dass die Möglichkeiten der menschlichen Natur*
> *unter ihrem Wert verkauft worden sind."*

A. Maslow

Während Maslow vor allem aufgrund seiner Bedürfnispyramide zur Beschreibung von Motivation bekannt wurde, liegt dem Modell ein grundsätzlicher Entwicklungscharakter zu Grunde, der menschliche Bedürfnisse in einer Hierarchie aufstellt. Diese Bedürfnisse bauen aufeinander auf, solange die unteren Stufen nicht erfüllt sind, können die höheren nicht erreicht
werden. Ziel ist es, bis zur obersten Stufe der Bedürfniserfüllung im Sinne der Selbstverwirklichung zu kommen. Kritik an Maslow mit Beispielen wie Suizid oder Essstörungen, welche
geistige Ideale über physische setzen bzw. geistige Bedürfnisse in physische sublimieren,
verfehlen dabei die Raffinesse des Modells, da Maslow nicht nur sowohl die direkte Bedürfnisbefriedigung höherer Werte zulässt, sondern auch im Modell zwischen individueller Bedürfnisbefriedigung und staatlichen respektive gesellschaftlichen Empfehlungen unterscheidet.

Die drei unteren Stufen der physiologischen, Sicherheits- und Sozial-Bedürfnisse sind als
Defizitbedürfnisse charakterisiert, welche eine natürliche Grenze in ihrer Erfüllung haben,
aber immer wiederkehren. Der amerikanische Psychologe Frederick Herzberg (1923–2000)[12]
bezeichnet diese Bedürfnisse in seiner 2-Faktoren-Theorie als „Hygienefaktoren", welche
notwendig, die oberen Stufen entsprechen den „Motivatoren", die schließlich hinreichend für
die Entfaltung hoher Motivation sind.

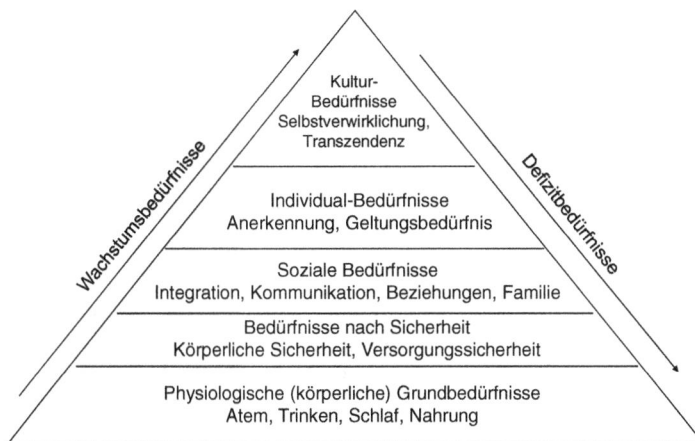

Abb. 5–1:   Die Bedürfnispyramide von Maslow

---

[12]   Frederick Herzberg, Work and Nature of Man, London, Crosby Lockwood Staples, 1966

Die höchste Stufe der Selbstverwirklichung ist dabei, sofern sie als Individualisierung verstanden wird, abendländisch geprägt. So lässt sich fragen, ob im asiatischen Kulturkreis das Wohl der Gruppe oder Gemeinschaft nicht höher angesetzt wird, als das des Einzelnen mit entsprechenden Folgen, was eine Gesellschaft als adäquates Verhalten anerkennt.

Maslow vertritt durch den Entwicklungsgedanken der Bedürfnisse den Glauben an das Wachstum, die Lern- und Veränderungsfähigkeit des Menschen. Ähnlich z.B. der Kulturphilosophie des deutschen Psychoanalytikers Erich Fromm (1900–1980)[13] wird hier von einem, dem Menschen inhärenten, Bedürfnis nach Entwicklung der in ihm liegenden Fähigkeiten ausgegangen. Der Gedanke findet sich beispielsweise auch schon bei dem griechischen Philosophen und Erzieher Alexander des Großen Aristoteles (384–322 v.Chr.) in seinem Gedanken der Entelechie vorbereitet[14]. Demzufolge tragen Menschen das Ziel ihrer Entwicklung immer schon in sich.

Douglas McGregor (1906–1964), Professor am Massachusetts Institute of Technology (MIT), greift den dualistischen Ansatz von optimistischen bzw. pessimistischen Menschenbild auf und entwirft die so genannte Theorie X bzw. Theorie Y, in denen er den beiden dichotomen Menschenbildern konkrete Personalführungsansätze zuordnet.[15]

5.2.3   McGregor

Dabei beschreibt McGregor nicht nur beide Positionen, sondern bezieht explizit Stellung zu Gunsten der Theorie Y, weil damit nicht nur die Mitarbeiterzufriedenheit erhöht würde, sondern dies letztendlich auch zu einer besseren Erreichung der Unternehmensziele beitrage.

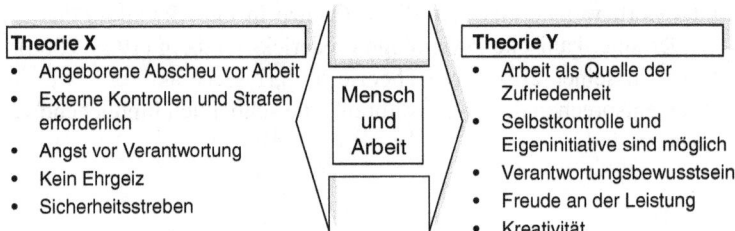

Theorie X	Mensch und Arbeit	Theorie Y
• Angeborene Abscheu vor Arbeit • Externe Kontrollen und Strafen erforderlich • Angst vor Verantwortung • Kein Ehrgeiz • Sicherheitsstreben		• Arbeit als Quelle der Zufriedenheit • Selbstkontrolle und Eigeninitiative sind möglich • Verantwortungsbewusstsein • Freude an der Leistung • Kreativität

Abb. 5–2:   Theorie X und Theorie Y

Aus den Menschenbildern, die jeweils Theorie X und Theorie Y zu Grunde liegen, leiten sich konkrete Folgen für die jeweilige Personalführung ab. So werden Führungskräfte, die das Menschenbild der Theorie X in sich tragen, Leadership als autoritäre Anleitung der Mitarbeiter verstehen und Führung als Kontrollfunktion begreifen. Die Bedürfnisse der Mitarbeiter treten in den Hintergrund, im Vordergrund steht dagegen die Führungspersönlichkeit.

Dementsprechend gering wird die Partizipation der Mitarbeiter in betriebliche Entscheidungsprozesse ausfallen und eine Investition in die Fähigkeiten der Mitarbeiter im Sinne einer Personalentwicklung wird kaum stattfinden. Es versteht sich von selbst, dass dieses Bild vom Menschen, von der Führungskraft in die Mitarbeiter hineingetragen, auch zu einem

---

[13]   Erich Fromm, Anatomie der menschlichen Destruktivität (1973), Hamburg, Rowohlt, 1991
[14]   Aristoteles Metaphysik IX, 8, Hamburg, Meiner, 1991
[15]   Douglas McGregor, The human side of Enterprise, New York, 1960

dementsprechenden Verhalten der Mitarbeiter führt, was wiederum auf die Führungskraft als Bestätigung ihres Menschenbildes rückwirkt.

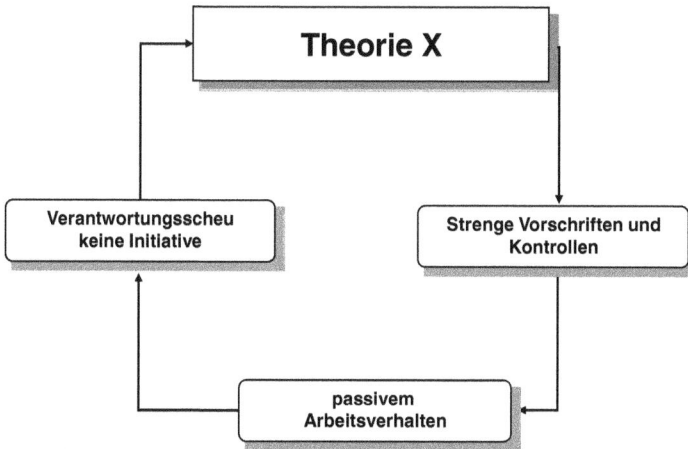

Abb. 5–3:   Die Rückkopplung der Theorie X

Leadership, die sich aus der Theorie Y ableitet, wird hingegen die Motivation der Mitarbeiter an erste Stelle setzten und das Commitment der Mitarbeiter zu erlangen suchen. Dies setzt voraus, dass die Führungskraft Vertrauen darin hat, dass die Mitarbeiter selbst leistungswillig sind, sofern die vorhandenen Ziele und Bedürfnisse der Mitarbeiter beachtet werden. Auch das Menschenbild der Theorie Y wird in der Umsetzung als Personalführungsstrategie letztendlich ebenso als Selffulfilling Prophecy auf das Menschenbild der Führungskraft rückwirken.

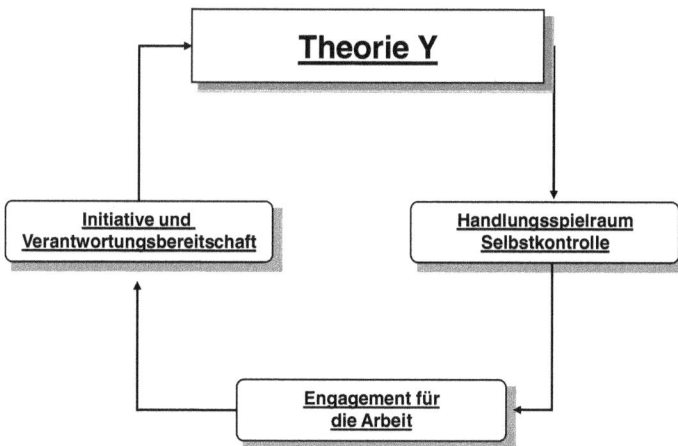

Abb. 5–4:   Die Rückkopplung der Theorie Y

Ein Schüler von McGregor, der später ebenfalls am MIT lehrende Edgar Schein (*1928), wird schließlich vier grundlegende Menschenbilder postulieren, welche sich als Entwicklung vom „Homo Oeconomicus" zum „Homo Complexus" verstehen[16].

---

[16]   Edgar H. Schein, Organizational Psychologie, Englewood Cliffs, Prentice Hall, 1980

1. Rational Economic Man:
Der rational ökonomische Mensch ist in erster Linie durch monetäre Anreize motiviert, verhält sich passiv und wird von der Organisation manipuliert und kontrolliert. Sein Handeln ist rational, das Menschenbild folgt im Wesentlichen der Theorie X von McGregor.

2. Social Man:
Der soziale Mensch wird in erster Linie durch soziale Bedürfnisse motiviert. Als Folge zunehmender Sinnentleerung der Arbeit wird in sozialen Beziehungen am Arbeitsplatz Ersatzbefriedigung gesucht. Demnach wirken die sozialen Kräfte innerhalb der Bezugsgruppe stärker, als Maßnahmen der Führungskraft.

3. Self-Actualizing Man:
Der sich selbst verwirklichende Mensch strebt nach Autonomie und bevorzugt Selbst-Motivation und Selbstkontrolle. Die menschlichen Bedürfnisse lassen sich ähnlich der Maslowschen Bedürfnispyramide in einer Hierarchie anordnen. Es gibt keinen zwangsläufigen Konflikt zwischen Selbstverwirklichung und organisatorischer Zielerreichung, das Menschenbild folgt im Wesentlichen der Konzeption der Theorie Y von McGregor.

4. Complex Man:
Der komplexe Mensch ist vielschichtig, wandlungs- und lernfähig. Er differenziert situativ sein Verhalten und so richtet sich seine Motivation auch in unterschiedlichen Situationen auf unterschiedliche Ziele.

Ebenso wie McGregor bleibt auch Schein nicht bei der Konzeption dieser Menschenbilder stehen, sondern leitet aus diesen konkrete Folgerungen für Leadership-Aufgaben ab. So heißt dies für die Führung des Economic Man, strukturierte Organisation und effiziente Prozesse in den Mittelpunkt zu stellen mit starken Kontrollfunktionen.

Für den Social Man heißt dies, Gruppenanreizsysteme zu schaffen und Zugehörigkeits- und Identitätsverlangen nachzukommen.

Dem Self-Actualizing-Man muss die Führungskraft als Förderer begegnen, der ihn mitbestimmt einbindet und bereit ist, Aufgaben zu delegieren.

Für den Complex Man gibt es schließlich kein konkretes adäquates Führungsverhalten, noch gibt es die generell adäquate Organisation. Die Führungskraft muss Situationen diagnostizieren können und ihr Verhalten dementsprechend flexibel anpassen können.

Hier geht Edgar Schein schon weit über die Beschreibung von Menschenbildern hinaus und formuliert bereits Führungsstile. Der Complex Man entspricht in seinen Grundaussagen etwa schon dem situativen Führungsstil, wie ihn Hersey und Blanchard formuliert haben. Es wird deshalb Zeit, dass wir uns einigen ausgewählten Führungsstilen zuwenden.

5.3   Führungsstile

Grundlegend für die Führungsstilforschung sind die soziologischen Begriffsdefinitionen zu Führung und (insbesondere staatlicher) Herrschaft im Allgemeinen, wie sie Max Weber (1864–1920)[17] geprägt hat. Weber ging es darum, welche Gründe zur Legitimation von Herrschaft führen.

---

[17]   Max Weber, Wirtschaft und Gesellschaft, Tübingen, Mohr Siebeck, 1980

5.3.1   Weber

Weber unterscheidet 1) legale (rationale), 2) traditionale und 3) charismatische Herrschaft. Die legale Herrschaft beruht auf dem Glauben an Gesetze, wie es in einer bürokratischen Gesellschaft zum Ausdruck kommt. Die traditionale Herrschaft setzt auf die Geltung der von jeher geltenden Strukturen, wie z.B. Patriarchat oder Feudalismus. Die charismatische Herrschaft schließlich fußt auf dem Vorbild einer Person und der durch sie geschaffenen Ordnung.

In der Führungsstilforschung wurden daraus für die legale Herrschaft der bürokratische Führungsstil abgleitet, welcher Richtlinien, Arbeits- und Dienstanweisungen in den Mittelpunkt stellt.

Die traditionale Herrschaft wurde als patriarchalischer Führungsstil mit unumschränkter Autokratie, straffer Hierarchie, strengem Gehorsam und starker Disziplin gefasst. Die charismatische Herrschaft schließlich findet sich in der Definition des charismatischen Führungsstils wieder, der von der starken persönlichen Ausstrahlung einer Person ausgeht und sich laut Weber in magischen Fähigkeiten, Offenbarungen, Heldentum oder auch Macht des Geistes und der Rede manifestiert.[18]

Charisma ist dementsprechend eine nicht alltägliche Persönlichkeitsqualität mit

> *„übermenschlichen ... nicht jedem ... zugänglichen Kräften oder Eigenschaften ..."*
>
> Max Weber[19]

Robert House, amerikanischer Professor für Management,[20] greift das charismatische Führungskonzept von Max Weber für die moderne Führungsstilforschung auf und charakterisiert charismatische Führer durch ungewöhnlich hohe Dominanz und Selbstvertrauen und dem Streben nach Einfluss, gepaart mit einem unerschütterlichen Glaube an die eigenen Werte.

In seiner späteren Arbeit wird House die Kriterien „assertive manner", beispielsweise für Persönlichkeiten wie John F. Kennedy oder Martin Luther King, bzw. „nonassertive manner", wie er das Auftreten Mahatma Gandhis apostrophiert, als Kriterien für charismatische Führungspersönlichkeiten definieren.[21]

5.3.2   House

Interessanterweise überträgt sich dieses gesteigerte Selbstvertrauen der charismatischen Führungskraft zunehmend auf die Geführten und sowohl Selbstachtung wie Erwartung an die eigene Leistung werden gesteigert.

Die gewonnene Leistungssteigerung der Mitarbeiter wird aber mit der Nachahmung der Werte der charismatischen Führungsfigur bezahlt. Eigene Wertbildung und kritisches Hinterfragen werden nicht entwickelt und damit steht und fällt der „Zauber" mit dem Vorhandensein der charismatischen Führungskraft, was Nachfolger charismatischer Führungskräfte, sowie betroffene Unternehmen in diesen Fällen immer schmerzlich vor Augen geführt bekommen.

---

[18] Max Weber, Soziologie, Weltgeschichtliche Analysen, 1956
[19] Ibid.
[20] Robert J. House, Theory of Charismatic Leadership, Southern Illinois University Press, 1977
[21] R.J. House, P.W. Dorfman, Cultural Influences on Organizational Leadership in: House et. al. 2004, 51

Gleichwohl ist zu sehen, dass charismatische Führer eine erstaunliche Kraft in der geführten Gruppe mobilisieren können, in dem sie die Gruppe über Gefühle ansprechen und steuern. House führt den Erfolg des charismatischen Führungsstils auch darauf zurück, dass die charismatische Führungskraft ihre Mitarbeiter lobt und ihnen vertraut und durch ihre Vorbildfunktion hohe Glaubwürdigkeit erzeugt.

Es ist in der Forschung darauf hingewiesen worden[22], dass dieses Vertrauen den Mitarbeitern gegenüber eigentlich gerade nicht entgegengebracht wird, denn die charismatische Führungskraft setze ja gerade kein Vertrauen in die eigenen Werte der Mitarbeiter und damit deren eigenes Denken.

Gemäß Immanuel Kants Leitspruch der Aufklärung, wonach diese den Ausgang aus der selbstverschuldeten Unmündigkeit darstelle und Unmündigkeit das Unvermögen sei, sich seines Verstandes ohne die Leitung eines anderen zu bedienen[23], halte die charismatische Führungskraft ihre Mitarbeiter in dieser Unmündigkeit.

Wenn man nun dagegen einwendet, dass in der charismatischen Führungsbeziehung nicht der Verstand ausschlaggebend ist, sondern der emotionale Bezug zum charismatischen Führer, so setzt dies den Kantschen Gedanken nicht außer Kraft. Denn Kant geht es nicht um die vorhandene oder nicht vorhandene Verstandeskraft, sondern um den Mut und den Entschluss, sich seiner eigenen kognitiven Kräfte zu bemühen.

Der Anspruch auf Selbstbestimmung und kritisches Denken schließt sich dabei nicht systematisch mit den Ausführungen zur charismatischen Führung aus. Es ist durchaus eine charismatische Führungsperson denkbar, die es vornehmlich versteht, ihre Mitarbeiter emotional zu binden und eine hohe Motivation und Leistungsbereitschaft zu entfachen und zugleich inhaltliche Werte wie Autonomie und kritisches Denken fordert und fördert.

Nachdem Max Weber Führung in einem breiten soziologischen Rahmen untersucht hat, wurde ein grundlegendes ökonomisches Konzept der Führungsstilforschung von dem Sozialpsychologen und Begründer der Gruppendynamik, Kurt Lewin (1890–1947),[24] Ende der 1930er Jahre an der amerikanischen Iowa University eingeführt, oft deshalb heute einfach nur „Iowa-Studien" genannt.

5.3.3   Lewin

Lewin unterscheidet zunächst zwei Führungsstile, den 1) autokratischen und 2) den demokratischen Führungsstil. Beim autokratischen Führungsstil legt die Führungskraft die Arbeitsstrukturen fest, durch die distanzierte Personalführung werden Entscheidungsgrundlagen, sowie übergreifende Ziele nicht klar.

Im demokratischen Führungsstil dagegen ermutigt die Führungskraft ihre Mitarbeiter, die Arbeitsaufgaben zu diskutieren und bei den Entscheidungen mitzuwirken. Die Führungskraft äußert Ratschlag, Lob und Kritik.

Die Laisser-Faire-Führung, welche sich als dritter Führungsstil schließlich eher zufällig in der Forschung mit den Jungengruppen der Iowa Child Welfare Research Station ergab, gibt die Kontrolle und Entscheidungsinstanz völlig in die Hände der Gruppe.

---

[22]   Vgl. Kuhn, 2000, Ridder, 1999

[23]   Immanuel Kant, Was ist Aufklärung, Göttingen, 1994

[24]   Kurt Lewin, Field theory in social science (selected theoretical papers). New York, 1951

Der autoritäre Führungsstil hat den Vorteil, dass schnelle Handlungsfähigkeit gewährleistet ist, insbesondere in Krisensituationen, wie sich beispielsweise in der militärischen Führung zeigt. Im Sinne Douglas McGregors Theorie X oder dem Rational Economic Man bei Edgar Schein hat dies zwar auf der einen Seite den Vorteil klarer Verantwortlichkeiten und Weisungen, auf der anderen Seite werden die Mitarbeiter keine Initiative entwickeln bzw. bewahren, insbesondere wenn die Führungskraft als Kontrollinstanz nicht präsent ist.

Im demokratischen (kooperativen) Führungsstil werden die Ideen und Bedürfnisse der Mitarbeiter mit einbezogen. Allerdings ist auch die Gefahr gegeben, dass keine klaren Entscheidungen bzw. diese zu spät getroffen werden und im Bemühen, es allen recht zu machen, niemandem gedient ist, denn „Everybody's Darling is Everybody's Fool".

Die Entscheidungszeiträume wachsen mit dem demokratischen Führungsstil demnach an und die Disziplin der Mitarbeitergruppe kann nachlassen. Auf der anderen Seite sprechen positives Arbeitsklima sowie die erzielten Ergebnisse für diesen Führungsstil, da die Leistung, wie die Iowa-Studien zeigten, bei demokratischer Führung auch ohne Anwesenheit der Führungsperson stabil bleibt, während sie bei autokratischer Führung mit Abwesenheit der Führung abfällt.

Im Führungsstil des Laisser-Faire schließlich erhalten die Mitarbeiter einen sehr großen Spielraum, der sich motivierend auswirken kann, aber auch zu Disziplin- und Orientierungslosigkeit der Mitarbeiter führen kann. In den Iowa-Studien trat die Laisser-Faire Führung eigentlich als zufälliger Unfall auf, in der eine Gruppe ungewollt ohne Leitung gelassen wurde. Da dies zu schlechten Ergebnissen und sogar aggressivem Verhalten führte, wurde abgeleitet, dass jede Art von Führung besser ist, als keine (oder Laisser-Faire-)Führung.

Lewins Studien zu Führungsstilen hatten den Nachteil, dass sich zum einen der Versuchsaufbau mit Kindern nur schwer auf die Führungspraxis in Unternehmen transferieren ließ und zum anderen die konstatierten Stile der autokratischen und demokratischen Führung in ihrer Polarisierung kein graduelles Kontinuum an Verhaltensweisen zwischen den Polen zuließen.

Hier knüpft das so genannte Führungsstilkontinuum von Robert Tannenbaum und Warren Schmidt an, entwickelt an der Universität von Kalifornien, Ende der 1950er Jahre.

Tannenbaum und Schmidt stellten in ihren Führungstrainings fest, dass Führungskräfte mit den beiden Führungsstilpolaritäten der autokratischen und demokratischen Führung nicht adäquate Ansätze für die vielfältigen situativen Anforderungen des Arbeitsalltages zur Verfügung hatten und schufen ein Konzept von sieben Stilen, welches Führungskräften eine Analysemöglichkeit für die Wahl des richtigen Führungsverhaltens bieten sollte.

Führungskräfte müssen sich für diese Wahl an den Variablen der eigenen Voraussetzungen (eigenes Können, eigene Werte), der Voraussetzungen der Mitarbeiter (Erfahrungen, Kenntnisse und Bedürfnisse) sowie der jeweiligen Situation (Unternehmenskultur, Unternehmensorganisation, Aufgabe, Zeitvorgabe) ausrichten.

Während das Führungsstilkontinuum von Tannenbaum und Schmidt zwar kontinuierlich den Übergang zwischen zwei Polen beschreibt, bleibt es doch eindimensional. Wir wollen uns im Folgenden deshalb die Konzeptionen mehrdimensionaler Führungsstilmodelle näher ansehen.

Diese gingen von den mehrdimensionalen Führungstheorien der Ohio-State University aus, den so genannten „Ohio-Studien" bzw. den zeitlich parallelen Studien der Michigan-Gruppe.[25]

---

[25]   Die Begrifflichkeiten „Production Centered" respektive „Employee Centered" der Michigan-Studien entsprechen dabei den Termini "Consideration" (Mitarbeiterorientierung) bzw. Initiating Structure" (Aufgabenorientie-

Autoritärer Führungsstil ———————————→						Kooperativer Führungsstil

Entscheidungsspielraum des Vorgesetzten

Entscheidungsspielraum der Gruppe

autoritär	patriar-chalisch	beratend	konsultativ	partizipativ	delegativ	
Vorgesetzter entscheidet ohne Konsultation der Mitarbeiter	Vorgesetzter entscheidet, ist aber be-Strebt, die Mitarbeiter von seinen Entscheidungen zu überzeu-Gen, bevor er sie anordnet	Vorgesetzter entscheidet, gestattet jedoch Fragen zu seinen Ent-Scheidungen, um dadurch Akzeptanz zu erreichen	Vorgesetzter informiert Mitarbeiter über beabsich-tigte Entschei-dungen. Mitar-beiter können ihre Meinung äußern, bevor Vorgesetzter die endgültige Ent-scheidung trifft	Gruppe entwickelt Vorschläge. Vorgesetzter entscheidet sich für die von ihm fa-vorisierte Alternative	Gruppe entscheidet nachdem Vorgesetzter Probleme aufgezeigt und Grenzen des Entschei-dungsspiel-raums fest-gelegt hat	Gruppe entscheidet, Vorgesetzter fungiert als Koordinator nach innen und außen

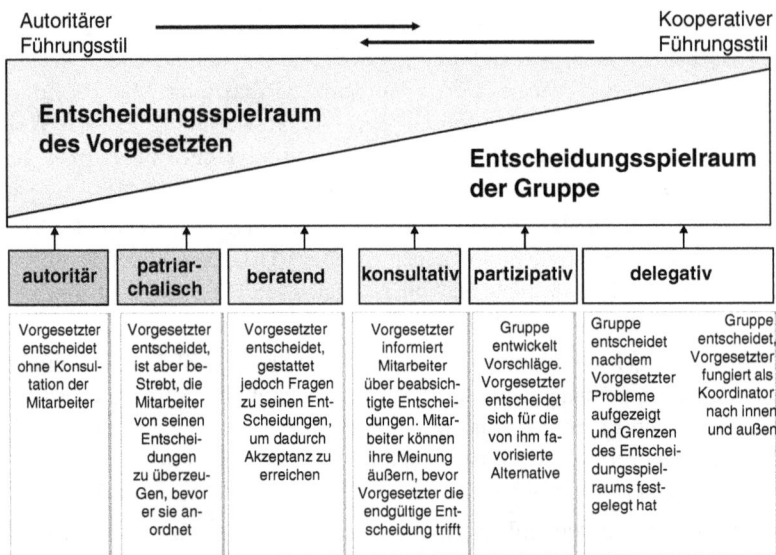

Abb. 5–5:   Führungsstilkontinuum nach Tannenbaum & Schmidt[26]

Die Ohio-Studien basieren auf einem Fragebogen („Leader Behavior Description Question-naire", LBDQ), in welchem Mitarbeiter über das Verhalten Ihrer Führungskräfte nach 48 Items befragt werden. Die Auswertung der Fragebögen ergab zwei voneinander unabhängige Faktoren, die Mitarbeiterorientierung und die Aufgabenorientierung.

5.3.4   Gagné & Fleischmann

In der Vierfeldmatrix kann der Führungsstil nun auf den beiden Dimensionen unabhängig voneinander beschrieben werden. So ist beispielsweise das Führungsverhalten von Person A durch eine niedrige Aufgabenorientierung und einer mittleren Mitarbeiterorientierung cha-rakterisiert. Führungskraft B hingegen zeigt eine schwache Mitarbeiterorientierung und eine hohe Orientierung an den Arbeitsaufgaben.

Die Ohio-Studien wurden dafür kritisiert, dass die beiden Führungsstildimensionen nicht an Aussagen über die Zufriedenheit und Leistung gekoppelt werden. So muss die Mitarbeiterzu-friedenheit nicht zwangsläufig mit einem Führungsstil, der durch eine hohe Mitarbeiterorien-tierung geprägt ist, steigen,[27] wenn beispielsweise die der Führungskraft übergeordnete Füh-rungskraft diesen Führungsstil konterkariert.

Bezieht man die Variable der organisatorischen Situation mit ein, so lässt sich sogar ein reziprokes Verhältnis zwischen Mitarbeiterorientierung und -zufriedenheit herstellen wenn man z.B. den Produktionsbereich betrachtet, während ein aufgabenorientierter Führungsstil im Produktionsbereich positiv, außerhalb negative Wirkung entfalten kann.[28]

---

rung) der Ohio-Studien, siehe D. Tscheulin, A. Rausche, 1970. Zu den Michigan-Studien: D. Katz, N. Macoby, N.C. Morse, 1950. Vgl. Weibler, 2001

[26]   R. Tannenbaum, W.H. Schmidt, How to choose a leadership pattern, Harvard Business Review 1958

[27]   Vgl. D.C. Pelz, 1952

[28]   Fleischmann, Harris, Burtt, 1955

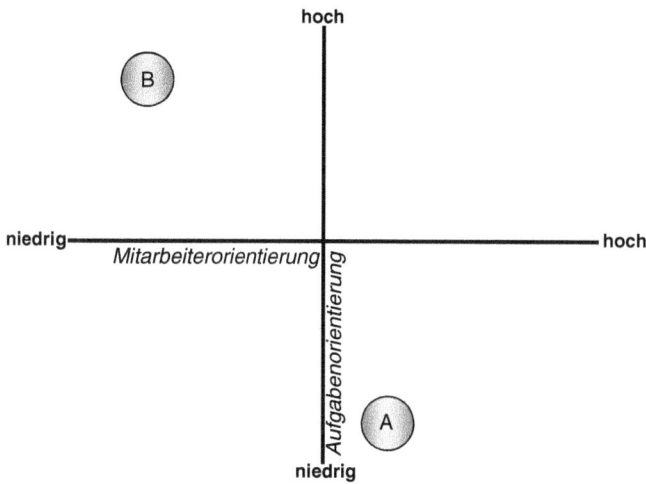

Abb. 5–6:   C/IS-Matrix nach Gagné & Fleischmann („Ohio-Studien")[29]

Trotz der offenen Fragen wurde das Ohio-Konzept der Zweidimensionierung von Aufgaben- und Mitarbeiterorientierung in der Folge von der Führungsstilforschung vielfach aufgegriffen, beispielsweise mit dem Verhaltensgitter („Managerial Grid") des amerikanischen Psychologen Robert Blake.

> *"Human resources Development has the goal of bringing behavioral science applications into everyday use to better human activity in all their shapes and forms."*
>
> Robert Blake

5.3.5   Blake & Mouton

Robert Blake (1918–2004) arbeitete zunächst zusammen mit Jane Mouton (1930–1987) am Department of Psychology der University of Texas während der 1950er und 1960er Jahre. Später gründeten beide die Scientific Methods Inc. (später Grid International Inc.) und Blake unterrichtete in den darauffolgenden Jahren in Harvard, Oxford und auch Cambridge.

Das Verhaltensgitter ist aus der Erfahrung entstanden, welche Robert Blake in den 1960er Jahren während seiner Arbeit mit dem Mineralölkonzern Exxon gesammelt hat, der übrigens im Juli 2008 zum weltweit wertvollsten Unternehmen, gemessen am Börsenwert, zählte.

Blake hat zusammen mit Jane Mouton die Dimensionen „Sachorientierung" (Abszisse) bzw. „Menschenorientierung" (Ordinate) genannt und in jeweils neun Ausprägungen unterteilt.

Obwohl sich damit aus dem Gitter 81 Kombinationen ergeben, stellen Blake und Mouton fünf Kombinationen als besonders typisch dar, nämlich 1) Glacehandschuhmanagement, 2) Überlebensmanagement, 3) Befehl-Gehorsam-Management, 4) Organisationsmanagement und schließlich 5) Teammanagement. Dabei wird der Führungsstil „Teammanagement" als Ideal postuliert.

---

[29]   Angelehnt an E.A. Fleischmann, R.M. Gagné, 1959

hoch

9	**1,9-Führungsverhalten** "Glacéhandschuh-Management" Rücksichtnahme auf die Bedürfnisse der Mitarbeiter nach zufriedenstellenden zwischenmenschlichen Beziehungen bewirkt ein gemächliches und freundliches Betriebsklima und Arbeitstempo.	**9,9-Führungsverhalten** "Team-Management" Hohe Arbeitsleistung vom engagierten Mitarbeiter; Interdependenz im gemein- schaftlichen Einsatz für das Unter- nehmensziel verbindet die Menschen in Vertrauen und gegenseitiger Achtung.

Menschenorientierung (vertical axis)

9 hoch
8
7
6
5
4
3
2
1 niedrig

5,5-Führungsverhalten
"Organisationsmanagement"
Eine angemessene Leistung wird
ermöglicht durch die Herstellung eines
Gleichgewichts zwischen der Not-
wendigkeit, die Arbeit zu tun, und der
Aufrechterhaltung einer
zufriedenstellenden Betriebsmoral.

1,1-Führungsverhalten
"Überlebens-Management"
Minimale Anstrengung zur Erledigung
der geforderten Arbeit genügt gerade
noch, sich im Unternehmen zu
halten.

9,1-Führungsverhalten
"Befehl-Gehorsam-Management"
Der Betriebserfolg beruht darauf, die
Arbeitsbedingungen so einzurichten,
daß der Einfluß persönlicher Faktoren
auf ein Minimum beschränkt wird.

```
   1     2     3     4     5     6     7     8     9
niedrig                  Sachorientierung              hoch
```

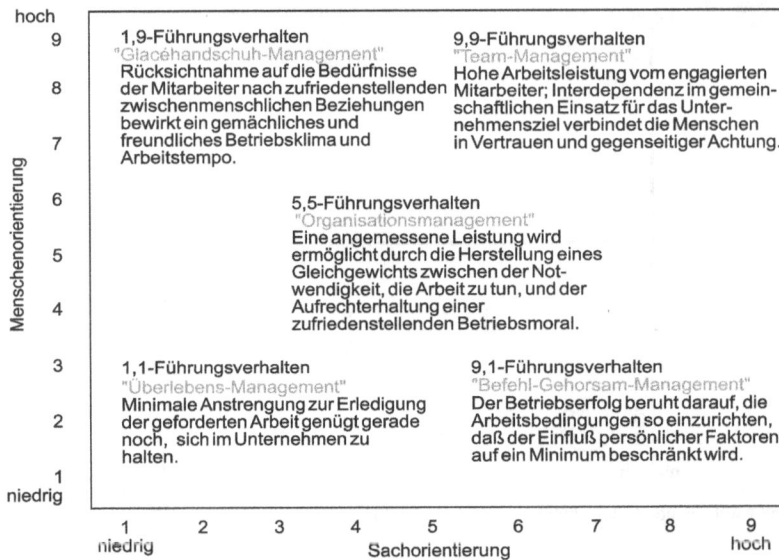

Abb. 5–7:   Managerial Grid nach Blake & Mouton[30]

Als Beispiel für die Verhaltensanalyse durch das Gitter zeigt etwa 1.9 einen „People-Pleaser", der sich für technische Belange der Produktion nur wenig interessiert, während hingegen das andere Extrem 9.1. einen sachorientierten Typ beschreibt, der die persönlichen Einflussfaktoren möglichst gering halten will, aus Angst, dass etwas schief laufen könnte.

Diese Angst lässt sich dabei in einer dritten Achse abbilden, der Motivation. So geht die dritte Motivationsdimension vom negativen Extrem der Motivation durch Angst (Fear) zum positiven Extrem der Motivation durch Begierde (Desire).

Damit versteht sich der Managerial Grid im Gegensatz zur Ohioforschung als dreidimensionales Modell zur Führungsstilforschung. Während Sach- und Menschenorientierung das Verhalten beschreiben, erklärt die dritte Dimension der Motivation, warum das Verhalten entsteht. In Robert Blakes eigenen Worten:

> "9,1+ illustrates the desire for control and mastery – I want it to be recognized that I am in control, I tell you what to do, and you execute precisely to my requirements. I want you to recognize that you are in my hands, so that I have no question but that I've dominated the situation in which you appear. At the same corner, 9,1– represents a fear of failure. These two work together. If I need control I rely to the most limited degree possible on you, be-cause you're liable to screw up and the failure will reflect on me. What the third dimension does is clarify the motivation underlying the grid style."[31]

Robert Blake und Jane Mouton erweiterten die fünf grundlegenden Stile des Führungsgitters noch um zwei weitere, welche sich als Kombinationen verstehen. So verbindet die so genannte patriarchalische Orientierung die Felder 9.1. und 1.9. je nach Verhalten des Mitarbeiters,

---

[30]   Angelehnt an Robert R. Blake, Jane S. Mouton, Verhaltenspsychologie im Betrieb, 1980

[31]   Interview with Robert Blake. Healthcare Forum Journal, Vol.35, #4, 1992

"The 'paternalist' style combines the whip-cracking 1,9 and the people-pleasing 9,1, depending the response of the subordinate. A subordinate that cooperates is rewarded with a 'people-pleasing' relationship; one that doesn't is subjected to the whip."[32]

während die so genannte „opportunistische Orientierung" die Führungskraft diejenigen Kombinationen aus allen Stilen wählen lässt, welche am vorteilhaftesten für sie ist:

"The 'opportunist', on the other hand, is a chameleon, taking on whatever Grid style seems appropriate for the interaction of the moment, never revealing his or her own true feelings."[33]

In der Anwendung des Managerial Grid in zahlreichen Führungsseminaren entdeckte Blake, dass die Selbsteinschätzung der Teilnehmer, welche vor dem Seminar stattfand, in 80% der Fälle eine 9.9-Bewertung ergab. Am Ende des Seminars hingegen korrigierte sich diese Bewertung auf 20%, was einer Eigen-zu-Fremdbildabweichung von 60% entspricht. Blake verglich diese Ergebnisse auch interkulturell und stellte in der Auswertung der Daten über 40 Länder fest, dass lediglich die Prozentraten schwankten, nicht jedoch die grundsätzliche Ausrichtung.

"There is variation on that 80 percent, but the variation is a matter of degree, not a matter of direction. It is almost identical in the Soviet Union, and comparable in Britain and across Europe. In Japan, it goes from 50 percent in the pre-work to 15 percent after the seminar. These numbers have been very stable over time."[34]

Die Selbsteinschätzung der Manager erfolgt dabei anhand von Items, denen sechs Problembereiche der Führung entsprechen, nämlich Konfliktlösung, Initiativverhalten, Informationsbeschaffung, Meinungsverhalten, Entscheidungsverhalten und schließlich konstruktive Kritik. Die Gründe für die Auswahl gerade dieser Bereiche werden von Blake und Mouton nicht weiter angegeben.

Robert Blake bezeichnete sein Menschenbild selbst als eine Kombination der idealistischen Philosophie Platons und der pragmatischen Philosophie Aristoteles. In der Anwendung beider Zustände, dem idealen Soll mit dem realen Ist sah er das Grundelement für den Entwicklungsansatz einer Führungskraft:

"The concept of ideal thinking came out of Plato – the 'platonic ideal.' Aristotle, by comparison, was the pragmatic one, the fixer, the tinkerer. It came to us suddenly that, if you put those two bases of thinking aside one another, you've got a very powerful change model. When all the people that have to live with it, and come to terms with it, do that – put the ideal in direct contrast with the real – you've got a pro-active commitment to making the change."[35]

---

[32] Ibid.
[33] Ibid.
[34] Ibid.
[35] Ibid.

Das Managerial Grid von Robert Blake und Jane Mouton beruht in seinem Erfolg und seiner Verbreitung wohl nicht zuletzt darauf, dass es der erste Ansatz in der Führungsstilforschung war, der mit einem kompletten Führungstraining verbunden wurde, welches sich nach vielfältiger Variation und Weiterentwicklung auch heute noch weltweit im Einsatz findet.

Ebenso wie Blake und Mouton ihr Führungsstilkonzept auf die grundlegenden Dimensionen der Mitarbeiter- und Aufgabenorientierung der Ohio-Studien aufbauten, findet sich diese Basis auch im sehr populär gewordenen Führungsstilmodell der Amerikaner Paul Hersey (*1926) und Ken Blanchard (*1939), welche die beiden Dimensionen nun Aufgaben- und Beziehungsorientierung nennen.

Darüber hinaus wird die spezifische Führungssituation, welche sowohl bei Tannenbaum und Schmidt als auch bei Blake und Mouton nur angedeutet wird, systematisch von Hersey und Blanchard in ihr Modell mit einbezogen. Diese dritte Dimension nennen sie den Reifegrad des Geführten, weshalb das gesamte Modell oft auch einfach als „Reifegrad-Modell der Führung" bezeichnet wird.

"In the past a leader was a boss. Today's leaders must be partners with their people. They no longer can lead solely based on positional power."

Ken Blanchard

5.3.6   Hersey & Blanchard

Paul Hersey, Verhaltenswissenschaftler an der Nova Southeastern University und Ken Blanchard, Professor an der Cornell University, New York, sind Bestsellerautoren und erfolgreiche Managementberater. Blanchard gilt u.a. als einer der zehn Leadership-Gurus der Jahre 2007 und 2008.

Laut dem Reifegradmodell der Führung sollte jeder Mitarbeiter nach seinem jeweiligen Reifegrad geführt werden, welcher sich aus Arbeitsreife (Ausbildung, Wissen, Erfahrung) und psychologischer Reife (Leistungswille) zusammensetzt. Durch diese Ausprägungen ergeben sich vier Reifegrade, „Maturity" M1–M4:

- M1: Mitarbeiter, die weder Verantwortung übernehmen wollen (geringe psychologische Reife), noch können (geringe Arbeitsreife)
- M2: Mitarbeiter, die Verantwortung übernehmen wollen (hohe psychologische Reife), aber (noch) nicht können (geringe Arbeitsreife)
- M3: Mitarbeiter, die Verantwortung übernehmen können (hohe Arbeitsreife), aber nicht wollen (geringe psychologische Reife)
- M4: Mitarbeiter, die sowohl Verantwortung übernehmen wollen (hohe psychologische Reife), als auch können (hohe Arbeitsreife)

Hersey und Blanchard gehen in ihrem Weltbild davon aus, dass Menschen im Verlauf ihres (Arbeits-)Lebens eine Entwicklung zu größerer Reife hin durchlaufen. Die Führungskräfte haben die Aufgabe, den Reifegrad des jeweiligen Mitarbeiters festzustellen, um situationsgerecht zu führen.

Der Reifegrad wird dabei mit einem Fragebogen ermittelt, welcher Wissen, Erfahrung, Verantwortungs- und Leistungsbereitschaft auf einer achtgradigen Skala misst und schließlich in einem Summenwert zusammenfasst. In Abhängigkeit der Reife des Mitarbeiters entscheidet sich die Führungskraft nun für einen aus vier Führungsstilen „Style" (S1–S4):

- S1: „Telling": Genaue Vorgaben durch die Führungskraft, Kontrolle der Leistung, geringe Beziehungsorientierung, hohe Aufgabenorientierung
- S2: „Selling": Direktive Führung, intensive sozio-emotionale Kommunikation soll zur Akzeptanz der Aufgabe führen, hohe Beziehungsorientierung, hohe bis mittlere Aufgabenorientierung
- S3: „Participating": Aktives Zuhören der Führungskraft, gemeinsamer Ideenaustausch führt zu gemeinsamen Entscheidungen, Führungskraft erleichtert die Aufgabenerfüllung, Fokus auf sozio-emotionale Unterstützung, hohe Beziehungsorientierung, geringe Aufgabenorientierung
- S4: „Delegating": Führungskraft delegiert die Aufgaben vollständig an den Mitarbeiter mit gelegentlicher Kontrolle, geringe Aufgabenorientierung und geringe Beziehungsorientierung

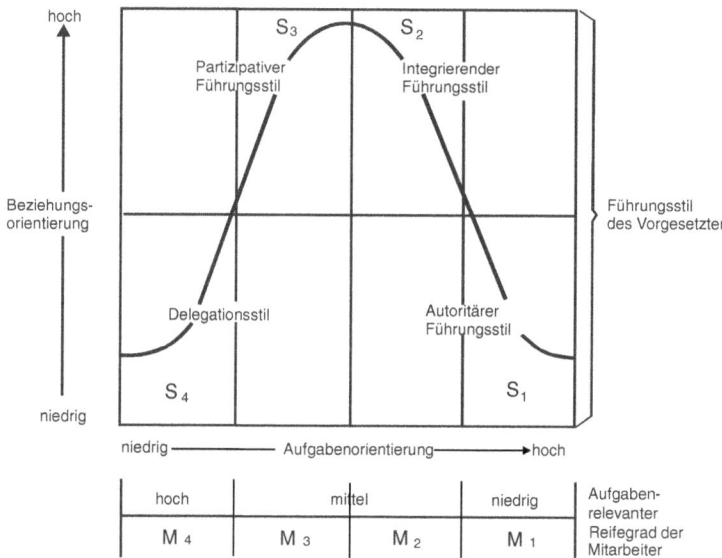

Abb. 5–8:   Reifegrad-Modell der Führung[36]

Auf dem Reifegradmodell kann die Führungskraft nun, nachdem sie aus dem Fragebogen den Reifegrad des Mitarbeiters ermittelt hat, durch das Anlegen einer senkrechten Linie vom Reifegradkontinuum nach oben im Schnittpunkt mit dem eingezeichneten Graph das situationsadäquate Führungsverhalten ermitteln.

Der für das Modell charakteristische Graph soll dabei illustrieren, dass die Führungskraft es nicht dabei belassen soll, sich auf den jeweiligen Reifegrad des Mitarbeiters und den adäquaten Führungsstil reaktiv zu beschränken, sondern jeden Mitarbeiter vielmehr hinsichtlich eines möglichst hohen Reifegrades (M4 korrespondierend mit S4) zu entwickeln, weshalb das Modell ursprünglich auch „Life Cycle Theory of Leadership" genannt wurde.

Es ist zu Recht in der Forschungsliteratur darauf hingewiesen worden, dass bei aller Fortschrittlichkeit des Modells eine Kongruenz zwischen Mitarbeiter-Reife und Organisations-

---

[36]   P. Hersey, K. Blanchard, Management of organizational behaviour: Utilizing human resources, 1987

zielen unterstellt wird[37]. Indem sich ein Konflikt zwischen Organisationsziel und Mitarbeiterziel ausschließt, wird der Begriff der „Mitarbeiterreife" somit ideologisch gefasst.

Auch bietet das Modell mit dem Reifegrad nur einen situativen Aspekt. Demnach werden nicht nur weitere situative Faktoren vernachlässigt, auch der Verhaltenskanon der Führungskräfte bleibt auf die vier Führungsstile S1–S4 eingegrenzt, die unendliche Vielfalt an individuellen Mitarbeitercharakteristika muss notwendigerweise auf diese vorhandenen Kategorien reduziert werden.

Nachdem wir von den in der Führung zugrundeliegenden Menschenbildern zur Darstellung einiger ausgewählter Führungsstile gelangt sind, sollen im Folgenden noch einige typische ergänzende Führungstechniken dargestellt werden. Die Führungstechniken beschrieben dabei in Ergänzung der sehr allgemein gehaltenen Kategorisierungen der Stile konkrete Handlungsmuster in ihrer Anwendung.

5.4   Führungstechniken

Die verbreitetste Führungstechnik ist wohl die Führung nach Zielvereinbarung, das so genannte Management by Objectives (MbO). Weniger verbreitet sind Management by Delegation (MbD) oder Management by Exception (MbE), dabei lässt sich die Liste solcher Definitionen natürlich beliebig erweitern.[38]

5.4.1   Management by Delegation

Im Management by Delegation (MbD), das im Begriff auf den sechsten, kooperativen Führungsstil im Kontinuum von Tannenbaum und Schmidt zurückgeht, geht es darum, die Führungskräfte zum einen von der Entscheidungsmenge zu entlasten und andererseits soll die Initiative, Verantwortungs- und Leistungsbereitschaft der Mitarbeiter durch Aufgabendelegation gestärkt werden.

Dies setzt zum einen voraus, dass Aufgaben auch inklusive Kompetenzen und Handlungsspielräume übertragen werden. Zum anderen wird durch entsprechende Arbeitsanweisungen und Prozessbeschreibungen (Regelung von Ausnahmen, Informationen, Kontrollsystem, Berichtwesen, Kennzahlen etc.) genügend strukturelles Rüstzeug für den Mitarbeiter geboten, um dieser Verantwortung auch gerecht werden zu können.

Die Delegationsbereitschaft der Führungskräfte setzt Vertrauen in die Mitarbeiter ebenso voraus, wie die Mitarbeiter sowohl hinsichtlich ihres Können und Wollens die Kriterien der Delegationsfähigkeit erfüllen. Die stark aufgabenorientierte Sichtweise des Management by Delegation berücksichtigt so unter Umständen zu wenig Prozessaspekte, übergreifende Zielorientierung oder auch Motivationsaspekte, wenn beispielsweise nur die Aufgaben delegiert würden, die der Führungskraft selbst lästig sind.

In seiner Allgemeinheit geht Management by Delegation über den delegativen Führungsstil bezüglich konkreter Handlungsanweisungen kaum hinaus und bleibt so als Führungstechnik noch relativ unbestimmt.

---

[37]   Neuberger, 1995

[38]   Hentze/Brose unterscheiden z.B. acht sachorientierte und sieben personenorientierte „Management-by-"Ansätze, 1986

5.4.2   Management by Exception

Management by Exception (MbE) fokussiert Führung auf den Aspekt der Ausnahme und der Abweichung. In einer Hinsicht mit der Laisser-Faire-Führung vergleichbar, lässt MbE die Mitarbeiter so lange arbeiten, bis eine Abweichung oder ein nicht lösbares Problem das Eingreifen der Führungskraft notwendig macht. Bis zum Zeitpunkt der ungelösten Problembehebung setzt diese Führungstechnik ebenso ein stark formalisiertes und detailliertes Gerüst an Regelungen voraus wie im MbD, so dass auch der Ausnahmefall und damit die Rückdelegation an die Führungskraft präzise im Arbeitsablauf beschrieben ist.

Der einseitige, defizitäre Fokus auf die Abweichung vom Sollprozess schafft dabei aber keine Klarheit der Mitarbeiter über die Zielstrategie und ist somit Initiative und Motivation nicht förderlich. Auch muss der Lernprozess der Mitarbeiter im unlösbaren Ausnahmefall sichergestellt werden, um die Weiterentwicklung der Mitarbeiter an den Aufgaben möglich zu machen und zu verhindern, dass die Führungskraft sich in der Rolle des „Retters" auf Dauer etabliert.

5.4.3   Management by Objectives

Mit Management by Objectives (MbO) werden Zielvereinbarungen zwischen Führungskraft und Mitarbeiter getroffen, welche sich an klar (am Besten im Sinne von S.M.A.R.T.) formulierten Zielen ausrichten. Durch diese Führungstechnik soll die Transparenz der Zielerreichung erhöht werden und damit im Rückgriff auch die Qualität der Arbeitsleistung sowie die Motivation der Mitarbeiter erhöht werden, da beispielsweise die Vergütung der Mitarbeiter leistungsgerecht an die Erreichung vereinbarter Ziele geknüpft werden kann.

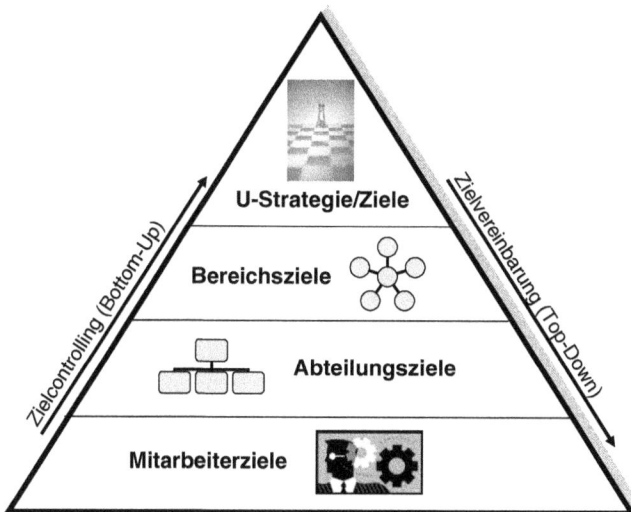

Abb. 5–9:   Rückgekoppelter Zielvereinbarungsprozess

Dies setzt in der Organisation eines Unternehmens sowohl einen institutionalisierten und damit regelmäßig wiederholten Performance-Management-Prozess voraus, wie auch ein Kontrollsystem zur Qualitätssicherung. MbO in Verbindung mit einem Controllinginstrument wie der Balanced Score Card beispielsweise bilden demnach eine sehr schlagkräftige Kombination zur Vereinbarung und Nachhaltung von Zielen.

Dabei werden die Ziele einer Abteilung, einer Gruppe, bis hin zu jedem einzelnen Mitarbeiter, aus übergeordneten Unternehmenszielen bzw. der Unternehmensstrategie abgeleitet und Ebene für Ebene in einem Top-Down-Prozess heruntergebrochen und die jeweilige Zielerfüllung, gegebenenfalls auch eine Neudefinition der übergeordneten Ziele oder Strategien, Bottom-Up rückgekoppelt.

Bei aller Verbreitung des Managements by Objectives und seiner Vorzüge darf nicht übersehen werden, dass z.B. hinsichtlich Target-Poolings (interdependente Zielkonflikte und -abhängigkeiten der einzelnen Bereiche und Abteilungen) oder gerade auch globalisierter Strategien die MbO-Strategie auf die jeweiligen Erfordernisse angepasst werden muss, beispielsweise in der Umwandlung individuell okzident-fokussierter MbO-Definitionen an Gruppenziele in kollektivistisch orientierten Kulturkreisen. Es lohnt sich deshalb, wenn wir im Folgenden einige wesentliche Punkte beleuchten, die zu beachten sind, wenn Personalführung im internationalen Maßstab stattfindet.

6 Intercultural Leadership – Personalführung in einer globalisierten Wirtschaftswelt

„Wer sich selbst und andre kennt
Wird auch hier erkennen:
Orient und Okzident
Sind nicht mehr zu trennen.

Sinnig zwischen beiden Welten
Sich zu wiegen laß ich gelten:
Also zwischen Ost- und Westen
Sich bewegen sei zum Besten!"

J. W. Goethe (1749–1832) – West-Östlicher Divan

So leicht und unbeschwert Goethe die Globalisierung vorwegnimmt, so beschwerlich zeigt sich der Weg, wenn man vom anthropologisch Allgemeinen zum kulturell Besonderen blickt und konkrete Handlungsfelder betrachtet, die internationales Management so komplex machen. Warum lassen sich japanische Mitarbeiter nicht wie amerikanische nach dem Management by Objectives führen? Wie unterscheiden sich gezeigtes Commitment und Motivation bzw. Ablehnung im europäischen und asiatischen Raum? Was ist hinsichtlich Pünktlichkeit für Meetings und Verhandlungen zu beachten und warum können sich zwei geographisch nebeneinander liegende Länder weitaus mehr hinsichtlich ihrer Unternehmenshierarchie unterscheiden, als regional weit voneinander entfernte?

Populäre Verhaltensbeispiele dafür gibt es viele. So ist es beispielsweise für uns in der westlichen Welt selbstverständlich, Augenkontakt zu halten, in manchen islamischen Ländern kann dies zwischen Männern und Frauen als ungehörig gelten. Indisches Kopfschütteln bedeutet durchaus „Ja", während Asiaten ein striktes verbales Nein aus Gründen der Gesichtswahrung des Empfängers zu vermeiden suchen, und die Ablehnung nur ausweichend formulieren.

In Asien sollte man sich auch von einer älteren Person, die Status genießt, mit Geschäftspartnern in Bekanntschaft bringen lassen, denn dieser Status lässt sich dann auf die eigene Person übertragen. Wenn man im Iran nach dem Weg fragt, wird man höchstwahrscheinlich immer eine Antwort erhalten, auch wenn der Weg nicht bekannt ist, denn das Gebot zu helfen steht als soziale Verpflichtung im Vordergrund. Auch der Umgang mit Zeit wird in südamerikanischen und auch arabischen Ländern erheblich von unserer europäischen Auffassung unbedingter Pünktlichkeit abweichen und die Beispiele ließen sich fortsetzen.

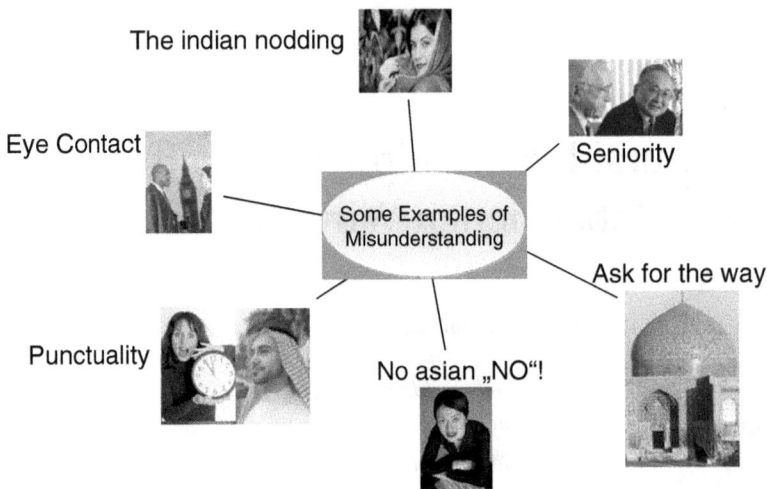

Abb. 6–1:   Kulturelle Missverständnisse

Wesentlich für mittelständische Unternehmen, die international agieren, ebenso wie multinationale Unternehmen ist es nun, über ein breites Arsenal an Managementtechniken zu verfügen, um in der globalisierten Ökonomie zu bestehen. Dabei bildete sich seit längerer Zeit die Überzeugung heraus, dass im Heimatland bewährte Managementmethoden nicht global ohne Einschränkungen einsetzbar sind, eine Überzeugung, welche aber hinsichtlich praktischer Konsequenzen, insbesondere bezogen auf Themenfelder wie Führung, Kommunikation oder Entscheidungsprozesse, immer noch zu wenig Beachtung findet.

Immerhin gehen bereits zahlreiche international agierende Unternehmen dazu über, bei der Besetzung von Auslandsniederlassungen zunehmend auf einheimische Local Manager zurückzugreifen, anstatt des üblichen Delegationsverfahrens, wonach der Manager aus dem Headquarter die Töchtergesellschaften im Ausland „missioniert".

Auch die Nutzung moderner Medien hat hier eine Kulturveränderung gebracht. Insbesondere in Zeiten knapper Finanzen lassen sich mit Telefon- und Videokonferenzen effizient Reisekosten und Zeitressourcen sparen. Dieser Change of Mind and Habit brachte aber auch veränderte Kompetenzbedarfe in den Muttergesellschaften mit sich.

In dem Maße, wo nicht mehr nur wenige Auslandsdelegierte sich mit interkulturellen Gepflogenheiten auskennen müssen, und auch die Hierarchien, insbesondere der westlichen Unternehmenswelten, dazu tendieren immer flacher zu werden, sieht sich nun eine breite Masse an Mitarbeitern in internationalen Unternehmen mit dem Erfordernis konfrontiert, interkulturelle Kompetenzen im Arbeitsalltag anwenden zu können. Dabei ist zunächst zu differenzieren, welche verschiedenen Ebenen die Unternehmenskultur eines international agierenden Unternehmens kreuzt, bzw. wie sich die Unternehmenskultur selbst aufbaut.

6.1   Unternehmenskulturen

Edgar Schein, den wir bereits im vorangegangenen Kapitel kennengelernt haben, unterscheidet die Unternehmenskultur auf drei aufeinander folgenden Ebenen, 1) den Grundannahmen, 2) den darüberliegenden Werten und schließlich 3) den zum Ausdruck gebrachten Artefakten.[1] Obwohl Artefakte sehr gut wahrnehmbar sind, bleibt ihre Zuordnung polyvalent, was an Ihrem Symbolcharakter liegen mag. Unterhalb dieser sichtbaren phänomenalen Ebene befinden sich die kollektiven Werte, welche schon konkrete Verhaltensnormen und deren Bewertungen beschreiben.

Schein unterscheidet hier noch einmal zwischen angenommenen virtuellen Werten, die sich zwar aus Unternehmensgrundsätzen oder -leitlinien ableiten lassen, aber als Desiderat oft theoretisches Ideal bleiben, und internalisierten Werten, die sich wirklich im Verhalten manifestiert haben. In den Grundannahmen schließlich verankern sich all jene Werte, welche bereits zum nicht mehr in Frage gestellten Habitus eines Unternehmens bzw. dessen Organisationsmitglieder geworden sind.

Auch wenn diese Wertannahmen den größten Einfluss auf das Verhalten haben, wirken sie im Verborgenen und lassen sich nur schwer transparent machen. Schein stellt nun eine Korrelation zwischen der Funktionalität der einzelnen Kulturebenen und -elemente und der Leistungsfähigkeit von Unternehmen her, wobei den Grundannahmen hier eine besondere Bedeutung zukommt. Die Erfassung einer Unternehmenskultur kann dabei nur von einem Beobachter geleistet werden, der neben seiner Professionalität auch „Besucheraugen" hat und demnach nicht selbst Mitglied dieser Kultur sein kann.

Die jeweilige Unternehmenskultur ist dabei nicht monolithisch aufgebaut, sondern zersplittert sich ihrerseits, je nach Qualität und Quantität eines Unternehmens, wiederum in viele horizontale und vertikale Subkulturen, die nebeneinander bestehen und sowohl miteinander, aber auch gegeneinander arbeiten können, wie sich insbesondere nach Fusionen zeigt. Bezogen auf ein internationales Umfeld haben wir es, nimmt man die spezifische Landeskultur hinzu in der sich ein Unternehmen bewegt, schon mit vielfältigen Kulturen zu tun, die alle miteinander agieren und in Beziehung stehen.

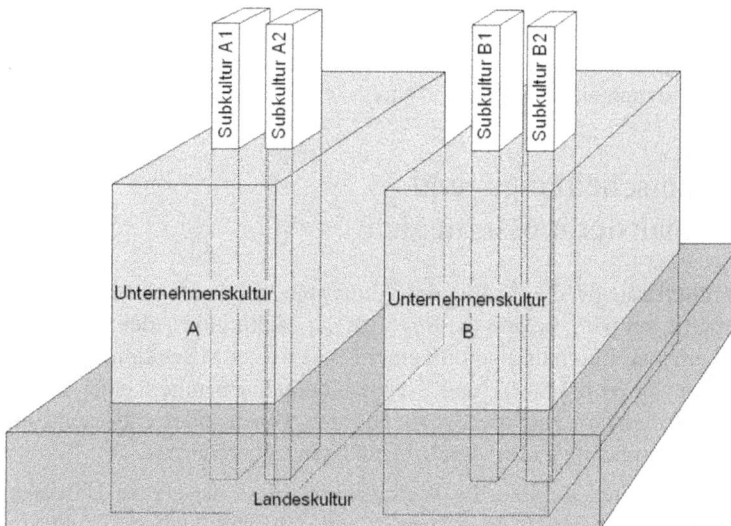

Abb. 6–2:   Unternehmenssubkulturen[2]

---

[1]   Edgar H. Schein, Organizational Culture and Leadership, 2003
[2]   Nach C. Scholz, 2000

Bezieht man diese Betrachtung von Subkulturen nun z.B. auf Human Resources Management oder die Strategie der Personalführung eines internationalen Unternehmens, so sieht man, dass man z.B. nicht unbedingt von „der" Human Resources Strategie eines Unternehmens sprechen kann, außer man bündelt diese in einer internationalen Strategie.

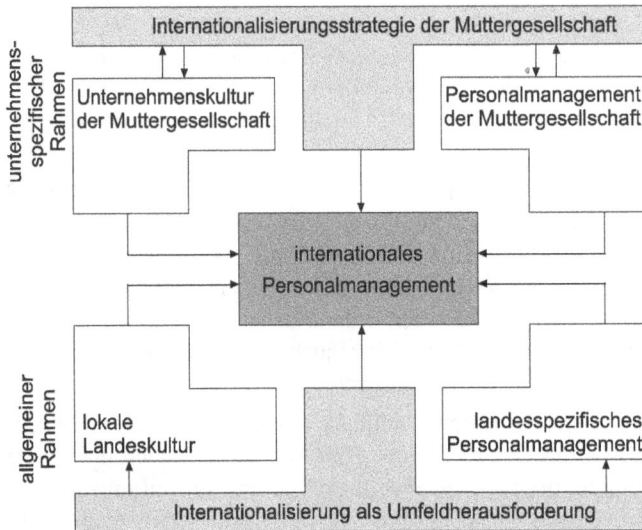

Abb. 6–3:   Unternehmenskultur- und HR-Management[3]

Während auf der Ebene der rein operativen Personalarbeit schon aus praktischen Gründen beispielsweise hinsichtlich der vielfältigen arbeitsrechtlichen Länderspezifika ein zentrales Human Resources Management oft nicht zielführend ist, wird dieses Erfordernis für die strategische, konzeptionelle Personalarbeit oft nicht berücksichtigt. Die Theorie unterscheidet dabei drei prototypische Kulturstrategien, 1) Mono- 2) Multi- und 3) Mischkulturstrategie.

6.2   Kultur-, Entscheidungs- und Internationalisierungsstrategien

Während in der Monokulturstrategie die Kultur des Mutterunternehmens einfach auf die Töchtergesellschaften übertragen wird, belässt die Strategie der Multikultur jeder Tochtergesellschaft ihre eigene, heterogene Beschaffenheit. In einer Strategie der Mischkultur wird der Versuch gemacht, die Elemente von Mutter- und Töchterunternehmen miteinander zu mischen, was letztlich dem Gedanken interdependenten Lernens voneinander entspricht, mit dem Ziel, die jeweilige vorherrschende Kultur durch die anderen zu bereichern.

Monokulturelle Strategien enthalten implizit die Wertannahme, dass die eigene Unternehmenskultur der ausländischen als überlegen anzusehen ist, was im Extrem auf eine kulturimperialistische Übertragung eigener Werte und der Ignoranz bzw. Unterdrückung der lokalen Unternehmenskultur hinauslaufen kann.

---

[3]   Ibid.

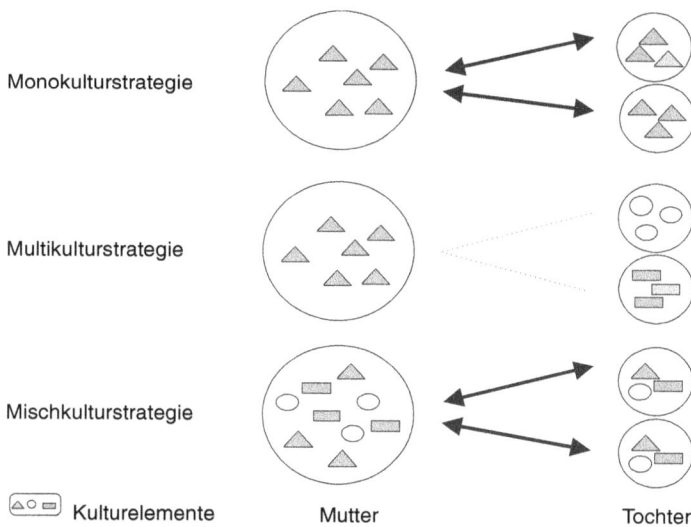

Abb. 6–4:   Kulturstrategien[4]

Die Liberalität der multikulturellen Kulturstrategien lässt die Wertevielfalt unterschiedlicher Tochtergesellschaften theoretisch bestehen, in der Praxis ist aber zu erwarten, dass zumindest die Grundbestandteile der Unternehmensphilosophie auch auf die ausländische Dépendance übertragen werden.

Die Mischkulturstrategie schließlich stellt den einzigen Fall einer Rückkopplung des Headquarters an die Niederlassungen dar.

Die verfolgte Kulturstrategie sagt dabei noch nichts darüber aus, wie ein Unternehmen Entscheidungen trifft, nämlich zentral im Headquarter, dezentral in den Tochtergesellschaften oder auch föderal im gemeinsamen Verbund.

Kombiniert man nun Kultur- und Entscheidungsstrategien eines Unternehmens so kann man neun Internationalisierungsstrategien unterscheiden.

Feld (1) beschreibt eine Übertragung der Unternehmenskultur in die Töchter, sämtliche Entscheidungen werden zentral gefällt. Trotz zentraler Entscheidungsgewalt des Mutterunternehmens in Feld (2) werden die kulturellen Unterschiede der Tochterunternehmen zugelassen und unter Umständen sogar begrüßt, wenn sie sich beispielsweise zu einem Produktionsvorteil nutzen lassen. Feld (3) könnte trotz zunächst zentraler Entscheidungsgewalt langfristig zu einer interkulturellen Durchmischung auch der oberen Managementebenen im Stammhaus führen, wobei man sich fragen kann, ob dies unter Umständen nicht auch zu einer Relativierung zentraler Entscheidungsfindung führen kann.

Variante (4) beschreibt viele „Fürstentümer" bezogen auf die Entscheidungsgewalt, dennoch bleiben alle Niederlassungen durch eine zu Grunde liegende Kultur verbunden, während die Felder (5) und (8) in der Kombination von dezentraler respektive föderaler Entscheidungs- und Multikulturstrategie die größtmögliche Diversifizierung aller neun Internationalisierungsstrategien repräsentieren.

---

[4]   Ibid.

Kulturstrategie / Entscheidungsstrategie	Monokulturstrategie	Multikulturstrategie	Mischkulturstrategie
zentral	(1)	(2)	(3)
dezentral	(4)	(5)	(6)
föderal	(7)	(8)	(9)

Abb. 6–5:   Internationalisierungsstrategien[5]

Felder (6) und (9) lassen trotz liberaler Entscheidungsstrategie die Durchmischung von lokalen Landeskulturen zu, die theoretisch längerfristig zu einer synergetischen Kultur für alle Länder anwachsen können. Da der Unterschied zu den Feldern (5) und (8) jedoch nur im jeweiligen Mischverhältnis der lokalen Kulturanteile liegt, ist die Ausformung einer zeitlich relativ stabilen Mischkultur, die ähnlich monolithisch wie eine neue Monokultur wirken würde, praktisch eher unwahrscheinlich. Sollte trotz föderaler Entscheidungsstrukturen dennoch eine einheitliche Unternehmenskultur entstehen, so liegt dies unter Umständen an deren gewachsener Attraktivität (Feld 7).

Alle neuen Internationalisierungsstrategien lassen sich weder theoretisch eindeutig bewerten, noch praktisch trennscharf anlegen. Zentrale Strategien werden immer tendenziell den Vorteil von Standardisierung, Erfahrungswerten und damit Qualitätssicherung mit sich bringen. Auf der anderen Seite werden sie in ihrer Stabilität und Starrheit nicht so schnell und flexibel auf Marktsituationen reagieren können und auch neue innovative Lösungen weder suchen noch wertschätzen bzw. in das eigene System integrieren.

Ebenso kann eine monostrategische Unternehmenskultur der Mitarbeiteridentität, dem Zugehörigkeits- sowie dem Gemeinschafts- und Motivationsgefühl förderlich sein. Andererseits werden Multi- und Mischkulturstrategie praktisch eher geeignet sein, die vorhandenen Landesidentitäten zu belassen und die jeweiligen lokalen Wettbewerbsvorteile wahrzunehmen, eine Strategie die beispielsweise insbesondere hinsichtlich der Auswahl von Produktionsstandorten eine international vorteilhafte Unternehmensstrategie sein kann.

Nachdem wir nun grundlegende Internationalisierungsstrategien von Unternehmen betrachtet haben, können wir uns nun überlegen, wie eine kohärente Personalstrategie aussehen kann. Innerhalb einer Delegationsstrategie können wir drei Prototypen unterscheiden, 1) Country Manager, 2) Global Manager, und 3) Company Manager.[6]

Ein Country Manager ist ein Spezialist für bestimmte Länderkulturen und auch spezifisch auf diese Anforderungen geschult. Die kulturspezifischen Grundlagen lassen sich heutzutage

---

[5]   Ibid.

[6]   C. Scholz, 2000

nicht nur aus der unternehmensinternen Erfahrung ehemalig Entsandter und dementsprechend konzipierter Seminare erfassen, sondern auch durch inzwischen zahlreiche, umfassende Studien, welche Kulturmerkmale aus empirischen Studien ableiten.[7]

Ein Global Manager ist nicht auf bestimmte Länder und Kulturkontexte festgelegt, sondern ein Generalist, welcher wohl am ehesten dem weit verbreiteten Idealbild als internationale Führungskraft entspricht. So kann er sich flexibel auf die jeweiligen Kulturspezifika einstellen.

Der Company Manager schließlich vertritt ganz bewusst die eigene Unternehmens- und Landeskultur, eine Strategie, die sich sinnvoll mit einer Monokulturstrategie vereinen lässt, während sich der Einsatz eines Country Managers am Besten mit einer Multikulturstrategie bzw. der Einsatz des Global Managers am Besten mit einer Mischkulturstrategie eignet.

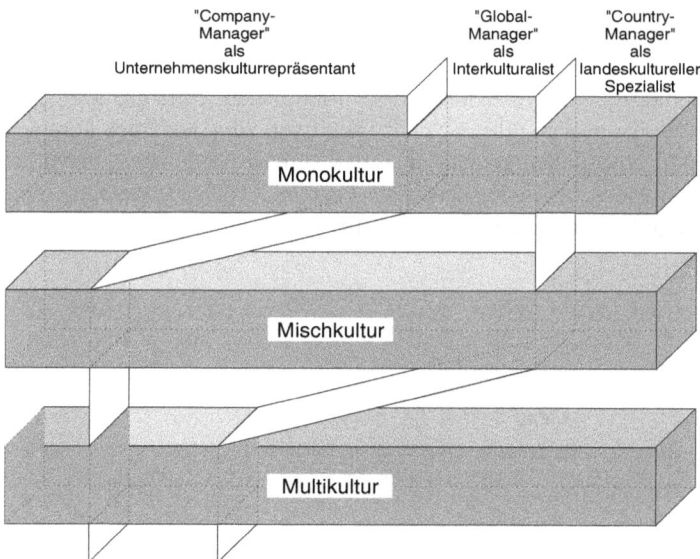

Abb. 6–6:   Leitbilder für internationale Manager[8]

Damit sind wir auch bei der direkten Entsendung, der Delegation eines so genannten „Expatriate Manager" in die ausländische Division für eine bestimmte Zeit (hier werden meist „short term", bis ein Jahr und „long term", bis drei oder mehr Jahre unterschieden), gelandet. Die Art des Trainings als Vorbereitung für den Auslandsaufenthalt wird dabei aber nicht nur in Hinsicht auf die Zeitdauer des Aufenthalts auszurichten sein, sondern auch hinsichtlich der zur Verfügung stehenden Vorbereitungszeit und der zu Grunde liegenden Unternehmenskulturen.

Interkulturelle Trainings müssen darüber hinaus die jeweilige Zielgruppe, deren Interessen und Hierarchielevel, sowie natürlich das Auftragsziel im Auge haben. Während sich grundlegende Informationen über das Gastland noch sehr gut in Büchern, Filmen oder Vorträgen erfahrener Rückkehrer vermitteln lassen, bietet sich in dem Übergang rein kognitiven Ver-

---

[7]   Vgl. die Studien von G. Hofstede, Culture's Consequences, 1980 oder R.J. House et al., The Globe Study of 62 Societies, 2004

[8]   C. Scholz, 2000

stehens von Fakten zur Vertiefung empfundener Inhalte vielmehr Methoden an, welche die Werte der eigenen mit der ausländischen Kultur in Beziehung setzen, transparent machen und schließlich mit Fallanalysen, Rollenspielen und Simulationen auf trainierte Verhaltens-modifikationen hinwirken.

Mendenhall, Dunbar & Oddou[9] behaupten in ihrem Modell eine Korrelation zwischen dem notwendigen Anpassungsniveau und dem Integrationsniveau, da ein kurzer Aufenthalt in einer sich von der eigenen Unternehmens- und Landeskultur stark unterscheidenden Aus-landsniederlassung eine größere Anpassungsleistung erfordern kann, als ein längerer Auf-enthalt in einem verwandtem Kulturkreis. Spätestens hier wird es notwendig, den ständig gebrauchten Begriff der „Kultur" einmal näher zu bestimmen.

6.3   Kulturdimensionen und -ausprägungen

Der amerikanische Anthropologe Clyde Kluckhohn (1905–1960) bezeichnete den Menschen „in a certain aspect like all, some and no other man".[10] Damit soll zum Ausdruck kommen, dass Kultur weder als grundlegende, allen gemeinsame menschliche Natur zu verstehen ist, den alle Menschen mit allen Menschen teilen, noch als Persönlichkeitsbeschreibung eines Individuums, welche nur auf jeden Menschen einmal zutrifft.

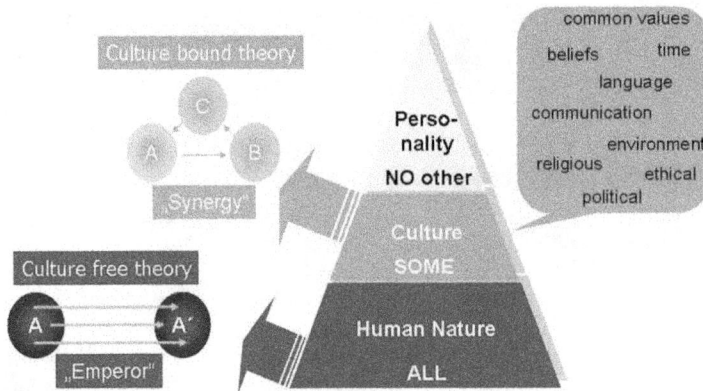

Abb. 6–7:   Anthropologie und Kultur

Der Niederländer Geert Hofstede (*1928), Professor Emeritus der Universität Maastricht, bezeichnet Kultur als das, was wir mit manchen anderen Menschen hinsichtlich gemeinsa-mer Werte, Sprache, Religion, oder politischer Überzeugungen, teilen.

"Culture is the collective programming of the mind which distinguishes one group of people from another."[11]

Geert Hofstede

---

[9]   Entscheidungsmodell über Trainingsmaßnahmen zur Vorbereitung eines Auslandsaufenthaltes, M.E. Menden-hall, E. Dunbar, G.R. Oddou, Expatriate Selection, Training and Career Pathing. A Review and Critique, in HRM 26, 1987, 331–345

[10]   C. Kluckhohn, H.A. Murray, Personality in Nature, Culture and Society, 1948. Vgl. G. Hofstede, 2006, 4

[11]   G. Hofstede, 1984

6.3.1   Hofstede

Mit Hofstedes Arbeit etablierte sich ein Kulturbegriff, der sowohl die interkulturelle Forschung als auch die grundlegenden Paradigmen, die interkulturellen Trainings zugrunde liegen,
hinsichtlich des Schwerpunkts einer Culture-Free-Theory zu einer Culture-Bound-Theory
verlagert hat.

Während die Culture-Free-Theory den Menschen anthropologisch als wesentlich gleich behauptet, meist einen Fokus auf stammesgeschichtliche Vererbung setzt und demgemäß spezifische Kulturfaktoren als vernachlässigbar behandelt, behauptet die Culture-Bound-Theory
die Erkenntnis und Anwendung kultureller Besonderheiten gerade als Erfolgsfaktor interkultureller Unternehmensführung, etwa bezogen auf Organisation, Personal- oder auch Ver-
handlungsführung.

Auch die aktuelle Forschung (GLOBE Study of 62 Societies, 2004[12]) stützt die Culture-
Bound-Theory. Wenn man Culture-Bound-Theory mit Gesellschaftskultur und Culture-Free-
Theory mit Geschäftskultur konnotiert, zeigt sich, dass etwa für eine erfolgreiche Führungs-
und Organisationskultur der gesellschaftskulturelle Einfluss zehnmal stärker zu bewerten ist,
als der geschäftliche.[13]

Auf einer wertbezogenen Betrachtung kann die Culture-Free-Theory mit einem Universalismus gleichgesetzt werden, der beispielsweise als westlicher Kulturimperialismus auftretend,
die Tradition und Werte anderer Länder und Kulturen nicht würdigt. Als universalistisch
auftretende Werte wie Menschenrechte, Demokratie oder Gleichstellung brechen sich so
unter Umständen mit den jeweils geltenden Landeskulturen.

Eine Culture-Bound-Theory entspricht dagegen einem Werterelativismus, welcher im Sinne
einer Multikulturstrategie, andere Kulturen sowohl anerkennt und bestehen lässt, bzw. im
Sinne einer Mischkulturstrategie diese Elemente sogar synergetisch aufnimmt.

Geert Hofstede hat als Vertreter der Culture-Bound-Theory dabei als erster (1967–1973)
unter Zugrundelegung einer empirischen Studie mit 117 000 IBM-Mitarbeitern in 67 Ländern grundlegende kulturelle Unterschiede erforscht und daraus fünf Kulturdimensionen
zusammengefasst und definiert, nämlich 1) Individualism vs. Collectivism (IDV), 2) Mascu-
linity vs. Femininity (MAS), 3) Power Distance Index (PDI), 4) Uncertainty Avoidance
Index (UAI) sowie 5) Long-Term-Orientation (LTO) vs. Short-Term-Orientation. Wir wollen uns zunächst die Bedeutungen, die Geert Hofstede diesen Begriffen zuordnete, näher
ansehen.

Individualismus
Frank Sinatra's Song „I dit it my way" drückt sehr gut das amerikanische Bedürfnis nach
Unabhängigkeit, Freiheit und Individualismus aus, und es muss nicht verwundern, wenn
Amerika die weltweit höchsten Werte im Kulturdimensionsindex Individualismus erzielt.
Gemeint ist damit sowohl hohe Arbeitsmobilität, eine hohe Ich-Zentrierung und eine Präfe-
renz für Individualentscheidungen. Hofstede konnte eine positive Korrelation zwischen dem
Wohlstand eines Landes und seinem Individualismusindex ausmachen, ärmere Länder sind
demnach deutlich weniger individualistisch orientiert als reichere.

---

[12]   P.W. Dorfman, R. House, Cultural Influences on Organizational Leadership, in: House, 2004, 53
[13]   Vgl. F.C. Brodbeck et al., 2002 und 2008

Kollektivismus

Viele Jahre war am Bahnhof Shinjuku in Tokio (der größte Bahnhof der Welt) auf Schildern der Appell zu lesen, bitte nicht während der Hauptverkehrszeiten Selbstmord auf den Gleisen zu begehen. Was in einer westlichen, individualistischen Kultur nur Verständnislosigkeit hervorruft, kann in einer stark kollektivistischen Kultur wie Japan als Gemeinschaftssinn große Geltung auch in größten Konflikt- oder Notsituationen behalten.

Kollektive Orientierung bedeutet z.B. im Berufsleben, das eigene Unternehmen als Familie zu verstehen, das man nicht bei erstbester Gelegenheit zu Gunsten eines anderen, vielleicht besseren Angebots wieder verlässt. Management by Objectives muss sich an Teamzielen orientieren, persönlicher Wettbewerb zwischen den Mitarbeitern („Mitarbeiter des Monats") kann aus einer individualistischen Kultur nicht einfach übertragen werden. In kollektivistischen Gesellschaften ist es eher wahrscheinlich, dass Söhne beruflich in die Fußstapfen ihrer Väter treten, als in individualistischen.[14]

Maskulinität

Werte wie Selbstbehauptung, Ehrgeiz, materieller Erfolg oder individuelle Leistungsorientierung im Wettbewerb zu anderen definiert Hofstede als männliche Werte. Schneller – höher – weiter – maskuline Kulturwerte, die Hofstede sowohl äquatornahen Ländern, als auch tendenziell katholischer Bevölkerung im Gegensatz zu protestantischen Ländern, zuordnet. Romanische Länder wie Frankreich oder Belgien und ebenso nordische Länder wie Dänemark, Norwegen oder Schweden haben dabei einen niedrigeren Maskulinitäts-Index, als etwa angloamerikanische oder deutschsprachige Länder. Typisch für maskuline Kultur ist demnach auch die sich nivellierende Trennung zwischen hoher Karriereorientierung und Privatsphäre, Arbeit und Freizeit werden kaum noch getrennt.

Femininität

Als feminin bezeichnet sich hingegen ein Work-Life-Balance-Ansatz, welcher gerade im Verzicht auf Wettbewerb, Stress und hohes Lebenstempo sowohl auf innere Ausgeglichenheit als auch auf Ausgeglichenheit zwischen beruflichen Anforderungen und Familie bzw. allgemeiner Lebensqualität Wert legt. Im Arbeitsumfeld wird dies mit tendenziell angenehmem Umgang zwischen den Hierarchien, beruflicher Sicherheit und einem Fokus auf sozialen Kontakten einhergehen. Während in einer maskulinen Gesellschaft die Arbeitsmoral lautet „Lebe um zu arbeiten", ist es in einer feministischen Gesellschaft dagegen eher „Arbeite um zu Leben."[15]

Machtdistanz

Starke Machtdistanz einer Kultur spiegelt sich in einer starken Unternehmenshierarchie wider und auch hier konnte Hofstede eine positive Korrelation der Machtabstandstoleranz für südliche Länder sowie Bevölkerungsdichte ausmachen, sowie eine negative Korrelation zum Wohlstand eines Landes. Belgien und Frankreich (siehe Abb. Vergleich Culturescores) bilden hier aber eine Ausnahme. Flache Hierarchien und flexible Organisations- oder auch Projektstrukturen werden demgemäß in Unternehmenskulturen mit niedrigem Machtdistanzindex möglich.

---

[14]   Vgl. G. Hofstede, 2006, 133
[15]   G. Hofstede, 2006, 197

Unsicherheitsvermeidung
Unsicherheitsvermeidung ist zwar als anthropologische Grundkonstante menschlichen Lebens überall auffindbar, der Grad der zugelassenen Grundangst, die mit Unsicherheit evolutionär einhergeht, ist dagegen, insbesondere abhängig von der politischen Historie eines Landes, sehr unterschiedlich. So zeigen junge Demokratien wie Deutschland oder Österreich eine stärkere Unsicherheitsvermeidungstendenz als etabliertere wie England oder die USA. In einem Unternehmen wird eine Tendenz zur Unsicherheitsvermeidung üblicherweise zu einem starken Maß an Struktur und Standardisierung führen. Ein hoher Unsicherheitsvermeidungs-Index wird im Management zu einem Fokus auf operative Arbeit führen, während strategisches Management eine höhere Risikobereitschaft voraussetzt.[16]

Kurzzeitorientierung
Kurzzeitorientierung ist nutzen- und ergebnisorientiert und dementsprechend gegenwartsbezogen oder auch in die Vergangenheit gerichtet und traditionsgebunden. Eine Kurzzeitorientierung wird sich sowohl in den meisten europäischen Ländern sowie den USA finden und neigt zur Anerkennung eines starken Individuums, Toleranz für schnelle Bedürfnisbefriedigung, sowie Konsum mit Wettbewerbs- und Trendelementen (angesagte Güter, Mithalten mit dem sozialen Umfeld).

Langzeitorientierung
Langfristige Unternehmensziele und auch langfristige Nutzenerwartungen charakterisieren die Langzeitorientierung. Dementsprechend werden Sparsamkeit, Beharrlichkeit, Hartnäckigkeit sowie Unterordnung unter Zwecke und Ziele geschätzt, und der Blick ist zukunftsgerichtet. Da dies insbesondere Werte aus der konfuzianischen Philosophie sind, wurde diese Dimension auch als „konfuzianische Arbeitsdynamik" bezeichnet[17] welche heute in den verschiedensten asiatischen Kulturen wie China, Japan oder Südkorea eine Rolle spielt. Im Folgenden soll eine Liste ausgewählter Länder noch einmal einen Überblick über die in Geert Hofstedes Studie erreichten Scores geben.

Land	IND	MAS	UAI	PDI	LTO
Australien	90	61	51	36	31
Deutschland	67	66	65	35	31
Frankreich	71	43	86	68	-
Italien	76	70	75	50	-
Japan	46	95	92	54	80
Niederlande	80	14	53	38	44
Österreich	55	79	70	11	-
Schweden	71	5	29	31	33
Schweiz	68	70	58	34	-
Südafrika	65	63	49	49	-
USA	91	62	46	40	29

Abb. 6–8: Übersicht Culturescores ausgewählter Länder

[16] G. Hofstede, 2006, 255
[17] G. Hofstede (nach Michael Bond), 2006, 292

Die Aussagen von Hofstedes Culturescores lassen sich nun direkt für Management nutzbar machen. So lassen sich Sinn und Grad der Anwendung einer Managementtechnik wie MbO etwa für individualistische Kulturen als individuelle Zielvereinbarungen ableiten, während es mit zunehmendem Kollektivismus Sinn macht, hier Gruppenzielvereinbarungen zu schließen.

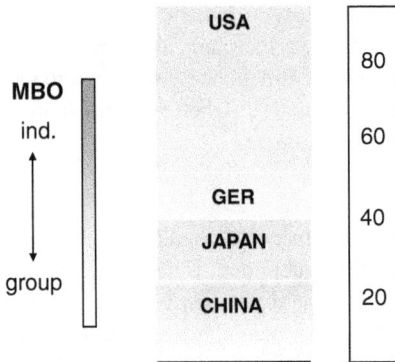

Abb. 6–9:   Dimensionscores Individualism

Auch hinsichtlich des adäquaten Führungsstils lassen sich beispielsweise graduell die Passung tendenziell autoritärer Führungsstile in Ländern mit hohem Machtdistanz-Index bzw. partizipativer oder kooperativer Führung in Unternehmenskulturen niedriger Hierarchie ableiten.

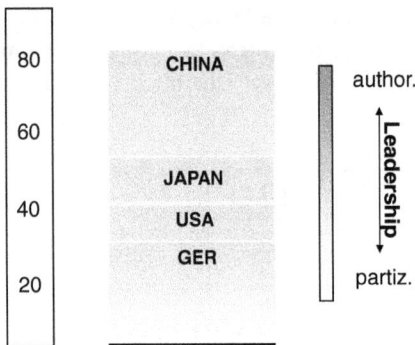

Abb. 6–10:   Dimension-Scores Power Distance

Es zeigt sich in Hofstedes Vergleich der Index-Scores, dass regional nahe zueinander liegende Länder in ihren Kulturdimensionen nicht immer ähnlicher liegen, als regional entfernte. So liegt Deutschland beispielsweise hinsichtlich der vorherrschenden Hierarchiestruktur USA näher als seinem europäischen Nachbar Frankreich, der sich durch starke Machtdistanz auszeichnet.

Obwohl Frankreich und Österreich beispielsweise beide ausgeprägte Individualismus-Indices aufweisen, korreliert damit in Österreich eine Kultur mit geringer Machtdistanz während Frankreich einen hohen Machtdistanz-Index aufweist. Hofstede bezeichnet Franzosen deswegen als „abhängige Individualisten".

Die Passung unterschiedlicher Kulturen insbesondere Unternehmenskultur auf Landeskultur kann sehr gut mit Hilfe von Radar-Charts visualisiert werden. Dadurch kann ein Unternehmen vor jedem Internationalisierungsschritt antizipieren, wo der Landeskulturkorridor verlassen wird und damit mit hoher Wahrscheinlichkeit Schwierigkeiten eintreten werden.

In der Visualisierung des Kultur-Charts sehen wir potenzielle Konflikte zwischen der französischen Muttergesellschaft und der dänischen Tochtergesellschaft. Eine von Frankreich nach Dänemark entsandte Führungskraft wird höchstwahrscheinlich aufgrund des vorhandenen PDI-Deltas mit ihrem autoritärem Führungsstil die partizipative, kooperative Führung gewohnten Dänen verärgern, und vielleicht auch mit der Tendenz zu standardisierten, bürokratischen Regeln und Standards auffallen, aufgrund des UAI-Deltas. Sollte eine Führungskraft auf die kulturellen Unterschiede nicht hingewiesen werden, so könnte das Scheitern der Führungskraft aufgrund ihrer Wirkung auf die dänischen Mitarbeiter als „autoritärer", „entscheidungsunfreudiger Bürokrat", bereits abzusehen sein.

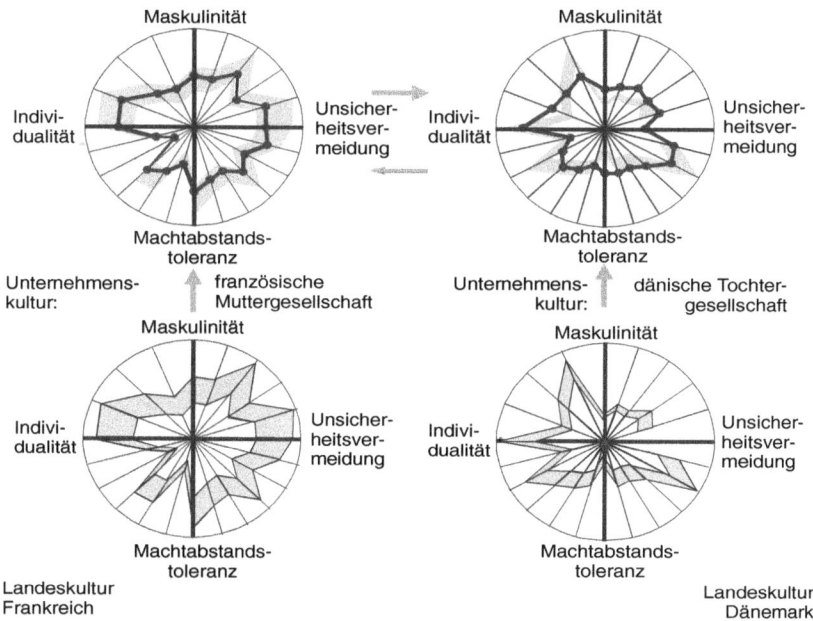

Abb. 6–11:   Culturecharting[18]

Die Studien von Hofstede waren der erste umfassende Ansatz in der interkulturellen Forschung, schon allein aufgrund der umfassenden empirischen Datenmenge. Dabei kann man sich fragen, ob die fünf dargelegten Kulturdimensionen ausreichend sind, eine Frage die sich Hofstede allerdings selbst schon stellte.

Ende der 1960er Jahre durchgeführt, hat die Studie heute an Relevanz verloren. Die Beschränkung auf die IBM Unternehmenskultur und die damit einhergehende Branchen- und auch Schichtkultur der Befragten sowie die an einer westlichen Kultur orientierte Fragestellung bilden auch die Kritik, die in der interkulturellen Forschung über die Jahre laut wurde.

---

[18]   Aus C. Scholz, 2000, 843

Insgesamt zeigten sich aber bis heute nicht nur die grundsätzlichen Behauptungen Hofstedes als relativ zutreffend, sondern sie korrelierten auch mit anderen, später und unabhängig durchgeführten, Studien.

Hofstedes Kulturkonzept erfuhr bis heute immer wieder eine Erweiterung und Ergänzung. Eine Dimension, die Hofstede beispielsweise nicht angelegt hatte, betrifft das Verständnis von bzw. den Umgang mit Zeit, eine Dimension die beispielsweise Robert Levine, amerikanischer Zeitforscher und Psychologieprofessor an der California State University, untersucht hat, indem er unter anderem die Schrittgeschwindigkeit in verschiedenen Teilen der Welt verglichen hat, um daraus das kulturelle Lebenstempo abzuleiten.

6.3.2   Robert Levine (*1945)

Robert Levine konnte in seinen Untersuchungen auch die bereits von Hofstede und später Trompenaars bestätigte Korrelation von Individualismus und höherem Wohlstand zusätzlich noch um die Beobachtung schnelleren Lebenstempos erweitern.[19] Das liege daran, dass individualistisches Denken Zeitdruck fördere und dies wiederum eine produktive Wirtschaft begünstige, was mittelfristig den Lebensstandard und die Zufriedenheit erhöhe.

Deshalb seien im Großen und Ganzen Menschen in individualistischen Kulturen mit schnellerem Lebenstempo auch glücklicher. Individualistische Kulturen legten mehr Wert auf Leistung als auf Zusammenhalt.[20] Auch die Auffassung, wonach Liebe einer Heirat vorangehen sollte, unterscheide individualistische von kollektivistischen Kulturen.[21]

Inzwischen gibt es in der Forschung einige Zweifel, ob des konstatierten Zusammenhangs zwischen Individualismus und Wohlstand, sowie, ob das eine das andere bedinge, oder umgekehrt. Bhawuk, Bechthold und Munusami postulieren dagegen sogar eine Korrelation zwischen Kollektivismus und nationalem Wohlstand. Wir müssen zum jetzigen Zeitpunkt der Forschung davon ausgehen, dass sich keine einfache Korrelation zwischen Individualismus respektive Kollektivismus und ökonomischem Wohlstand herstellen lässt.[22]

Interessanterweise stellt Levine sogar eine Beziehung zwischen innerem Zeitgefühl und Außentemperatur her, wonach Menschen, die in wärmeren Regionen lebten, nach einer langsamer ablaufenden inneren Uhr lebten. Als Analogie gelte auch bei hohem Fieber unser Eindruck von Zeit als länger dauernd, als er wirklich sei.[23] Auch ließe sich zeigen, dass Prozesse, welche sich in der rechten Hirnhälfte abspielen, wie Musik, Malen, Emotion, schwer in der Zeitdauer einzuschätzen sind.

In Anklang an das Flow-Konzept des amerikanischen Psychologieprofessors Mihaly Csikzentmihalyi, sei es in diesem Bewusstseinszustand, in dem man völlig in der gerade ausgeführten Tätigkeit aufgeht, charakteristisch, dass die Zeit keine sinnvolle, qualitative Entspre-

---

[19]   R. Levine, 1992

[20]   R. Levine, 1997, 211

[21]   R. Levine, 1995, 554–571

[22]   Vgl. D.P.S. Bhawuk, D.J. Bechthold, V. Munusami, Culture and economic Success: Is individualism the only way?, 2003, ebenso S. H. Schwartz, Beyond Individualism and Collectivism; New cultural dimensions of values, in: Kim/Traindis/Kagitcibasi/Choi/Yoon (Eds.) Individualism and collectivism: Theory, method and applications, 85–122, Newbury Park, CA, Sage, 1994, vgl. auch M.Gelfand, D.P.S. Bhawuk, L.H. Nishii, D.J. Bechtohold, Individualism and Collectivism, House, 2004, 437

[23]   Ibid., 60

chung für die Flow-Erfahrung mehr habe. Mit anderen Worten: Versunken, konzentriert und völlig absorbiert vom Jetzt verliere sich im Flow das Gefühl für die Zeit.

Unabhängig der ebenso vorhandenen individuellen genetischen Veranlagung für Tempounterschiede ließen sich im kulturellen Makrokosmos der arabischen Welt nur drei Zeitzustände ausmachen, „keine Zeit", „jetzt" und „ewig", was die Missverständnisse bei Geschäftsterminen mit westlichen Kulturen leicht erkläre. Wenn ein Araber nach westlicher Zeit eine halbe Stunde zu spät komme, komme er nach eigenem Verständnis lediglich vielleicht zehn Minuten zu spät. Man sollte 30 Minuten oder länger auf ihn warten, sonst fühle ER sich gekränkt.[24]

In Japan sei es beispielsweise wichtig, bei der Arbeit schnell zu sein, was auch heißt, sich schnell zu bewegen, ob die Arbeit dies erfordere oder nicht. Obwohl die Arbeitsbelastung hoch sei, wäre aber bei den Japanern kein hoher Druck zu verspüren, was wohl auch daran liege, dass der Arbeitsalltag lang, aber nicht rein auf Produktivität ausgerichtet sei, sondern z.B. Arbeitskollegen üblicherweise auch zum Freundeskreis zählen.

Und ebenso im Gegensatz zur westlichen Welt glaubten Japaner, dass Erwünschtes komme, wenn sie sich zurückhielten, während in der westlichen Welt die aktive Bitte und der explizite Ausspruch zum individuellen Leistungsgedanken zähle, ein Gedanke, welcher der Feststellung Fons Trompenaars mit seinem Gegensatzpaar Leistung vs. Herkunft ähnelt (s.u.).

In Ländern wie Brasilien oder Iran seien die Gefühle der Menschen und die soziale Verpflichtung wichtiger, als korrekte Informationsvermittlung. So gebe man Informationen oder Zusagen, auch wenn man weder das Wissen, noch die Macht dazu habe, um das Gesicht nicht zu verlieren.

Auch der amerikanische Anthropologe Edward Hall (*1914) hat, ungefähr zeitgleich mit Geert Hofstedes Studien Ende der 1960er Jahre, ebenfalls den Umgang verschiedener Kulturen mit Zeit in die Polaritäten monochron („Time is money") bzw. polychron („Jam karet" = balinesisch „Gummizeit") unterschieden.

6.3.3   Edward Hall

Hall unterscheidet monochrone Kulturen, die Pünktlichkeit, Zeitplanung und Linearität schätzen, von polychronen Kulturen, welche flexibel mit Zeit umgehen bzw. die Zeit dem Umgang miteinander unterordnen. In polychronen Kulturen würden nicht lineare, sukzessive Prozesse angenommen, sondern parallele, gleichzeitige. Dementsprechend würden Aufgaben nicht unbedingt sukzessive abgearbeitet, sondern die Arbeitsprozesse flössen ineinander, es wird mit Zeit „jongliert".

Die Auffassung von Zeit kann sich auch auf den Arbeits- und Lebensrhythmus auswirken. Monochrone, westliche, individualistische Kulturen tendierten demnach zu dynamischen Bewegungen, großen Schritten, bewegten Armen[25], während polychrone Kulturen sich eher in langsamer, fließender Körpersprache ausdrückten. Diese Charakterisierungen hingen dabei auch mit dem spezifischen regionalen Lebenstempo zusammen.

Hall stellt zusätzlich eine Konkordanz von polychronem und kontextabhängigem kulturellem Verständnis her. Hinsichtlich der Kommunikation, an der er alle Kulturen vergleicht, unterscheidet er kontextgebundene und kontextunabhängige Kulturen.

---

[24]   R. Levine, 1997, 253
[25]   Vgl. S. Molcho, 1988, 178

Tendenziell kontextgebundene Kulturen, zu denen Hall arabische Nationen, China, Japan, Korea oder auch mediterrane Völker zählt, benutzten in hohem Maße nonverbale Kommunikation, also Mimik, Gestik und Körpersprache.

In tendenziell kontextunabhängigen Kulturen wie USA, Deutschland oder Schweiz liege ein Schwerpunkt auf den Kommunikationsinhalten und Kommunikation sei demnach explizit, direkt und eindeutig ausgerichtet, und damit typisch für individualistische Kulturen. „Ja" meint „Ja" und „Nein" meint „Nein".

Neben Zeit und Kontext wies Hall vor allem noch auf die kulturellen Unterschiede im Empfinden räumlicher Distanz hin (Proxemik). Nordeuropäer beispielsweise haben üblicherweise größere Distanzzonen als etwa Südeuropäer.

Neben Hofstede, Levine und Hall wollen wir noch die interkulturelle Forschung Fons Trompenaars (*1952), einen Schüler Geert Hofstedes, kurz ausführen.

6.3.4   Fons Trompenaars

Trompenaars stützt seine Untersuchungen, ebenfalls wie Hofstede, auf eine empirische Studie, wobei 46 000 Manager aus verschiedenen Unternehmen in 50 Ländern zwischen den 1980er und den 1990er Jahren befragt wurden. Trompenaars ermittelte sieben Gegensatzdimensionen, 1) Universalismus vs. Partikularismus, 2) Neutralität vs. Emotionalität, 3) Individualismus vs. Kollektivismus, 4) Spezifität vs. Diffusheit, 5) Leistung vs. Herkunft, 6) Umgang mit der Zeit und schließlich 7) Umgang mit der Umwelt[26], wobei Trompenaars, anders als Hofstede, keine Gesamtwerte (Scores) für die einzelnen Dimensionen angibt.

1) Universalismus beschreibt die generelle Reichweite, Wirkung und Geltung von Regelungen einer Gesellschaft, während Partikularismus spezifische Situationen und individuelle Ausnahmen der herrschenden Gesetzmäßigkeiten zulässt. Mit universalistischer Kultur geht höchstwahrscheinlich ein höherer Standardisierungsgrad, beispielsweise in amerikanischen Unternehmen, einher und partikularistische Kulturen setzen einen stärkeren Fokus auf persönliche Beziehungen, als auf abstrakte Regelungen, wie sich etwa anhand von Geschäftsbeziehungen mit asiatischen Ländern zeigt.

2) Neutralität beschreibt einen niedrigen Grad an ausgedrücktem Gefühl oder auch einen geringeren Grad an geäußerter Gestik, Mimik oder auch moderater Sprachlautstärke. Gegen diese diszipliniert wirkende Kulturausprägung wirkt Emotionalität impulsiv und mehr menschen- als sachbezogen.

3) Ähnlich zeigt das Gegensatzpaar Spezifität vs. Diffusheit emotionale Kontrolle, klare, nüchterne Sprache sofern eine Kultur als „spezifisch" charakterisiert wird, während leidenschaftliche und verzierte Ausdrucksformen eine diffus geprägte Kultur beschreiben. Spezifität bedeutet darüber hinaus, wie stark private, innere Lebensbereiche von äußeren getrennt werden, eine Trennung, die Asiaten beispielsweise gemäß ihrer Tendenz zur Diffusheit weniger vornehmen, als etwa Amerikaner, Kanadier oder Schweizer.

Spezifisch orientierte Kulturen beginnen etwa bei Verhandlungen mit der Sache im Kern und kommen gegebenenfalls später auf private Bereiche zu sprechen („Peach"-Modell), während diffus orientierte Kulturen vice versa erst bereit sind Geschäftsthemen anzugehen, wenn ein zwischenmenschliches Fundament entstanden ist („Coconut"-Modell). In diffus orientierten

---

[26]   Trompenaars, Riding the Waves of Culture, 1993

Kulturen lässt sich die Person von der Sache nicht trennen und so kann sachliche Kritik nicht von Kritik an der Person unterschieden werden. Deshalb wird in Asien Kritik diskret vorgetragen, um die Ehre des anderen nicht zu verletzen und um Gesichtsverlust zu vermeiden. Spezifische Kulturen verhandeln konzentriert an der Sache, die Person steht nicht im Mittelpunkt, persönliche Kontakte entstehen gegebenenfalls erst nach dem Geschäftsabschluss.

Abb. 6–12: Peach and Coconut[27]

4) Die Differenzierung zwischen Individualismus und Kollektivismus folgt im Wesentlichen der Hofstedes, die Korrelation dort zwischen Individualismus und wirtschaftlichem Erfolg spiegelt sich in Trompenaars Korrelat von marktwirtschaftlich orientierten Ländern und Individualismus wider.

5) Die Dimensionspolarität Leistung vs. Herkunft beschreibt die Genese des Status einer Person, im Falle der Leistung individuell erworben und im Falle der Herkunft durch Gruppenzugehörigkeit, Verwandtschaft, Abstammung oder auch ethnischer Faktoren oder Religion zugeschrieben. Während sich die amerikanische Leistungsorientierung, etwa durch die Legende des Tellerwäschers, der sich zum Millionär hocharbeitet, versinnbildlicht, werden etwa in herkunftsorientierten Kulturen (akademische) Titel eine auffällig große Beachtung finden, wie etwa in Österreich oder auch Russland.

6) Der Umgang mit der Umwelt bedeutet bei Trompenaars der Grad an Steuerbarkeit und Kontrollierbarkeit der Natur, den eine Person annimmt, also im Extrem Unterwerfung der Natur oder Unterwerfung unter die Natur, und damit Schicksalshörigkeit. Hiervon wird auch abhängen, wie viel Gewicht man dem Zufall oder Glück im Leben einräumen möchte, eine Ähnlichkeit zum Dimensionspaar Leistung vs. Herkunft. Es ist einleuchtend, dass individualistisch orientierte Kulturen wie die USA mit einer Ausprägung der Leistungsdimensionalität ebenso im Umgang mit der Natur einen starken Fokus auf die persönlichen Möglichkeiten setzen, während asiatische Kulturen mit ihrer kollektivistischen Herkunftsorientierung auch in Bezug auf die Umwelt zu einer Unterordnung der Person unter die Umwelt tendieren.

7) Der Umgang mit Zeit schließlich, Trompenaars siebte Dimension, bezieht sich ähnlich dem Konzept von Hall, auf die Unterschiede bezüglich Lebenstempo, und -rhythmus oder auch der Forderung auch Pünktlichkeit. Hall unterscheidet dabei „sequentielle" und „synchrone" Orientierung, was dem Begriffspaar „monochron" bzw. „polychron" bei Hall entspricht.

Die ausgewählten Beiträge von Hofstede, Levine, Hall und Trompenaars sind heute grundlegend für die interkulturelle Forschung, auch wenn offen bleibt, ob die jeweils angeführten Dimensionen sowohl in ihrer Ausprägung, als auch von ihrem Umfang her schon hinreichend sind, um die Komplexität kultureller Verschiedenheit zu beschreiben.

---

[27] Angelehnt an H.P. Rentzsch, 1999, 54

Blickt man im interkulturellen Management nun speziell auf den Bereich der Personalführung, so zeigt das Modell von Evans, Lank und Farquhar[28] die kulturell unterschiedlichen Karrierewege von Führungskräften bis an die Unternehmensspitze. Das Modell unterscheidet dabei japanische, deutsche, romanische und englisch-niederländische Laufbahnmodelle im Management.

6.4   Kulturspezifische Entwicklungsmodelle

Im japanischen Modell werden Nachwuchsführungskräfte aus den Besten des Jahrgangs ausgewählt. Im Sinne einer Long Term Orientation werden Karrieren auch langfristig geplant. In vielen Jahren der Test- und Sozialisierungsphase werden intensive Trainings- und Betreuungsprogramme in kurzen Abständen durchgeführt. Nach regelmäßigen Leistungsbeurteilungen in kurzen Abständen, welcher der kulturellen Uncertainty Avoidance entsprechen, folgt intensiver Wettbewerb, welcher nach weiteren Jahren der Bewährung darüber bestimmt, ob ein Manager innerhalb eines Unternehmens reüssiert oder seine Karriere außerhalb fortsetzen sollte („Up or Out").[29]

Im romanischen Modell werden Führungskräfte direkt aus den Eliteschulen rekrutiert, wie etwa in Frankreich üblich. In der Potenzialentwicklungsphase sind politische Gegebenheiten und soziales Netzwerk, ebenso wie erfolgreiches Selbstmarketing Erfolgsfaktoren für den beruflichen Aufstieg, wobei keine eindeutige Systematik wie im japanischen Entwicklungsmodell zu erkennen ist.

Im deutschen Modell wird in der Identifikationsphase zunächst aus horizontalem Job-Enrichment (Modell „Trainee"-Programm) ein breites Fachwissen in mehreren Funktionsbereichen angelegt, um die jeweiligen Potenziale zu ermitteln, der Aufstieg in der Potenzialentwicklungsphase erfolgt aufgrund von Expertenwissen und -erfolgen heraus.

Im englisch-niederländischen Modell schließlich erfolgt die Identifikationsphase generalistisch, als ohne Berücksichtigung spezieller Eliten. Die Testphase ist beispielsweise gekennzeichnet durch Assessment Center oder Erfahrungswerte, welche insbesondere für die angelsächsische empirische Tradition kennzeichnend sind.

6.5   Die GLOBE-Studie

In neuerer Zeit verdient vor allem die ursprünglich von Robert House konzipierte „Globe Study of 62 Societies" (GLOBE ist ein Akronym für „Global Leadership and Organizational Behavior Effectiveness" Research Program) Beachtung, ein Forschungsprojekt, das e Jahre lang (beginnend 1993) aus 951 Unternehmen in 62 Ländern unter Beteiligung von 170 Wissenschaftlern und 17 000 Befragten neun Dimensionen zu Organisationskulturen und Führungsstilen ermittelte.

---

[28]   Nach P. Evans, E. Lank, A. Farquhar, Managing Human Resources in the international Firms, London, Macmillan, 1989, aus: C. Scholz, 2000, 537, modifiziert

[29]   Vgl. C. Scholz, 2000, 537

6.5.1   Neun Kulturdimensionen

Als Kulturdimensionen werden zunächst die zwei sowohl aus Hofstedes und Trompenaars Untersuchungen bekannten (1) Uncertainty Avoidance (Unsicherheitsvermeidung) und (2) Power Distance (Machtdistanz) angeführt, die wir deswegen nicht mehr ausführen. Die Dimensionen Individualism and Collectivism werden bei Globe nochmals unterschieden in (3) Institutional- und (4) In-Group-Collectivism. Weiter werden (5) Cross-Cultural Differences in Gender Egalitarianism (Gleichberechtigung der Geschlechter), (6) Assertiveness (Bestimmtheit), (7) Future Orientation (Zukunftsorientierung), (8) Performance Orientation (Leistungs-) und (9) Humane Orientation (Sozialorientierung) eingeführt. Erstaunlicherweise wird der Umgang mit Zeit nicht angeführt.

Gruppenkollektivismus beschreibt dabei die Loyalität gegenüber Familie und Unternehmen, während institutioneller Kollektivismus den Grad an sozialer Beteiligung oder die Verteilung von Ressourcen hinsichtlich Förderung und Belohnung beschreibt:

> "In-Group Collectivism is the degree to which individuals express pride, loyalty, and cohesiveness in their organizations or families ... Institutional Collectivism is the degree to which organizational and societal institutional practices encourage and reward collective distribution of resources and collective action."[30]

Auf der Basis von Geert Hofstedes Dimension der Maskulinität entwickelt GLOBE die zwei Dimensionen Gender Egalitarianism und Assertiveness:

> "Gender Egalitarianism is the degree to which an organization or a society minimizes gender role differences while promoting gender equality. Assertiveness is the degree to which individuals in organizations or societies are assertive, confrontational, and aggressive in social relationships."[31]

Mit der Erweiterung auf diese beiden Dimensionen wollen die Autoren Interpretationsschwierigkeiten, die bei Hofstedes Untersuchungen zur Maskulinität, festzustellen waren, vermeiden. Es zeigte sich in den Untersuchungen zwar eine signifikante Korrelation zwischen Hofstedes Masculinity-Index mit GLOBE's Assertiveness Practices Scale, jedoch nicht mit der Value Scale. Auch differenziert GLOBE beispielsweise zwischen Geschlechterungleichheit und Erfolgsstreben, eine Differenzierung, die im Maskulinitäts-Index von Hofstede nicht erfasst wird.[32]

Future Orientation ist schließlich eine Dimension, welche Hofstedes späterer „Langzeitorientierung" laut den Autoren nur marginal entspricht und sich ursprünglich aus der „Past, Present and Future Orientation" von Kluckhohn und Strodtbeck[33] ableitet, als

---

[30]   R. House, J. Mansour, Overview of Globe, in House, 2004, 12

[31]   Ibid.

[32]   Deanne N. Den Hartog, Assertiveness, House, 2004, 431

[33]   F.R. Kluckhohn, F.L. Strodtbeck, Variations in value orientations, 1961

"… degree, to which individuals in organizations or societies engage in future-oriented behaviors such as planning, investing in the future, and delaying individual or collective gratification."

Auch Humane Orientation leiteten die Autoren aus Kluckhohn und Strodtbecks Dimension Human Nature, sowie den Arbeiten von Putnam und McClelland ab und sie versteht sich als der Grad „to which organization or society encourages and rewards group members for performance improvement and excellence."[34]

Performance Orientation schließlich wird definiert als der Grad, zu dem Unternehmen oder Gesellschaft „encourages and rewards group members for performance improvement and excellence"[35], welche die Autoren aus dem Konstrukt „Need for Achievement" von McClelland ableiten.[36]

Wie bei Hofstedes Arbeit wurden im Globe-Projekt die Werte der Kulturdimensionen quantitativ visualisiert, zusätzlich in zehn Societal Cluster konglomeriert und sowohl in kulturelle „practices" (the way things are) als auch in Ideale der vorhandenen „values" (the way things should be[37]) unterschieden.

Das GLOBE-Projekt wollte vier Hypothesen überprüfen:

(1) "The societal system has a significant effect on organizational cultural practices"

(2) "The industrial sector has a significant main effect on organizational cultural practices"

(3) "There is a significant industry sector-by-societal system interaction effect on organizational cultural practices"

(4) "The industry sector-by societal culture interaction effect on organizational culture practices will be a function of the isomorphic societal culture values"[38]

Während sich die erste Hypothese bestätigte, wonach soziale Systeme den stärksten Effekt auf alle neun Kulturdimensionen haben, konnte der Industrie nur ein sehr schwacher Einfluss nachgewiesen werden und damit Hypothese (2) nicht bestätigen.[39] Interessanterweise konnte Hypothese (3) teilweise bestätigt werden, bezogen auf 4 aus 9 Dimensionen, nämlich Assertiveness, Gender Egalitarianism, Power Distance und Uncertainty Avoidance, ebenso Hypothese (4), allerdings ohne Power Distance, der keine Signifikanz nachgewiesen werden konnte. In Summe ließ sich so jedoch zeigen,

---

[34] R. House, J. Mansour, Overview of Globe, in House, 2004, 13

[35] Ibid.

[36] D.C. McClelland, The achieving cociety, Princeton, NJ, Van Nostrand, 1961

[37] M. Mansour, R. House, P.W. Dorfman, A nontechnical summary of GLOBE findings in House, 2004, 29

[38] F.C. Brodbeck, P.H. Hanges, M.W. Dickson, V. Gupta, P.W. Dorfman, Societal Culture and Industrial Sector Influences on Organizational Culture, House, 2004, 658

[39] Ibid., 661

"that societal system has the most significant and strongest effects on all organizational culture dimensions measured, whereas industry only weakly influences some of the measured aspects of organizational cultures across all societies."[40]

Auch Hofstedes Untersuchung hatte den starken kulturellen Einfluss des Landes auf die Organisation bereits deutlich gemacht, obwohl er dafür kritisiert worden war, seine Untersuchung ausschließlich innerhalb der IBM Unternehmenskultur durchgeführt zu haben. Andererseits kann dies auch gerade als Bestätigung des Primats der jeweiligen Landeskultur interpretiert werden.

Wenn man sich unsere Ausführungen zu Robert House in Kapitel 5 in Erinnerung ruft, so erstaunt es nicht, dass House mit der Globe-Studie ursprünglich die Generalisierbarkeit von „Charismatic Leadership" im Sinn hatte. House definiert dabei Charismatic/Value-based Leadership als

"visionary, inspirational, self-sacrificing, performance oriented"[41]

und behauptet sie als den meist erwünschten Führungsstil in den meisten Kulturen. House stützt sich dabei auch auf die Untersuchungen von B. M. Bass zur transformationalen Führung[42], welche dem Konzept charismatischer Führung sehr nahe steht. Demnach sind Führungspersonen zu differenzieren, die

„Gefolgschaft dadurch erreichen, dass sie Belohnungen ... gegen Leistungen der Geführten tauschen, die ihre Ziele erreichen helfen, von denen, denen es gelingt, durch eine wechselseitige Pflichtgemeinschaft mit dem Geführten Motivation und Moralität gegenseitig auf eine höhere Ebene zu bewegen."[43]

Erstere wird als transaktionale, letztere als transformationale Führung bezeichnet. Für House ist nun interessant, dass Bass' Untersuchungen transformationale Führung als nahezu kulturübergreifendes Modell ideeller Personalführung versteht:

"Although some fine tuning may be required, on all continents people's ideal leader is transformational, not transactional."[44]

Bass sieht dabei drei Komponenten der transformationalen Führung als nahezu universell:

"charisma, intellectual stimulation of followers, and individualized consideration toward followers."[45]

---

[40]   F.C. Brodbeck, P.H. Hanges, M.W. Dickson, V. Gupta, P.W. Dorfman, Societal Culture and Industrial Sector Influences on Organizational Culture, House, 2004, 667

[41]   H. Triandis, xix, in: House et. al., 2004

[42]   B.M. Bass, Does the transactional-transformational leadership paradigm transcend organizational and national boundaries?, 1997

[43]   Vgl. J. Weibler, 2001, 333

[44]   In: P.W. Dorfman, R.J. House, Cultural Influences on Organizational Leadership, House 2004, 65

Aufgrund dieser starken charismatischen Prägung transformationaler Führung ist sie auch der bereits geäußerten Kritik am charismatischen Führungsstil ausgeliefert, (z.B. Hemmung kritischen Denkens und Urteilens, fehlende Entwicklung eigener Werte, Nachfolgeproblematik usw.), wie bereits im vorangegangenen Kapitel angesprochen.[46] In der GLOBE Studie wird Leadership nun definiert als

"... the ability of an individual to influence, motivate, and enable others to contribute toward the effectiveness and success of the organizations of which they are members"[47]

obwohl House sich bewusst ist,

"there is no universal consensus on the definition of leadership."[48]

Die bei GLOBE nun untersuchten impliziten sechs Leadership-Dimensionen sind 1) „charismatic/value-based", 2) „team-oriented-", 3) „participative"-, 4) „autonomous-", 5) „humane-" und 6) „self-protective" Leadership:

6.5.2   Sechs Leadership-Dimensionen

1) Charismatic/Value-Based Leadership als die Fähigkeit, „to inspire, to motivate, and to expect high performance outcomes from others based on firmly held core values."

2) Team-Oriented Leadership „emphasizes effective team building and implementation of a common purpose or goal among team members."

3) Participative Leadership „reflects the degree to which managers involve others in making and implementing decisions."

4) Humane-Oriented Leadership „reflects supportive and considerate leadership but also includes compassion and generosity."

5) Autonomous Leadership „refers to independent and individualistic leadership attributes."

6) Self Protective Leadership „focuses on ensuring the safety and security of the individual and group through status enhancement and face saving."[49]

GLOBE verfolgte bezogen auf Leadership die Überprüfung von vier Thesen:

"Hypothesis 1: Two leadership characteristics – Charismatic/Value-Based leader behavior and leader integrity – will be universally perceived as leading to effective leadership.

---

[45]   Ibid.
[46]   Vgl. A. Brymann, Charisma and Leadership in Organizations, 1992, 174, s.a. J. Weibler, 2001, 336, C. Scholz, 2000, 957
[47]   R. House, J. Mansour, Overview of Globe, in House, 2004, 15
[48]   Ibid.
[49]   Alle Zitate aus: R. House, J. Mansour, Overview of Globe, in House, 2004, 14

Hypothesis 2a: Leadership CLT [Culturally endorsed Leadership Theory] profiles, which are in essence profiles of prototypical leader behaviors and attributes, can be developed for each societal culture. These indicate which aspects of leadership are perceived to contribute to or impede outstanding leadership within that culture.

Hypothesis 2b: Societal CLT profiles can be aggregated into culture cluster CLT profiles indicating which aspects of leadership (found in Hypothesis 2a) are perceived to contribute to outstanding leadership for societal clusters.

Hypothesis 3: There will be positive relationships between CLT dimensions and societal culture dimensions that are conceptually similar or clearly related on theoretical grounds.

Hypothesis 4: There will be positive relationships between organizational culture dimensions and CLT leadership dimensions that are conceptually similar or related on theoretical grounds."[50]

Die ermittelten kulturellen Einflussfaktoren beispielsweise für die Leadership-Dimension „charismatic/value-based" sind vor allem Performance Orientation, In-Group Collectivism und Gender Egalitarianism, jeweils spezifiziert für „Organizational Level" bzw. „Societal Level".[51]

Den untersuchten sechs Führungs-Dimensionen liegen 112 Submerkmale zugrunde. Davon wurden 20 Merkmale als eindeutig effektiv eingeordnet, insbesondere Merkmale wie hohe Leistungsorientierung, Vertrauenswürdigkeit, Ehrlichkeit, Gerechtigkeit, vorausschauendes Planen und Handeln, positives Denken, Tatkraft, Motivationsfähigkeit oder teamorientierte Führung.[52]

Dieser Befund stützt die Hypothese, dass es so etwas wie universelle Merkmale globaler Führung gibt und unterstreicht auch die Aussage, dass eine solche globale Führung eher menschenorientiert, denn geschäftsorientiert ist.[53] Dabei ist jedoch zu beachten, dass diese Führungsdimensionen, wie alle interkulturell ermittelten Dimensionen, relativ abstrakt gehalten und demnach nur innerhalb des jeweiligen kulturellen Kontextes verstehbar sind.[54]

Auch die individuellen Erwartungen über effektive Führung und Organisation werden in erster Linie durch Gesellschaftskultur und erst in zweiter Linie durch die Organisationskultur beeinflusst, wie das GLOBE-Projekt verdeutlicht.[55] Ebenso erhöht die Passung zwischen Eigenschaften und Verhalten der Führungsperson und den Erwartungen über Geführtwerden seitens der Mitarbeiter den Führungserfolg signifikant.[56] Bezüglich der Korrespondenz der landes- und organisationskulturellen Praktiken und Werte mit den Erwartungen, die an erfolgreiche Führungskräfte gestellt werden, zeigt sich vor allem bei den Dimensionen eine

---

[50] P.W. Dorfman, P.J. Hanges, F.C. Brodbeck, Leadership and Cultural Variation, The identification of culturally endorsed leadership profiles, House, 2004, 673ff.

[51] Ibid., 702

[52] F.C. Brodbeck, 2008, 2

[53] Ibid.

[54] F.C. Brodbeck, 2008

[55] F.C. Brodbeck, 2008

[56] R.G. Lord/K.J. Maher, 1991. Vgl. F.C. Brodbeck, 2008

erhebliche Streuung, hinsichtlich autoritätsorientierter und autonomieorientierter Führung sogar eine sehr große interkulturelle Streuung, insbesondere zwischen Europa und Asien.

Die Ergebnisse der GLOBE-Studie sprechen demnach in Summe dagegen, ein Leitbild des internationalen „Global Managers" zu verfolgen, wie wir es im Abschnitt über Unternehmenskulturen in diesem Kapitel beschrieben haben, da hier eine zu große Kulturheterogenität vorliegt. F. C. Brodbeck etwa spricht sich für ein Leitbild aus, das praxisgemäß am „Country Manager" orientiert ist, am Besten in Kombination mit Ländern, die hinsichtlich ihrer kulturellen Ausprägung nicht zu heterogen sind.[57]

Das GLOBE-Projekt ist seit Hofstedes und Trompenaars Arbeit die größte, durch eine Vielzahl an empirischen Daten gestützte Studie, welche Teilkulturen, Landes-, Unternehmens- als auch Branchenkultur getrennt voneinander erfasst und zusätzlich zwischen kulturellen Praktiken und Werten trennt. Hofstede hatte dies nicht getan, und über Verhaltensfragen versucht, Werte zu erschließen.[58]

Während bei Hofstedes Untersuchung beispielsweise auch kritisiert wurde, dass nur das IBM-Management in die Befragung miteinbezogen wurde, hat GLOBE einen Ansatz über 951 Unternehmen und drei Branchen, nämlich Finanzen, Lebensmittel und Telekommunikation".[59]

Auf der anderen Seite wurde bei GLOBE nur das mittlere Management berücksichtigt, was die Vergleichbarkeit erleichtert, jedoch die Repräsentativität beeinträchtigt. Der kritisierten Gleichsetzung von Kulturen und Ländern bei Hofstede versuchte GLOBE durch eine Aufspaltung von Ländern und Kulturen zu begegnen, was jedoch nur im Ansatz durchgehalten wurde (z.B. Trennung Ost- und Westdeutschland, deutsch- und französischsprachige Schweiz, weiße und schwarze Bevölkerung in Afrika) und für große Regionen wie Indien, China und USA fehlt.

House hat ursprünglich mit seinem Ansinnen, „to test the cross-cultural generalizability of charismatic leadership"[60] einen tendenziell culture-free ausgerichteten Ansatz verfolgt, den die Studie aber nur teilweise belegen konnte. Der hohe Einfluss der Landeskultur auf die Organisationskultur, sowie das Ergebnis der Abhängigkeit der Führungstheorie, sowohl von der Landes- als auch der Unternehmenskultur, bilden letztlich die Kernaussage der GLOBE-Ergebnisse.

Wir können uns ausgehend von den GLOBE-Ergebnissen auf unserem Weg in die Globalisierung fragen, wie weit dieser Prozess weiter voranschreitet und ob es nicht irgendwann zu einer globalen Egalisierung regionaler und kultureller Unterschiede kommen wird. Nach unserem heutigen Wissen ist eine homogene Globalkultur nicht wahrscheinlich, auch wenn anzunehmen ist, dass in den nächsten Jahren noch eine weitere Konvergenz vor allem zu amerikanischer, westeuropäischer und auch japanischer Kultur stattfinden wird.[61]

Auch mit der bereits vorhandenen Forschungsleistung auf dem Gebiet der interkulturellen Forschung bleiben noch viele Fragen offen. Unabhängig der inhaltlichen Heterogenität der von verschiedenen Forschern postulierten Kulturdimensionen sind beispielsweise Kriterien wie Interaktion und Dominanz noch unklar. Wenn Kulturen in Kontakt kommen, welche

---

[57] F.C. Brodbeck, 2008. Vgl. M. Mansour, R. House, P.W. Dorfman, A nontechnical summary of GLOBE findings in House, 2004, 52

[58] Vgl. Kutschker/Schmid, 2008, 730

[59] R.J. House, M. Javidan, Overview of Globe, House 2004, 20

[60] House, 2004, xxi

[61] Vgl. P.W. Dorfman, R.J. House, Cultural Influences on Organizational Leadership, House 2004, 54

überwiegt die andere? Sind alle Dimensionen gleichrangig zu betrachten oder sind manche wichtiger als andere usw.?[62]

Mit diesen Ausführungen wollen wir unseren Exkurs in das internationale, interkulturelle Management wieder verlassen. Auch die Globalisierung kann die Wurzeln jahrhundertealter nationaler kultureller Archetypen nicht auslöschen und das kann auch nicht das Ziel internationalen Managements sein. So müssen die kulturellen Verschiedenheiten erkannt und nutzbar gemacht werden und zumindest ideell erscheinen die Möglichkeiten, die eine mischkulturelle Internationalisierungsstrategie verspricht, sehr verlockend, auch wenn sich eine Umsetzung wohl als komplex und nur langfristig orientiert denken lässt.

Der italienische Astronom Galileo Galilei (1564–1642) relativierte das geozentrische Weltbild des Ptolemäus, indem er ebenso wie Kepler für die heliozentrische Sichtweise des Kopernikus eintrat, wonach die Erde nicht mehr als Mittelpunkt zu sehen war.

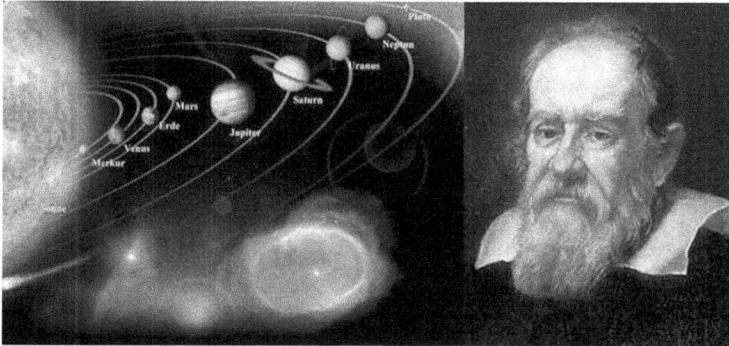

Auch der erfolgreiche kosmopolitische Manager muss sich der Relativität seiner eigenen Kultur bewusst werden, ein Prozess der überhaupt erst in Abgrenzung von anderen Kulturen möglich wird, wie wir aus Hegels Dialektik wissen.

> *The end of all our exploring*
> *Will be to arrive where we started.*
> *And know the place for the first time.*

T.S. Eliot, Four Quartets

---

[62] Vgl. M. Javidan/R. House/P. Dorfman/V. Gupta/P.J. Hanges/M. Sully de Luque, Conclusions and Future Directions, House, 2004, 723

7 Disziplinen der Systemtheorie

„Still wie der Aufstieg begann, endet der Abstieg. Der Tod wird sanft sein, nach so vielen Irrtümern, die keine waren, weil sie dem Programm entsprachen"

H. Risse[1]

7.1 Systemtheorie als interdisziplinärer Ansatz

Bevor wir uns überlegen können, wie wir die Systemtheorie für die Personalführung nutzbar machen, sollten wir zunächst definieren, was in unserem Zusammenhang mit „System" gemeint ist. Systemtheoretische Termini werden inzwischen in vielen Disziplinen verwendet und das durchaus vieldeutig.

Vielleicht beginnen wir damit, was der Begriff nicht bezeichnen soll: Systemtheorie als Ansatz, der im Sinne soziologischer oder umweltwissenschaftlicher Nomenklatur lediglich die Vernetztheit von Gruppen, Organisationen, biologischen Systemen etc. bezeichnen soll.

Vielmehr legen wir den Schwerpunkt auf das Verständnis von Menschen als biologischen Systemen mit (bis auf den Stoffwechselprozess) relativ geschlossenen Operationen. Diese Operationen hängen nur formal mit der Umwelt und den metabolischen Interaktionen zusammen, inhaltlich sind Systeme in ihren Zielen, Reaktionen und Interaktionen durch ihre Eigengesetzlichkeit bestimmt.

Um diesen Gedanken herzuleiten, werden wir interdisziplinären Aspekten der Systemtheorie nachgehen, um zu zeigen, dass unsere Anwendung in den Wirtschaftswissenschaften kein willkürlicher Ansatz ist.

Vielmehr ist es naheliegend, wenn etwa biologische und physikalische Systeme im systemtheoretischen Paradigma zu verstehen sind, auch entsprechende Folgerungen für die Personalführung zu ziehen. Wenn wir Menschen im Sinne des systemtheoretischen Ansatzes begreifen, dann müssen wir Personalführung dementsprechend anpassen und anders gestalten, als dies in der Vergangenheit der Fall war.

Wir werden vielleicht Abschied von der Vorstellung nehmen, dass es bestimmte Führungsstile gibt, die, wenn auch situativ variabel, letztlich doch sehr beschränkte Möglichkeiten zur Interaktion mit den vielfältigsten Individuen bieten. Wir werden vielleicht davon Abstand nehmen müssen, Führung als Informationsdirektiven zu verstehen, welche bei entsprechender Interaktion auch entsprechende Ergebnisse bezüglich Leistung und Motivation von Mitarbeitern erzielen.

---

[1]   H. Risse, 1983, 67

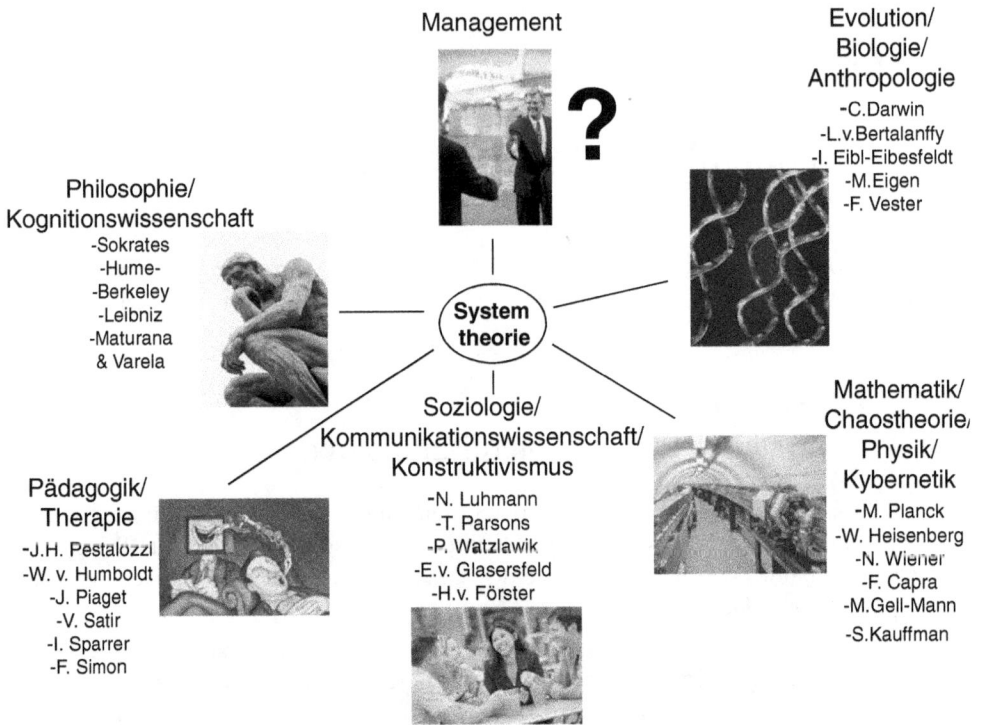

Abb. 7–1:   Interdisziplinäre Systemtheorie

Schließlich können wir sagen, dass sich mit der Systemtheorie eine komplette „kopernikanische" Wende in der Führungsstilforschung einleitet, weg vom Fokus auf Ausbildung, Leistung und Verhalten der Führungskraft, hin zu den Zielen, den Bedürfnissen und der Motivation der Mitarbeiter.

Während die traditionelle Leadership-Forschung als Dreh- und Angelpunkt die Führungskraft nimmt und deren Performance anhand von Führungsstilen und -techniken zu verbessern trachtet, wird in der Systemtheorie das System selbst, also der Mitarbeiter zum Forschungsobjekt gemacht.

Dabei zeigen die interdisziplinären Ausführungen zur Entstehung der Systemtheorie, dass sie ein aus dem Leben gegriffenes Verständnis biologischer Systeme und damit auch des Menschen aufzeigt und nicht lediglich ein humanistisches Ideal ausdrückt.

Dieses Verständnis aufzugreifen und als Systemic Leadership für die Personalführung fruchtbar zu machen, verspricht demnach gerade, die Leistung und Motivation von Mitarbeitern zu steigern und demnach einen Steigerung der Wirtschaftlichkeit von Unternehmen. Menschen, welche die in ihnen liegenden Fähigkeiten und Bedürfnisse zur Entfaltung bringen können, sind motivierter, leisten mehr und dies kommt auch den Unternehmen zu Gute.

So kann es weder darum gehen, einen ökonomisch irrationales Ideell des Menschen zu behaupten, noch darum, in einer ökonomischen Zwangsrationalität, welche den Bedürfnissen und Motivationen der Menschen kein Gehör schenkt, verhaftet zu bleiben. Unser Ziel muss sein, wie dies Erich Fromm schön formuliert hat, „eine gesunde Wirtschaft für gesunde Menschen zu schaffen."[2] Systemic Leadership kann dazu einen Beitrag leisten.

Wir wollen nun im Folgenden einmal sehen, wie sich die Systemtheorie in verschiedenen Wissenschaftsdisziplinen ausgestaltet und welche Paradigmen erkennbar werden. Wir werden dazu verschiedene Cluster bilden, welche nicht den Selbstzweck der originären Darstellung der Teildisziplinen verfolgen, sondern sich am erwähnten roten Faden, wie erwähnt nicht dem historischen, sondern dem systematischen roten Faden orientieren.

In der Folge sollen demnach auf der naturwissenschaftlichen Seite die Themencluster von Evolutionstheorie, Biologie, Physik, Kybernetik und Chaosforschung, sowie auf der geisteswissenschaftlichen Seite die Cluster von Kognitionswissenschaften, Philosophie, Pädagogik, Therapie und Soziologie gebildet werden. Im Anschluss daran sehen wir uns einige Konzepte in der Managementlehre an, die bereits systemtheoretische Theoreme aufgreifen.

7.1.1   Systemtheorie und Biologie

Bertalanffy

Die Entstehung des Begriffes „Systemtheorie" findet sich erstmals bei dem österreichischen Biologen Ludwig von Bertalanffy (1901–1972). Er nannte sie „General System Theory" (GST) und datiert ihre Entstehung selbst so:

> "I presented it [GST] first in 1937 in Charles Morris' philosophy seminar at the university of Chicago."[3]

Etymologisch geht das Wort auf das griechische Synistánai („zusammenstellen") zurück. Hierbei ist der ursprüngliche Gedanke, dass Systeme sich nicht rein naturwissenschaftlich analytisch verstehen lassen, da die Eigenschaften der Teile keine Eigenschaften an sich sind, sondern sich nur im Kontext des größeren Ganzen, verstehen lassen.

Hierauf fußt auch das Verständnis, das Ganze sei mehr als die Summe seiner Teile, ein Gedanke, der ursprünglich auf den österreichischen Psychologen Christian von Ehrenfels (1859–1932) zurückgeht und zur Schlüsselformel der Systemdenker wurde.

Die wesentlichen Eigenschaften eines Organismus oder lebenden Systems sind demnach emergente Eigenschaften des Ganzen, die keiner seiner Teile besitzt. Als Beispiel für diesen Gedanken kann man etwa Bienen und Ameisen betrachten, die nicht als Einzelwesen überleben, aber in großer Zahl fast wie die Zellen eines komplexen Organismus mit einer kollektiven Intelligenz und Anpassungsfähigkeit agieren, die denen der einzelnen Individuen weit überlegen ist.[4] Oder wie der Biochemiker Frederic Vester, der „Vater des vernetzten Denkens" sich ausgedrückt hat, es sei eine Tatsache,

> „dass komplexe Systeme grundsätzlich etwas anderes sind als ein bloßes Nebeneinander unzusammenhängender Teile. Denn jedes Glied eines Systems steht mit jedem anderen in

---

[2]   E. Fromm, 1987, 169

[3]   L. v. Bertalanffy, 1969, 90

[4]   Vgl. F. Capra, 1996, 48

Wechselwirkung. Man wird, ohne diese Beziehung zu erkennen, das System nicht verstehen, geschweige denn gestalten können ... dynamische Systeme tragen sozusagen das Programm zu ihrer eigenen Veränderung in sich. Sie sind eine Gesamtheit verschiedener Einheiten in Wechselwirkung, ein Wirkungsgefüge."[5]

Bertalanffy geht mit seinem Verständnis eines Systems jedoch bereits weit über den Gedanken der System-Emergenz hinaus, in dem er nur nicht die Vernetztheit, sondern auch die Eigengesetzlichkeit von Systemen postuliert und das neue Paradigma, das damit einhergeht, bereits in seinen Auswirkungen für unser neues Verständnis des Menschen voraussieht:

"Such a new image of man, replacing the robot concept by that of a system, emphasizing immanent activity instead of outerdirected reactivity, and recognizing the specificity of human culture compared to animal behaviour, should lead to a basic reevaluation of problems of education, training, psychotherapy, and human attitudes in general."[6]

An anderer Stelle fasst Bertalanffy den Unterschied der GST zur klassischen Auffassung anhand der Attribute von Ziel- und Zwecksetzung eines Organismus zusammen, ein Gedanke, der an Aristoteles' „Entelechie" (griechisch telos = Ziel und echein = haben) erinnert, wonach Lebewesen das Ziel ihrer Entwicklung immer schon in sich tragen:

"In human behavior goal seeking and purposiveness cannot be overlooked, even if we accept a strictly behavioristic standpoint. However, concepts like organization, directiveness, teleology, etc. just do not appear in the classic system of science."[7]

Alle Lebensformen sind nach Bertalanffy als „offene Systeme" zu verstehen, um ihre Abhängigkeit von ständigen Energieflüssen und Ressourcen zu betonen. Er prägte den Begriff „Fließgleichgewicht" um das Miteinander von Struktur und Veränderung in allen Lebensformen zum Ausdruck zu bringen, was die GST vom klassischen, naturwissenschaftlichen Verständnis der Zeit unterschied.

"Conventional physics deals only with closed systems, i.e. systems which are considered to be isolated from their environment ... Every living organism is essentially an open system. It maintains itself in a continuous inflow and outflow, a building up and breaking down of components ... This is the very essence of that fundamental phenomenon of life which is called metabolism ..."[8]

Bertalanffy ergänzt nun das Kriterium der metabolischen Offenheit lebender Systeme durch die Attribute der Aktivität gemäß der innern Organisationsgesetzlichkeit des Nervensystems. Wir sollten uns vor Augen halten, dass er diese Gedanken bereits in den 1960er Jahren ge-

---

[5] F. Vester, 2002, 15
[6] L. v. Bertalanffy, 1969, 194
[7] L. v. Bertalanffy, 1969, 92
[8] Ibid., 39

schrieben hat, womit er seiner Zeit weit voraus war und im Wesentlichen bereits das aktuelle wissenschaftliche systemtheoretische Denken in seinen Grundzügen vorwegnimmt:

"We cannot say that ... change comes from some outside agent, an input; the differentiation within a developing embryo and organism is due to its internal laws of organization ... Even under constant external conditions and in the absence of external stimuli the organism is not a passive but a basically active system. This applies in particular to the function of the nervous system and to behaviour. It appears that internal activity rather than reaction to stimuli is fundamental. This can be shown with respect both to evolution in lower animals and to development, for example, in the first movements of embryos and fetuses."[9]

Das Konzept des biologischen „Driftens" nimmt Bertalanffy bereits vorweg, wenn er auch noch recht ungenau hinsichtlich der Anpassung spricht, indem er noch Reste von Abbildtheorie verwendet:

"What is Truth is to be answered thus: Already the fact that animals and human beings are still in existence, proves that their forms of experience correspond, to some degree, with reality."[10]

"It is not required that the categories of experience fully correspond in a certain way to reality whatever that means. It is not required that the categories of experience fully correspond to the real universe, and even less that they represent it completely. It suffices ... that a rather small selection of stimuli is used as guiding signals ... it is sufficient that a certain degree of isomorphism exists between the experienced world and the real world, so that the experience can guide the organism in such way as to preserve its existence."[11]

Bertalanffy war noch nicht klar, dass die Viabilität, also die Überlebensfähigkeit eines Organismus nicht von der Repräsentanz der Außenwelt, auch in noch so geringem Maße, abhängen muss, obwohl er in seinem Beispiel der Verkehrsampel zeigt, wie weit er sich bereits von einer reinen Abbildtheorie, wonach ein Organismus die Umweltstrukturen in sich spiegelt, entfernt hat und wie nahe er dem Drift-Modell kommt:

"The red sign is not identical with the various hazards it indicates oncoming cars, trains, crossing pedestrians, etc. It suffices, however, to indicate them, and thus red is isomorphic to stop, green isomorphic to go."[12]

---

[9] Ibid., 98f., 106
[10] Ibid., 241
[11] Ibid., 241
[12] Ibid., 241

Es bleibt jedoch der Unterschied, dass in Bertalanffys Beispiel der Organismus Symbole der Außenwelt erkennt und darauf reagiert (in diesem Fall die Ampel), während im Drift-Modell auch Symbole als Repräsentanten der Außenwelt keine Rolle spielen. Der Organismus stößt vielmehr durch seine aktive Selbstorganisation irgendwann an Grenzen, welche die Prozesse der Eigenstruktur stören, verhindern oder sogar im Überleben bedrohen. Demnach könnte, um im Beispiel zu bleiben, eine rote Ampel erst erkannt werden, wenn ein Zusammenstoß mit einem Auto eingetreten wäre und zukünftiges Verhalten die Wahrnehmung „rote Ampel" und erfahrene Bedrohung konnotiert. Es wäre jedoch möglich, dass ein Organismus überlebt, obwohl er die Symbole völlig falsch deutet, denn die Deutung unterliegt der Selbstorganisation und nicht einer Erkenntnis von Symbolen als Repräsentanten der Außenwelt.

Die hier verwendeten Begriffe von „Anpassung", „Driften", „Viabilität", „Offen"- und „Geschlossenheit" sowie „Selbstorganisation" werfen dabei viele Fragen auf, die im Rahmen des biologischen systemtheoretischen Diskurses geklärt werden sollen. Dazu wollen wir zunächst prüfen, wie Evolution systemtheoretisch verstanden werden kann.

Je weiter das Gehirn von Wirbeltieren entwickelt ist, desto größer sind die Areale in der Großhirnrinde, die sich nicht mehr eindeutigen Funktionen wie etwa Sehen oder Hören zuordnen lassen. Dies ermöglicht Wirbeltieren ein flexibles Reagieren auf evolutionäre Erfordernisse. Anders als Insekten oder Schnecken, die auf einen Reiz eher mit einem festgelegten Verhalten antworten, wird der Input bei höheren Tieren über viele Zwischenstationen hinweg bearbeitet und moduliert.

Die jeweilige Reaktion kann demnach sehr unterschiedlich verlaufen. Während die ursprüngliche klassische Anpassungstheorie davon ausgeht, dass sich die Reaktion als Anpassung an die Umwelt herausgebildet hat und demnach in ihrem Erfolg auch davon abhängt, wie gut die Umwelt vom Lebewesen abgebildet und erkannt wird, geht die biologische Systemtheorie davon aus, dass der Erfolg der jeweiligen Reaktion entkoppelt von der Anpassung an die Umwelt erfolgt.

Demnach ist als entscheidendes Kriterium zu sehen, ob Viabilität des Organismus gegeben ist oder nicht. Die inneren Gesetzmäßigkeiten eines lebenden Systems sind ebenfalls dynamisch zu sehen und wachsen im Prozess des Überlebens:

> „Selbst zur Entwicklung hochkomplizierter Formen scheint die Natur nur wenige Schlüsseldaten in dem jeweiligen Genmaterial festzulegen. Sie nutzt – wie wäre es anders zu erwarten – auf kybernetische Weise die Kenntnis der Zusammenhänge und speichert nur wenige Steueranweisungen, die dem Spiel die Richtung vorgeben. Die endgültige Gestalt entsteht dann wie von selbst aus dem Systemzusammenhang heraus … So sind es die dem System innewohnenden Gesetzmäßigkeiten, die letztlich jede Zelle unseres Körpers wissen lassen, wo sie sich befindet und welche Aufgabe sie daher übernehmen muß."[13]

Die inneren Gesetzmäßigkeiten eines Organismus geben dem Organismus seine Ausprägung und demnach ist ein Organismus als geschlossen zu verstehen, während zugleich die formale Öffnung zur Umwelt schon allein durch die Notwendigkeit des Stoffwechsels parallel erhalten bleibt. Lebende Systeme sind also als geschlossen und offen zugleich zu sehen. Wären

---

[13]   F. Vester, 2002, 137f., 142

sie rein geschlossen, so wären sie im homöostatischen Gleichgewicht, was für lebende Systeme nicht möglich ist:

„Das Gleichgewicht ist ein stabiler Zustand. Es gibt keinerlei Störungen, die die Wahrscheinlichkeitsverteilung im System grundlegend verändern könnten, solange die äußeren Bedingungen konstant sind. Information kann daher in Systemen, die sich im thermodynamischen Gleichgewicht befinden, nicht entstehen."[14]

Aber nicht nur Offenheit und Dynamik haben sich für lebende Systeme als evolutiv förderlich erwiesen, ebenso die Begrenzung individueller Lebenszyklen:

„Das Altern und Sterben des Individuums stellte sich als derart vorteilhaft für die Entwicklung der Art heraus, dass sie im evolutiven Prozeß unausweichlich war."[15]

Als Grundprinzipien der Selektion und auch des evolutionären Fortschritts lassen sich demnach Mutation, Selbstreproduktion und die Offenheit lebender Systeme nennen, wie der Nobelpreisträger für Biochemie, Manfred Eigen (*1927), ausführt:

„Mutationen sind die Quelle des evolutiven Fortschritts. Dafür ist es wichtig, dass alle Mutanten gleichermaßen mit der Fähigkeit zur Replikation ausgestattet sind. Replikation ist somit eine inhärent autokatalytische Eigenschaft der ganzen Molekülklasse. Sie bedeutet für das dynamische Verhalten: Wachstum und Konkurrenz zwischen allen zur Replikation befähigten Individuen. Das Ergebnis der Konkurrenz – gleichgültig ob das System als Ganzheit wächst oder stationär bleibt – ist Selektion. Sie sorgt – qualitativ wie, doch quantitativ anders als chemisches Gleichgewicht – für eine interne Regelung der relativen Populationszahlen."[16]

Eigen
Während sich nach Charles Robert Darwin (1809–1882) Organismen aus dem molekularen Chaos zufällig durch willkürliche Mutationen und natürliche Auslese herausbilden, ist die Wahrscheinlichkeit, dass selbst einfache Zellen während des bekannten Zeitraums des Bestehens auf der Erde auf diese Weise entstanden sein könnten, sehr gering.

Manfred Eigen rechnet mit einer vorbiologischen Phase der Evolution, in der Selektionsprozesse auf molekularer Ebene als eine spezielle, chemischen Systemen innewohnende materielle Eigenschaft, in Erscheinung treten, die oben benannten „katalytischen Zyklen". Während etwa der Mikrobiologe Louis Pasteur noch postulierte, dass Leben nur aus Leben entstehe – was die Frage nach dem Ursprung des Lebens nicht beantwortete, sondern nur verschob – zeigten sich beispielsweise 1828 in den Arbeiten des Chemikers Friedrich Wöhler, dem es gelang aus dem anorganischen Salz Ammoniumcyanat organische Harnsäure zu synthetisie-

---

[14]   M. Eigen, 1987, 43
[15]   M. Eigen, 1987, 113
[16]   M. Eigen, 1987, 255

ren, Hinweise auf Zusammenhänge und Übergänge zwischen anorganischen und organischen Prozessen.

Im so genannten Neodarwinismus, vereint sich der Gedanke allmählicher evolutionärer Veränderung (Darwin) mit dem Gedanken genetischer Stabilität (Mendel). Auch wenn sich laut Darwin bei der Weitergabe von Eigenschaften der Eltern an die Kinder die Eigenschaften mischen und damit abschwächen, erklärt sich durch Gregor Mendels Theorie, dass es Gene gibt, die ohne Änderung ihrer Identität von Generation zu Generation weitergegeben werden.

Dies erklärt, dass Zufallsmutationen innerhalb weniger Generationen erhalten bleiben, um durch die natürliche Auslese verstärkt oder ausgelöscht zu werden. Demnach resultiert jede evolutionäre Abweichung aus einer Zufallsmutation, d.h. aus zufälligen genetischen Veränderungen, denen die natürliche Auslese folgt. Wenn zum Beispiel ein Tier ein dickes Fell benötigt, um in einem kalten Klima zu überleben, wird es auf diese Erfordernisse nicht dadurch reagieren, dass es gezielt ein Fell entwickelt. Es wird alle möglichen zufälligen genetischen Veränderungen durchlaufen, und diejenigen Tiere, bei denen diese Veränderungen zufällig zu einem dicken Fell führen, werden überleben und mehr Nachwuchs erzeugen.[17]

Der Reproduktionsprozess durch sexuelle Fortpflanzung, bei dem ganze Organismen immer wieder neu gebildet werden, ist dabei nicht die einzige Überlebensstrategie in der Natur. So erkannte der Biologe Hans Driesch (1867–1941), dass Seeigeleier Ganze aus einigen ihrer Teile regenerieren. In seiner „Philosophie des Organischen" (1930) nennt Driesch solche Systeme harmonisch äquipotentiell und will beweisen, dass sie nicht mechanisch zu erklären sind. Die zu Grunde liegende Kraft nannte Driesch Vitalismus, eine Zielstrebigkeit und Eigengesetzlichkeit aller Lebenserscheinungen, welche Driesch gleichbedeutend mit Aristoteles' Gedanken der Entelechie sah.[18]

Mit der fortschreitenden Zellspezialisierung in komplexeren Lebensformen ging die Fähigkeit der Selbstreperatur und der Regeneration zunehmend zurück. Plattwürmer, Polypen, Seesterne können jedoch immer noch fast ihren gesamten Körper aus kleinen Bruchstücken regenerieren; Ebenso sind Eidechsen, Salamander, Krabben, Hummer und viele Insekten in der Lage, verlorengegangene Organe oder Gliedmaßen nachwachsen zu lassen. Bei höheren Tieren beschränkt sich die Regeneration auf die Erneuerung von Gewebe bei der Heilung von Verletzungen.

Während Manfred Eigen die Selektion aus dem Vorhandensein von Konkurrenz zwischen den Individuen ableitet, und die Konkurrenz damit in darwinistischer Tradition zum entscheidenden Kriterium für Evolution macht, weist der österreichische Systemtheoretiker und Fritjof Capra (*1939) darauf hin, dass Kooperation viel bedeutender für die Überlebensfähigkeit zu sehen ist, als sozialdarwinistische Konkurrenz.

Capra

„Kooperation ist ... im Gegensatz zur sozialdarwinistischen Konkurrenz von entscheidender Bedeutung in der Evolution. Alle größeren Organismen sind lebende Beweise dafür, dass destruktive Praktiken auf lange Sicht nicht funktionieren. Am Ende zerstören Aggressoren immer auch sich selbst und machen damit den Weg für andere frei, die zu kooperie-

---

[17]   Vgl. F. Capra, 1996, 256
[18]   Vgl. S. Kauffman, 1999, 59

ren wissen. Das Leben ist demnach nicht so sehr als Konkurrenzkampf um das Dasein zu verstehen als vielmehr ein Triumph der Kooperation und der Kreativität. Seit der Entstehung der ersten Zellen mit Kernen ist die Evolution durch immer kompliziertere Arrangements von Kooperation und Koevolution vorangekommen."[19]

Oder, um es mit den Worten der Biologin Lynn Margulis (*1938) zu sagen:

„Das Leben hat den Erdball demnach nicht durch Kampf sondern durch Vernetzung erobert."[20]

Laut Capra zeigen die mikrobiologischen Erkenntnisse von Linn Margulis sowie die Arbeit des Biophysikers James E. Lovelock (*1919), dass der enge darwinistische Begriff der Anpassung ein Irrweg war. In der gesamten Lebenswelt lasse sich die Evolution nicht auf die Anpassung von Organismen an ihre Umwelt beschränken, weil die Umwelt selbst wieder durch lebende Systeme gestaltet wird, die wiederum zur Anpassung und Kreativität fähig sind.

„Was passt sich daher wem an? Jedes dem anderen, sie entwickeln sich gemeinsam, in Form einer Koevolution ... Daher verlagert sich unser Blickwinkel von der Evolution zur Koevolution – einem immerwährenden Tanz, der durch subtiles Zusammenspiel von Wettbewerb und Kooperation, von Schöpfung und gegenseitiger Anpassung in Gang gehalten wird."[21]

Dabei gibt es aus biologischer Sicht gute Gründe, bei der Erforschung des Lebens den anthropozentrischen Blick zu verlassen:

„Technologien wie Gentechnik oder ein globales Kommunikationsnetzwerk, die wir für fortschrittliche Leistungen unserer Zivilisation halten werden schon seit Jahrmilliarden von Bakterien zur Regulierung des Lebens auf der Erde eingesetzt. Die Geschwindigkeit, mit der sich die Widerstandsfähigkeit gegen Medikamente unter Bakteriengemeinschaften ausbreitet, ist der Beweis dafür, dass ihr Kommunikationsnetzwerk weitaus effizienter ist als die Anpassung durch Mutationen. Bakterien sind in der Lage, sich Umweltveränderungen innerhalb weniger Jahre anzupassen. Größere Organismen würden dazu Jahrtausende der evolutionären Anpassung benötigen."[22]

Dawkins
Der Biologe Richard Dawkins (*1941) lenkt ebenfalls unser Interesse zum Verständnis von Evolution weg vom Menschen, hin zu den „egoistischen" Genen:

---

[19] F. Capra, 1996, 277
[20] L. Margulis, D. Sagan, 1986, 15
[21] James E. Lovelock, 1991, 99, Vgl. F. Capra, 1996, 259
[22] F. Capra, 1996, 261

„Wir sind Überlebensmaschinen – Roboter, blind programmiert zu Erhaltung der selbst-
süchtigen Moleküle, die Gene genannt werden ... Wenn man das Leben nicht aus dem
Blickwinkel des Gens betrachtet, findet man keinen Grund, aus dem ein Organismus an
seinem Fortpflanzungserfolg und dem seiner Verwandten interessiert sein sollte, statt sich
zum Beispiel um seine eigene Langlebigkeit zu kümmern."[23]

Während Capra keinen Grund für einen evolutionären Bauplan sieht,

„Nichts spricht dafür dass es im globalen Evolutionsprozess irgendeinen Plan, ein Ziel
oder einen Zweck gibt und daher spricht auch nichts für einen Fortschritt."[24]

und ebenso wenig Dawkins ein anthropozentrisches Evolutionsverständnis teilt,

„Die Vorstellung, die ganze Evolution sei auf das Ziel Homo sapiens hinausgelaufen, ist
mit Sicherheit widerlegt."[25]

nimmt Dawkins dennoch eine Art Entwicklung an, wenn auch nicht im Sinne einer anthropozentrischen:

„Gibt es eine Evolution der Evolutionsfähigkeit? ... Ich vermute, dass es einen ständigen
und sogar fortschreitenden Trend in Richtung einer immer besseren Evolutionsfähigkeit
gibt."[26]

Obwohl Dawkins keine Entwicklung auf der Ebene der Organismen annimmt, so wie das
Darwin noch getan hatte,

„Man hält die neueren Formen im Ganzen für höher auf der Stufenleiter der Organisation
stehend als die alten; und sie müssen auch insofern höher stehen als diese, da die späteren
und verbesserten Formen die älteren und noch weniger verbesserten Formen im Kampfe
um's Dasein besiegt haben."[27]

nimmt er doch auf der Ebene der Makroevolution eine Entwicklung an:

„Die Evolution als solche macht eine Evolution durch. Bisher haben wir ... von Fortschritt
gesprochen, wenn einzelne Lebewesen im Laufe entwicklungs-geschichtlicher Zeiträume
immer besser das tun konnten, was Individuen tun: überleben und sich fortpflanzen. Wir
können uns aber auch für Veränderungen des Phänomens Evolution selbst interessieren.

[23]   R. Dawkins, 2001, 18, 372
[24]   F. Capra, 1996, 264
[25]   R. Dawkins, 2004, 834
[26]   R. Dawkins, 2004, 848
[27]   C. Darwin, 2002, 550

> Kann die Evolution selbst im Laufe der Zeit etwas, das die Evolution tut, immer besser tun? Stellt die Evolution in späterer Zeit eine Art Verbesserung gegenüber der Evolution früherer Phasen dar? Verbessert sich in der Evolution nicht nur die Fähigkeit der Organismen, zu überleben und sich fortzupflanzen, sondern auch die Fähigkeit einer Abstammungslinie zu weiterer Evolution? ... Ich vermute, dass es einen ständigen und sogar fortschreitenden Trend in Richtung einer immer besseren Evolutionsfähigkeit gibt."[28]

Als Kriterien für eine verbesserte Evolutionsfähigkeit gibt Dawkins dann zum einen sowohl die Überlebens- als auch die Fortpflanzungsfähigkeit an[29], aber auch die Segmentierung, also die modulare, standardisierte Bauweise von Elementen, beispielsweise Zellen.[30]

Dieser Gedanke von Dawkins lässt viele Fragen offen. Konkurrenz im Darwinschen Sinne ist bezogen auf die jeweilige Umweltsituation in der sich die einen gegenüber den anderen durchsetzen. Einen allgemeinen Trend im Sinne von erfolgreichen Modulen für Überlebensfähigkeit abzuleiten, machte demnach keinen Sinn, da zu veränderten Zeiten und Umweltbedingungen auch die Selektionskriterien sich ändern können. Er würde auch etwa der Aussage F. Vesters zuwiderlaufen, wonach es evolutionär nicht vorteilhaft ist, Schlüsseldaten im Genmaterial festzulegen (s.o.).

Wenn Dawkins ganze Modulstandards im Sinne einer schnelleren und besseren Fähigkeit zu überleben annimmt, so muss man fragen, ob dieser Gedanke nicht dem Paradigma von Mutationen widerspricht, wonach diese ungerichtet und zufällig auftauchen. Eine selektive Mutabilität würde den Sinn von Mutation im Sinne der Überlebensfähigkeit einschränken.

Zudem ließe sich fragen, ob sich mit diesem Gedanken Dawkins hier nicht versteckt eine Teleologie einschleicht, denn ist selektive Mutation nicht zwangsläufig zu verstehen als Selektion in eine bestimmte Richtung?

Nachdem wir einige grundlegende Termini wie Mutation, Selektion oder Reproduktion anhand von ausgewählten Beispielen besprochen haben, wollen wir nun zu unseren Überlegungen, wie die Interaktion von lebenden Systemen mit der Umwelt zu verstehen ist, zurückkehren.

Während wir gesehen haben, dass in einem geschlossenen System die Energie als konstant zu verstehen ist, wird in offenen Systemen ständig Energie umgesetzt, aufgrund des fortwährenden Metabolismus. Wie ist nun die Ambiguität von Offenheit (Stoffwechsel) und Geschlossenheit (Eigengesetzlichkeit) lebender Systeme zu denken?

Nicht alle physischen Veränderungen eines Organismus sind als Erkenntnisakte zu sehen, wenngleich man bereits auf Ebene der Bakterien von einer gewissen „Erkenntnis" sprechen kann:

> „Selbst Bakterien nehmen bestimmte Merkmale Ihrer Umgebung wahr. Sie verspüren chemische Unterschiede in ihrer Umgebung und schwimmen dementsprechend zu Zucker hin und von Säure weg. Sie spüren und vermeiden Wärme, bewegen sich zu oder weg von Licht und manche können sogar Magnetfelder wahrnehmen."[31]

---

[28] R. Dawkins, 2004, 847f.
[29] R. Dawkins, 2004, 849
[30] R. Dawkins, 2004, 853
[31] F. Capra, 1996, 304

Nicht alle Impulse aus der Umwelt verursachen strukturelle Veränderungen eines Organismus, vielmehr ist zu beobachten, dass sie nur auf einen Bruchteil von Reizen reagieren, denen sie ausgesetzt sind, auch wenn man in Betracht zieht, dass diese Auswirkungen nicht immer zeitlich unmittelbar erfolgen müssen.

Dies zeigt sich beispielsweise, wenn wir im Traum zeitlich frühere Wahrnehmungen verarbeiten, oder unser Wahrnehmungsapparat sehr viel mehr aufnimmt, als uns bewusst ist. Unser Gedächtnis scheint demnach bei Erinnerungsverlust nur keinen Zugriff auf die Engramme zu haben, obwohl die Wahrnehmungen abgespeichert worden sind.

Entscheidend für den Systemgedanken ist aber, wenn Veränderungen ausgelöst werden, dass diese struktureller Natur sind und nicht operativer. Die operative Eigengesetzlichkeit eines autopoietischen Systems („Autopoiesis" von griechisch autos = selbst und poiein = machen) ist demnach durch die Umwelt kausal nicht zu beeinflussen:

„Da alle Bestandteile eines autopoietischen Netzwerkes von anderen Bestandteilen im Netzwerk erzeugt werden, stellt das gesamte System eine geschlossene Organisation dar, auch wenn es im Hinblick auf den Energie- und Materialfluss offen ist. Diese organisatorische Geschlossenheit bedeutet, dass ein lebendes System insofern selbstorganisierend ist, als seine Ordnung und sein Verhalten nicht von der Umwelt auferlegt, sondern vom System selbst bestimmt werden ... Lebende System sind also autonom, was nicht bedeutet, dass sie von ihrer Umwelt isoliert sind. Somit ist ein lebendes System sowohl offen wie geschlossen. Es ist strukturell offen, aber organisatorisch geschlossen ... Ein Organismus reagiert nicht passiv auf Umgebungsreize durch Kausalketten sondern aktiv mit strukturellen Veränderungen in seinem nichtlinearen, organisatorisch geschlossenen Netzwerk."[32]

So erfährt ein autopoietisches System laufend strukturelle Änderungen, bewahrt aber zugleich die eigene Organisationsstruktur. Der Gedanke der ständigen metabolischen Prozesse ist dabei nicht neu:

„Jeder Organismus erneuert sich ständig selbst – in den Zellen werden Strukturen zerlegt und aufgebaut, und die Gewebe und Organe ersetzen ihre Zellen in unaufhörlichen Zyklen. Viele dieser zyklischen Veränderungen spielen sich erheblich schneller ab, als man es sich vielleicht vorstellt. So ersetzt beispielsweise unsere Bauchspeicheldrüse die meisten ihrer Zellen alle 24 Stunden, unsere Magenschleimhaut alle drei Tage; unsere weißen Blutkörperchen werden innerhalb von zehn Tagen erneuert und 98 Prozent des Proteins in unserem Gehirn werden in knapp einem Monat umgesetzt. Noch erstaunlicher ist, dass unsere Haut ihre Zellen mit einer Geschwindigkeit von 10 000 Zellen pro Minute ersetzt."[33]

Neu, bzw. systemtheoretisch spezifisch ist aber der Gedanke, dass durch die Umwelteinflüsse nur strukturelle Veränderungen ausgelöst werden, ohne die operationalen Änderungen des Organismus inhaltlich zu beeinflussen:

---

[32]   F. Capra, 1996, 192f., 194, 305
[33]   F. Capra, 1996, 249f.

> „Diese lebenden Systeme sind jedoch autonom. Die Umwelt löst die strukturellen Verän-
> derungen nur aus, ohne sie zu bestimmen oder zu steuern. Trotz dieser immerwährenden
> Veränderung erhalten die Organismen ihre Gesamtidentität oder ihr Organisationsmuster
> aufrecht."[34]

Dieses neue Verständnis von Leben revolutionierte in den 1970er Jahren auch die Gehirnforschung. Während man bis dahin noch vom „Computermodell" in den Kognitionswissenschaften ausging, wonach Informationsverarbeitung zum einen auf linearen Regeln und zum
anderen lokalisiert erfolge, ließ sich zeigen, dass beispielsweise nach Schädigungen das
Gehirn in der Lage ist, selbstorganisiert verschiedenen Teilen die ausgefallenen Funktionen
zu übertragen.

Das Verständnis von Systemen nach den Gesetzmäßigkeiten der Selbstorganisation brach
sich jedoch nicht nur in der Biologie Bahn, sondern auch beispielsweise in der Physik, etwa
in den Teildisziplinen von Kybernetik, Thermodynamik, Quantenphysik oder der Chaostheorie.

7.1.2   Systemtheorie und Physik

> *„Nachdem Gott und der Teufel tot sind, erscheint uns das Weltall heute als der ent-*
> *zauberte Hort von Materie, Dunkelheit und Licht, der unserem Schicksal mit eisiger*
> *Gleichgültigkeit gegenübersteht."*
>
> Stuart Kauffmann[35]

Der Kybernetiker Gregory Bateson (1904–1980) erklärte lebende Systeme als kybernetische
Regelkreise, welche zunächst an die Ausführungen zur biologischen Homöostase erinnern:

> „Alle biologischen und evolvierenden Systeme (d.h. individuelle Organismen, tierische
> und menschliche Gesellschaften, Ökosysteme und ähnliches) bestehen aus komplexen ky-
> bernetischen Netzwerken, und alle diese Systeme teilen gewisse formale Charakteristika.
> Jedes System enthält Subsysteme, die sich potentiell regenerieren, d.h. die in ein exponen-
> tielles Durchdrehen geraten würden, wenn sie nicht reguliert werden … Die regenerativen
> Potentialitäten solcher Subsysteme werden normalerweise durch verschiedene Arten von
> Regelkreisen in Griff gehalten, um einen Zustand des Fließgleichgewichts zu errei-
> chen … Solche Systeme sind homöostatisch, d.h. die Auswirkungen kleiner Veränderun-
> gen der Eingabe werden negiert und der Zustand des Fließgleichgewichts wird durch re-
> versibel Anpassung beibehalten."[36]

Bateson war stark von dem österreichischen Physiker Norbert Wiener (1894–1964) beeinflusst, der eine neue physikalische Teildiziplin, die Kybernetik, schuf.

> *„Als ich am MIT studierte, fand ich ihn [Norbert Wiener] hin und wieder schlafend*
> *im Treppenhaus liegen, wo sein fülliger Körper den Verkehr ernsthaft behinderte."[37]*

---

[34]   F. Capra, 1996, 250

[35]   S. Kauffmann, 1998, 14

[36]   G. Bateson, 1985, 567

[37]   M. Gell-Mann über Norbert Wiener, 1994, 122

Wiener

„Wir haben beschlossen, das ganze Gebiet der Regelung und Nachrichtentheorie, ob in der Maschine oder im Tier, mit dem Namen Kybernetik zu benennen, den wir aus dem griechischen κυβερνήτης, Steuermann bildeten."[38]

Die Theorie der Kybernetik, sowie die Regelkreislehre generell fußt dabei noch auf dem klassischen physikalischen Verständnis, wonach Ordnung mit Gleichgewicht verbunden ist (z.B. in Kristallen) und Unordnung mit Nichtgleichgewicht (z.B. Turbulenzen). So verstand noch J.W. Forrester (*1918) die Regelkreislehre nicht nur als adäquate Lehre zum Verständnis des Lebens, sondern auch die Homöostase als Ideal:

„Jede Ursache ist Ursache von Ursachen, die dauernde Veränderungen der ursprünglichen Ursache verursachen. Alle Prozesse des Wachstums und des Gleichgewichts laufen in Regelkreisen ab ... Der Übergang vom Stadium des Wachstums in einen weltweiten Gleichgewichtszustand ist die größte Aufgabe, die wir zu bewältigen haben."[39]

Der frühe Begriff der Kybernetik, ebenso wie der der frühen Regelkreise generell besteht darin, dass in den kybernetischen Regelkreismodellen noch nicht die Möglichkeit der Bildung neuer Strukturen und Verhaltensweisen als selbstorganisierter Prozess angedacht war und demnach Prozesse wie Evolution, Entwicklung oder Kreativität nicht angemessen erklärt werden konnten:

„In der Systemtheorie ist Nichtgleichgewicht eine Quelle der Ordnung. Die turbulenten Wasser- und Luftströmungen erscheinen zwar chaotisch, sind aber in Wirklichkeit hoch organisiert und weisen komplexe Strudelmuster auf, die sich fortlaufend in immer kleinere Größenordnungen teilen."[40]

Dennoch war bereits der Gedanke der Eigengesetzlichkeit angelegt, den Norbert Wiener, wie er selbst angibt, aus der Philosophie von Leibniz' Monadenlehre entnommen hat:

„Wenn ich nach Betrachtung der Wissenschaftsgeschichte einen Schutzpatron für die Kybernetik zu wählen hätte, so würde ich Leibniz nennen ... Obgleich die Monaden sich beeinflussen, besteht die Beeinflussung nicht in einem Übertragen der kausalen Kette von einer zur anderen. Sie sind wirklich ebenso in sich abgeschlossen oder sogar mehr in sich abgeschlossen als die passiv tanzenden Figuren oben auf einer Spieluhr. Sie haben keinen wirklichen Einfluß auf die äußerliche Welt, noch sind sie effektiv durch sie beeinflusst. Wie er sagt haben sie keine Fenster. Die wahrnehmbare Organisation der Welt, die wir sehen, ist irgend etwas zwischen einer Erdichtung und einem Wunder. Die Monade ist ein verkleinertes Newtonsches Sonnensystem."[41]

---

[38]   N. Wiener, 1963, 32
[39]   J.W. Forrester, 1971, 36, 101
[40]   F. Capra, 1996, 217
[41]   N. Wiener, 1963, 33, 66

Die so genannte „Monadologie" in der Lehre des deutschen Philosophen und wohl letztem Universalgelehrten G. W. Leibniz (1646–1716) charakterisierte dieser noch selbst so:

> „Man könnte alle einfachen Substanzen oder geschaffenen Monaden als Entelechien bezeichnen. Denn sie besitzen in sich eine gewisse Vollkommenheit ... und Selbständigkeit ... die sie zu Quellen ihrer inneren Tätigkeiten und gewissermaßen zu unkörperlichen Automaten macht."[42]

Wenn wir uns nun dem aufgeworfenen Gedanken von offenen Systemen, die fern vom Gleichgewichtszustand sind und zugleich aber geordnete Strukturen aufweisen, widmen, so kommen wir auf die physikalische Thermodynamik zu sprechen.

Der russische Physiker und Nobelpreisträger Ilya Prigogine (1917–2003) prägte dafür den Begriff der so genannten „dissipativen Strukturen", die in paradoxer Weise Ordnung und Unordnung zu vereinen scheinen.

In der klassischen Thermodynamik war die Dissipation (z.B. der Verlust von Energie bei der Wärmeübertragung, der Reibung etc.) stets mit Verschwendung verbunden. Prigogines Begriff einer dissipativen Struktur beschreibt die Dissipation in offenen Systemen dagegen als Quelle der Ordnung.

> „Nach Prigogines Theorie erhalten sich dissipative Strukturen nicht nur in einem stabilen Zustand fern vom Gleichgewicht, sondern können sich sogar weiterentwickeln. Wenn der Energiefluss durch sie zunimmt, können sie neue Instabilitäten durchlaufen und sich in neue Strukturen von zunehmender Komplexität wandeln ... Das riesige Netzwerk aus Stoffwechselprozessen hält das System in einem Zustand fern vom Gleichgewicht und führt durch die in ihm wohnenden Rückkopplungsschleifen zur Entstehung von Gabelungen und damit zu Entwicklung und Evolution."[43]

Die Aufrechterhaltung dissipativer Strukturen verlangt dabei, wie der Name schon besagt,

> „die ständige Dissipation von Energie, was mit einer stationären Erzeugung von Entropie gleichbedeutend ist."[44]

Als dissipative Strukturen können sowohl lebende, als auch nichtlebende Systeme bezeichnet werden. Ein Beispiel für ein nichtlebendes System mit dissipativer Struktur ist ein Wasserstrudel, der in der Badewanne abfließt. Obwohl ständig Wasser durch den Strudel fließt, bleibt die Strudelform stabil.[45] Lebende Systeme bewegen sich durch den Stoffwechselprozess ebenso fern vom Gleichgewicht und benötigen

---

[42]   G.W. Leibniz, Monadologie, 1998, 19 (18)
[43]   F. Capra, 1996, 108, 197
[44]   M. Eigen, 1996, 119
[45]   Vgl. F. Capra, 1996, 194

„einen ständigen Zufluss von Luft, Wasser und Nahrung aus der Umwelt durch das System, um am Leben zu bleiben und ihre Ordnung aufrechtzuerhalten."[46]

Wir könnten demnach auch sagen, dass dissipative Strukturen Systeme sind, die ihre Identität nur dadurch behalten können, dass sie ständig für die Einflüsse ihrer Umgebung offen bleiben.[47] Aus Sicht von Capra erzielte der deutsche Physiker Hermann Haken in den Aussagen seiner nichtlinearen Lasertheorie Anfang der 1969er Jahre ganz ähnliche Ergebnisse, die das Laserlicht als selbstorganisierendes System fern vom Gleichgewicht beschreiben.

Aus Hakens Theorie zeige sich, dass dem Laser zwar Energie von außen zugeführt werden muss, damit er in einem Zustand fern vom Gleichgewicht bleibt, dass aber die Koordination der Emission vom Laserlicht selbstorganisatorisch vollzogen wird, im Sinne Prigogines also die Beschreibung einer dissipativen Struktur.[48]

Obwohl Manfred Eigen die energetische Dissipation mit der Entstehung von Entropie gleichsetzt, ist dies kein Grund, einen Widerspruch zwischen den Aussagen der Thermodynamik und der Evolutionsbiologie zu sehen[49]:

„Menschen, die aus irgendwelchen dogmatischen Gründen biologische Evolution leugnen, versuchen ... zu argumentieren, die Herausbildung komplexer Systeme verstoße irgendwie gegen den zweiten Hauptsatz der Thermodynamik. Das ist natürlich nicht der Fall, ebenso wenig wie beim Auftauchen komplexerer Strukturen in galaktischem Maßstab. Selbstorganisation kann immer lokale Ordnung erzeugen ... Der zweite Hauptsatz der Thermodynamik sagt uns lediglich, dass sich ein abgeschlossenes System niedriger Entropie (hoher Ordnung) bei sonst konstanten Bedingungen zumindest für sehr lange Zeit in Richtung höherer Entropie (hoher Unordnung) entwickelt ... Zweitens gilt der zweite Hauptsatz der Thermodynamik nur für abgeschlossene (das heißt autarke) Systeme. All jene, die einen Widerspruch zwischen diesem Hauptsatz und der biologischen Evolution sehen, machen einen entscheidenden Fehler: Sie betrachten nur, was mit bestimmten Organismen geschieht, und ziehen die Umgebung dieser Organismen nicht mit in Betracht. Der offenkundigste Grund, weshalb lebende Systeme nicht geschlossen sein können, liegt darin, dass sie das Sonnenlicht als Energiequelle brauchen."[50]

Auch Zellen lassen sich demnach als dissipative Systeme verstehen:

„Zellen sind keine energiearmen Systeme, sondern vielmehr komplexe chemische Systeme, die unentwegt Nährstoffmoleküle umsetzen, um ihre innere Struktur zu erhalten und sich zu vermehren. Daher sind Zellen dissipative Nichtgleichgewichtsstrukturen."[51]

---

[46]   F. Capra, 1996, 197
[47]   Vgl. Briggs/Peat, 2006, 207
[48]   Vgl. F. Capra, 1996, 109f.
[49]   Vgl. dazu auch Brigs/Peat, 207, oder S. Kauffman, 1998, 39
[50]   M. Gell-Mann, 1994, 511, 333
[51]   S. Kauffmann, 1998, 40

Wir können im Gegenteil davon ausgehen, dass die evolutionäre Tendenz vielmehr darin besteht, immer komplexere Systeme durch Selbstorganisation herauszubilden, selbst im Makrobereich von Galaxien, Sternen und Planeten,[52] wo sowohl aufgrund der ständigen physikalisch-chemischen Veränderung der Biosphäre sowie der ständigen Weiterentwicklung der Organismen nie ein wirkliches Gleichgewicht erreicht werden kann, vielmehr geordnete, dissipative Nichtgleichgewichtssysteme existieren.[53] Insbesondere der deutsche Physiker und Nobelpreisträger Max Planck (1858–1947) hat dabei gezeigt, dass Entropie gleichbedeutend mit der Irreversibilität physikalischer Prozesse ist.

Planck
Während der erste Hauptsatz der Thermodynamik besagt, dass Energie weder erzeugt, noch vernichtet werden kann und der zweite, dass eine selbständige Übertragung von Wärme bzw. Energie nur von heißen zu kalten Körpern, niemals aber umgekehrt möglich ist, ist neben der Energie die Entropie die weitere charakteristische Größe.

Unter Verwendung des Entropiebegriffs besagt der zweite Hauptsatz der Thermodynamik demnach, dass Entropie erzeugt, aber niemals vernichtet werden kann. Die Entropie stellt demzufolge nicht nur den Ordnungszustand eines Systems dar, sondern auch ein Maß für die Irreversibilität eines Prozesses.

Irreversible Prozesse sind immer mit Entropieerzeugung verbunden, wogegen in reversiblen Prozessen die Entropie konstant bleibt. In isolierten Systemen kann die Entropie niemals abnehmen. Dabei ist das Gesetz der Entropievermehrung nicht allein auf thermische Prozesse beschränkt, sondern erstreckt sich laut Planck vielmehr auf alle physikalischen und chemischen Erscheinungen.[54] Weiter gedacht sagt der Grundsatz der Entropievermehrung zum einen den Wärmetod des Universums voraus[55],

> *„Lange nachdem die Sonne zu einem Weißen Zwerg geschrumpft ist, werden neue*
> *Sterne aufleuchten ... Nach vielleicht 10 Billionen Jahren – das Universum ist dann*
> *fast tausendmal so alt wie jetzt – werden alle Sterne erloschen sein."*
> May/Moore/Lyntott[56]

zum anderen ergibt sich aus der Irreversibilität eine zeitliche Einbahnstraße, ja wird überhaupt erst Zeit als Determinante eingeführt[57]:

> „Der zweite Hauptsatz [der Thermodynamik] ... führte Zeit und Geschichtlichkeit in ein Universum ein, das Newton und die klassischen Physiker sich als ewig vorgestellt hatten. Weil die Gleichungen der Newtonschen Mechanik zeitumkehrbar sind, bildete sich in den Physikern die Überzeugung heraus, dass es ... für die Grundgesetze der Materie, gar keine Zeitrichtung gäbe ... Thermodynamisch läuft alles nur in einer Richtung, Die Zeit ist irreversibel, nicht umkehrbar."[58]

---

[52] Vgl. Gell-Mann, 1994, 510
[53] Vgl. auch M. Gell-Mann, 1994, 512
[54] Vgl. D. Hoffmann, 2008, 27
[55] Briggs/Peat, 2006, 200
[56] May/Moore/Lyntott, 2007, 146
[57] Vgl. M. Eigen, 1996, 177
[58] Briggs/Peat, 2006, 201

Einen weiteren Hinweis auf selbstorganisatorische Naturprozesse sehen wir in der Mikrowelt der Quantenphysik. Max Planck erkannte, dass die Emission von elektromagnetischen Strahlen stufenweise, in Form von Energiepaketen (so genannten „Quanten") erfolgt.

Die Größe der erfolgten Quantensprünge zwischen den Stufen erfolgen nach dem „Planckschen Wirkungsquantum", eine Naturkonstante, die Planck festsetzte. Plancks Erkenntnisse begründen die Quantenphysik, mit der sich Forscher wie Albert Einstein, Max Born, Erwin Schrödinger oder Werner Heisenberg beschäftigten und welche die klassische Newtonsche Physik (mit Kausalität und Determination) in drei Grundsätzen revolutioniert:

1) Es gibt keine Kontinuität, Naturvorgänge laufen demnach nicht stetig ab.
2) Naturvorgänge sind in der atomaren Welt nicht eindeutig vorhersehbar. Anders als etwa beim Billardspiel, wo ein bestimmter Stoß die gleiche Bewegung auslöst, wird ein immer gleich beschossenes Atom stets unterschiedliche Reaktionen zeigen. Gleiche Ursachen haben in der Mikrophysik demnach nicht die gleichen Wirkungen, das Kausalitätsprinzip ist also außer Kraft gesetzt.
3) Die Elemente der Mikrophysik (Atome, Elektronen) haben keinen eindeutigen Charakter, sie sind zuweilen als Welle, dann als Teilchen zu verstehen. Demnach lässt sich nicht von einem objektiven Zustand der Natur sprechen.

Gerade der dritte Grundsatz hat den Physiker, Philosoph und Nobelpreisträger Werner Heisenberg (1901–1976) zur Aussage geführt, dass wir mit unseren physikalischen Experimenten eigentlich nicht die Natur beschreiben, sondern lediglich unser Wissen von der Natur – mit anderen Worten – uns selbst.

Heisenberg

Beobachter und Beobachtetes lassen sich somit nicht trennen, eine Aussage, welche die Naturwissenschaft von ihrer postulierten Objektivität im klassischen Verständnis enthebt und subjektiviert:

> „Wenn wir aus den atomaren Erscheinungen auf Gesetzmäßigkeiten schließen wollen, so stellt sich heraus, dass wir nicht mehr objektive Vorgänge in Raum und Zeit gesetzesmäßig verknüpfen können, sondern – um einen vorsichtigeren Ausdruck zu gebrauchen – Beobachtungssituationen … In der Atomphysik haben wir gelernt, dass sich die Wahrnehmungen nicht mehr nach dem Modell des Dinges an sich verknüpfen oder ordnen lassen … In dieser Weise erinnert uns, wie Bohr es ausgedrückt hat, die Quantentheorie daran, dass man beim Suchen nach der Harmonie im Leben niemals vergessen darf, dass wir im Schauspiel des Lebens gleichzeitig Zuschauer und Mitspielende sind."[59]

Mit dem „Ding an sich" verweist Heisenberg auf die Erkenntnistheorie Immanuel Kants, wonach das „Ding an sich" den Teil der Wirklichkeit darstellt, der unabhängig vom Erkennenden vorhanden ist. Mit dem Ding an sich verschwindet damit auch die objektive Wirklichkeit, ein Theorem, das in der Philosophie durch die Philosophen George Berkeley (1685–1753) oder David Hume (1711–1776) ebenso bereits formuliert wurde.

Mit der Aufgabe der klassischen Position in der Physik wird es in der Quantenphysik notwendig, statt der deterministischen Kausalität nun lediglich die Möglichkeit der Berechnung

---

[59]   W. Heisenberg, 2006, 71, 68, 61

von Ereigniswahrscheinlichkeiten zuzulassen[60], ein Gedanke, der sich übrigens schon bei dem griechischen Philosophen Arkesilaos (315–241 v. Chr.) findet, dessen Skeptizismus generell nur Wahrscheinlichkeiten als erreichbar hielt, welche aber, wie er uns zugleich beruhigt, für unser Leben ausreichend seien.

Während es nun in der klassischen Physik möglich gewesen ist, gleichzeitig Ort und Impuls eines bestimmten Teilchens zu bestimmen, ist dies in der Quantenmechanik dagegen bekanntlich aufgrund der Unbestimmtheitsrelation („Heisenbergsche Unschärferelation") nicht erlaubt. Je genauer man den Ort eines Teilchens festlegt, umso unsicherer ist sein Impuls. Diese Situation kennzeichnet einen bestimmten Quantenzustand eines einzelnen Teilchens, einen Zustand der Bestimmtheit des Ortes. In einem anderen Quantenzustand ist zwar der Impuls des Teilchens genau bekannt, der Ort aber nicht zu bestimmen.[61]

Die Heisenbergesche Unschärferelation scheint übrigens auf den ersten Blick den neueren Teleportationsversuchen des Experimentalphysikers Anton Zeilinger (*1945) zu widersprechen. Zeilinger hat gezeigt, dass zwei korrelierte Quantenteilchen, die in entgegengesetzte Richtungen fliegen, stets korreliert bleiben. Dies bedeutet, dass die Einwirkung auf eines der Teilchen auch auf das andere Auswirkungen hat, auch wenn die beiden im Raum weit entfernt sind.

Wenn wir aber, wie Heisenberg gezeigt hat, durch jede Messung den Zustand eines Teilchens bereits verändern, können wir seinen Zustand demnach auch nie ermitteln. Zeilinger weist darauf hin, dass die Unschärferelation hierbei zwei Einschränkungen macht, die für die Teleportation nicht entscheidend sind.[62]

Zum einen geht es bei der Teleportation nicht um die Notwendigkeit, alle im System enthaltenen Informationen durch Messung zu bestimmen, zum anderen muss eigentlich überhaupt keine Information gekannt werden, um sie zu übertragen. Am besten wäre es demnach, wenn man überhaupt keine Messung vornehmen würde, während die Übertragung stattfindet:

> „… was wollen wir mit der Teleportation eigentlich erreichen? Uns ist eigentlich gar nicht daran gelegen, sämtliche in einem System enthaltenen Informationen zu bestimmen. Es würde uns schon genügen, wenn die Teleportation einfach die Information, die ein System charakterisiert, zum Empfänger überträgt. Der springende Punkt ist, dass wir diese Information nicht zu bestimmen brauchen. Wir brauchen sie nicht einmal zu kennen. Sie muss bloß übertragen werden."[63]

Auch wenn Teleportation demnach zumindest durch die Unschärferelation nicht theoretisch unmöglich wird, sprechen doch leider viele Gründe dagegen, dass „Beamen" je praktisch relevant wird.[64]

Interessanterweise enthält der Gedanke der Verschränktheit von Quantenteilchen auch einen Gedanken, der sowohl für die Systemtheorie als auch die Chaostheorie relevant ist, nämlich

[60] Vgl. M. Gell-Mann, 1994, 39

[61] Vgl. M. Gell-Mann, 1994, 210

[62] Vgl. Briggs/Peat, 2006, 282

[63] A. Zeilinger, 2007, 90

[64] Vgl. A. Zeilinger, 2007, 321f.

den des Zusammenwirkens aller Elemente in einem System bzw. des Zusammenhangs aller Systeme untereinander. In der Chaostheorie hat sich eine „ganzheitliche" Betrachtungsweise durchgesetzt, welche den Ergebnissen aus der Quantenphysik entspricht:

> „Es ist heute normal, Wissenschaftler von Perspektiven der Wirklichkeit reden zu hören statt von der objektiven Wirklichkeit, von kreativen Möglichkeiten statt von Kausalität, von wahrscheinlichen Szenarien statt von deterministischen Ergebnissen, von nützlichen Modellen statt von dauerhaften Wahrheiten."[65]

Dabei drückt das bekannte „Schmetterlingsbeispiel" in der Chaostheorie, das auf einen Gedanken des Meteorologen Edward Lorenz in den 1960er Jahren zurückgeht, nicht nur die Verschränktheit aller Elemente und Systeme aus, sondern auch die Entstehung sehr komplexer Strukturen aus zunächst einfachen Anfangsbedingungen:

> „Eine ... Redensart sagt, schon das Flattern eines Schmetterlings in Hong Kong könne in New York ein Gewitter auslösen. Plötzlich wurde es ... bewusst, dass in deterministischen (kausalen) dynamischen Systemen in jeder Kleinigkeit die Möglichkeit zur Erzeugung von Chaos (Unvorhersagbarkeit) verborgen liegt."[66]

> „Der Flügelschlag eines imaginären Schmetterlings in Rio verändert das Wetter in Chicago ... jede beliebig kleine Änderung in einem chaotischen System kann weitreichende, sich verstärkende Wirkungen entfalten (und tut dies in der Regel auch). Diese empfindliche Abhängigkeit bedeutet, dass man die Anfangsbedingungen – wie schnell, in welchem Winkel und exakt auf welche Weise der Star seine Flügel schlägt – mit unendlicher Genauigkeit kennen müsste, um das Ergebnis vorhersagen zu können. Dies ist jedoch sowohl aus praktischen wie auch aus quantenmechanischen Erwägungen unmöglich. Daraus ergibt sich die bekannte Schlussfolgerung: Das langfristige Verhalten chaotischer Systeme ist nicht vorhersagbar."[67]

Das Kriterium des Chaos, also der Unvorhersehbarkeit von Ereignissen, bzw. Unbeschreibbarkeit mit Determinanten ist dabei jedoch kein Kriterium, das auf der ungenügenden Kenntnis der vorhandenen Variablen beruht:

> „Es mag zunächst ... übertrieben erscheinen, dass wir ein Wettersystem nur deshalb chaotisch nennen, weil wir sein Verhalten nicht vorhersagen können. Wenn unsere Fähigkeiten zur Vorhersage nicht ausreichen, möchte man doch annehmen, es läge daran, dass nicht alle nötigen Details bekannt sind oder dass wir nicht die richtigen Gleichungen benützen. Das ist aber ganz und gar nicht so ... Auch noch so viele zusätzliche Details würden keine perfekte Vorhersage ermöglichen."[68]

---

[65] Briggs/Peat, 2006, 312
[66] Briggs/Peat, 2006, 97
[67] S. Kaufmann, 1998, 34
[68] Briggs/Peat, 2006, 97

Die Chaostheorie hat demnach als ein Grundaxiom die Unberechenbarkeit und Unvorhersehbarkeit von Wirkungen aufgrund der unüberschaubaren Menge an Variablen.

„[Henri] Poincaré enthüllte, dass das Chaos oder die Möglichkeit des Chaos zum Wesen
nichtlinearer Systeme gehört und dass selbst ein vollständig bestimmtes System wie die
umlaufenden Planeten ungewisse Ergebnisse hervorbringen kann. Er hatte erkannt, wie
winzigste Effekte durch Rückkopplung anwachsen können"[69]

Deshalb lehnen viele Chaostheoretiker die Annahme deterministischer Strukturen ab. Im
Grunde ist die Ablehnung des Determinismus jedoch kein rein theoretischer Einwand. Selbst
in der klassischen euklidischen Welt gehen Ordnung und Chaos Hand in Hand. So lässt sich
beispielsweise die Zahl Pi zur Berechnung des Kreises nie exakt bestimmen.[70]

Vielmehr stellt es sich als praktische Unmöglichkeit heraus, die Vielzahl an Determinanten
bei sehr komplexen Systemen noch zu berechnen, wie beispielsweise iterative Computersimulationen zeigen:

„In Anbetracht der Geschwindigkeit, mit der heutzutage normale Computer Iterationen
ausführen, verschwindet die Vorhersagbarkeit im Bruchteil einer Sekunde, sobald hoch
nichtlineare Gleichungen behandelt werden."[71]

Bei iterativen (lat. iterare = wiederholen) Computersimulationen werden die ständig gleichen
Operationen in einem ständigen Rückkopplungsprozess wiederholt. Als der Meteorologe
Edward Lorenz nichtlineare Gleichungen zur Modellierung der Erdatmosphäre im Computer
simulierte, zeigte der zum Lösungsverfahren gehörige Iterationsprozess, dass bereits winzige
Differenzen nach beliebig hohen Iterationsprozessen zu riesigen Unterschieden führten und
damit zu Abweichungen, die qualitativ völlig verschiedene Wettersysteme charakterisierten.[72]

Während dieser Aspekt der Chaosforschung dem Namen „Chaos" alle Ehre macht und sowohl dem Gedanken von Struktur und Determinismus zu widersprechen scheint, zeigt sich in
chaotischen Systemen zugleich ein zweiter, dazu paradox erscheinender Aspekt. Chaotische
Strukturen führen nämlich, wenn sie sich selbst überlassen bleiben, zur Entstehung von Mustern und Ordnungen. Auch dies lässt sich über Computersimulationen berechnen. Selbstorganisierte Systeme, die aktiv Strukturen herstellen und aufrechterhalten, lassen sich ebenso
durch rekursive, iterative Funktionen simulieren.

Nun zeigt sich bei Berechnung solcher Funktionen, dass manche Operationen nach beliebi-
gen Iterationen auf einen bestimmten, stabilen Wert hin tendieren. Die Fortführung dieser
Operationen nach Erreichen dieses Wertes änderte diesen nicht mehr, d.h. die weiteren Operationen sorgten nur für redundante Wertreproduktion in einem iterativen Prozess:

---

[69]   Briggs/Peat, 2006, 37
[70]   Vgl. Briggs/Peat, 2006, 99
[71]   Briggs/Peat, 2006, 104
[72]   Vgl. Briggs/Peat, 2006, 96

„Formal ausgedrückt: Das Ergebnis einer Rechenoperation (Op) an einem Ausgangswert (Xo) sei X1, also X1 = Op (Xo). Dieselbe Operation an diesem ersten Ergebnis vollzogen ergibt X2, formal: X2 = Op (X1) = Op (Op (Xo)) usw. bis die selbstbezügliche Funktion X∞ = Op (X∞) erreicht ist."[73]

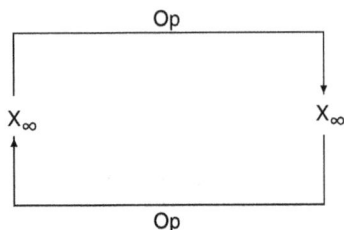

Abb. 7–2:   Iterativer Prozess

Unabhängig von der Chaosforschung haben Mathematiker ebenso die Entstehung und Berechnung von Mustern in scheinbar ungeordneten Strukturen entdeckt, so genannte „seltsame Attraktoren". Attraktoren sind Werte bzw. Zustände, denen ein System zustrebt. Sie sind auch bekannt als „Mandelbrot-Menge", benannt nach dem französischen Mathematiker Bênoit Mandelbrot (*1924).

Mandelbrot schuf unabhängig von der Chaostheorie in den 1960er Jahren eine neue Geometrie, die so genannte „Fraktale Geometrie", zur Beschreibung chaotischer Attraktoren aus iterativen Verfahren erzeugt. Der Zusammenhang zwischen fraktaler Geometrie und Chaostheorie war ihm damals zunächst nicht bewusst.

Ein wesentliches Merkmal der ästhetischen Fraktale ist dabei, dass sich ihre typischen Muster in abnehmender Größenordnung wiederholen, so dass ihre Teile in jedem Maßstab in ihrer Form dem Ganzen ähneln.

Diese Selbstähnlichkeit der Muster, die sich auf jeder Ebene der Betrachtung zu wiederholen scheint, lässt sich in ihrer Qualität beschreiben, jedoch lassen sich Fraktale nicht quantitativ berechnen, was sie mit der Unvorhersagbarkeit chaotischer Systeme gemein haben. Die qualitativen Merkmale des Systemverhaltens lassen sich aber sehr wohl bestimmen.

„Daraus geht hervor, dass chaotisches Verhalten, im neuen wissenschaftlichen Sinn des Begriffs, etwas ganz anderes ist als eine zufällige, unberechenbare Bewegung ... Chaotisches Verhalten ist deterministisch und verläuft in Mustern; seltsame Attraktoren ermöglichen es, die dabei erzeugten scheinbar zufälligen Daten in deutlich sichtbare Formen umzuwandeln."[74]

So wie wir in den Ausführungen zur biologischen Systemtheorie gesehen haben, dass strukturelle Offenheit und operationale Geschlossenheit durchaus Hand in Hand gehen können, zeigt sich auf physikalischer Ebene die Erscheinung von eigengesetzlichen Strukturen inmitten von Chaos:

---

[73]   F. Simon, 2007, 25f.
[74]   F. Capra, 1996, 156f.

„Offenbar ist eine Eigenschaft des Chaos in großem Abstand vom Gleichgewicht, dass hier die Möglichkeit von Selbstorganisation gegeben ist."[75]

Interessanterweise, zeigt sich, dass diese Strukturen am Rande des Chaos zum einen durchaus fragil sind,

„... Chaoswissenschaftler haben entdeckt, dass deterministische Systeme, die ihre Struktur durch Schwingungen, Iterationen, Rückkopplungen, Grenzzyklen usw. aufrechterhalten, dem Chaos gegenüber sehr verwundbar sind und ein ungewisses (unvorhersehbares) Schicksal erleiden, wenn sie über gewisse kritische Grenzen hinaus geraten."[76]

aber gerade am Rande des Chaos auch ihre höchste Leistung, sowie ihre Veränderungsfähigkeit zeigen:

„Die Komplexitätsforschung legt den Schluss nahe, dass selbstorganisierte, komplexe Systeme ihre Innovationsfähigkeit, Kreativität und Adaptionsfähigkeit gerade daher beziehen, dass sie am Rande des Chaos operieren ... bedeutet dass ein System sich in einem kritischen Zustand befindet, so dass die erwähnten kleinen Änderungen zu radikalen Wirkungen führen können."[77]

„Es grenzt ... an Zauberei, daß ... Systeme im Verlauf ihrer Koevolution anscheinend immer zum Chaosregime streben. Als ob jede Spezies, wie von unsichtbarer Hand geleitet, bei der Adaption zwar nach ihrem eigenen, egoistischen Vorteil strebe, das ganze System aber sich dennoch auf magische Weise auf einen Gleichgewichtszustand hinbewegen, in dem jede Spezies im Schnitt ihr Bestes gibt."[78]

Komplexe, energetisch offene Systeme, sowie dissipative Strukturen entstehen demnach fern vom thermischen Gleichgewicht am Rande des Chaos:

„Komplexe Systeme existieren deshalb am – oder im geordneten Regime nahe dem – Rand des Chaos, weil die Evolution sie dorthin treibt ... Es ist eine ... durch viele Daten untermauerte Hypothese, dass genomische Systeme im geordneten Regime nahe dem Phasenübergang zum Chaos liegen."[79]

Interdisziplinäre Chaos- und Komplexitätsforscher wie der amerikanische Biochemiker Stuart Kauffman (*1939) setzen die Selbstorganisation sogar als ebenbürtige evolutive Quelle neben die darwinsche Selektion.

---

[75] Briggs/Peat, 2006, 203

[76] Briggs/Peat, 2006, 109

[77] F. Simon, 2007, 30

[78] S. Kauffman, 1998, 49

[79] S. Kauffmann, 1998, 140, 47

„Wir leben also weder in der besten noch in der schlechtesten aller möglichen Welten. Vielleicht ist genau dies die Wahrheit, die wir immer geahnt haben. Geben wir unser Bestes; wir werden letztlich doch wie die Trilobiten und andere stolze Schauspieler die am endlosen Festzug des Lebens mitwirkten, für immer hinter den Kulissen der Geschichte verschwinden. Wenn wir schon zugrunde gehen müssen, was für ein herrliches Abenteuer, überhaupt Schauspieler sein zu dürfen. "

Stuart Kauffman[80]

Kauffman

„Wenn ... die Formen, unter denen die Selektion eine Auswahl trifft, von Komplexitätsgesetzen erzeugt wurden, dann hat die Selektion schon immer einen Handlanger gehabt. Die natürliche Auslese ist jedenfalls nicht die einzige Quelle von Ordnung, und Organismen sind nicht bloß zusammengeflickte Bastelwerke, sondern Manifestationen grundlegender Naturgesetze ... Ich werde ... die These vertreten, dass ein Großteil der Ordnung in Organismen nicht auf die Selektion zurückzuführen ist, sondern auf die spontane Ordnungsbildung in selbstorganisierten Systemen. Ordnung, unermesslich und schöpferisch, nicht der gegenläufigen Dynamik der Entropie abgerungen, sondern frei verfügbar, bildet die Grundlage der gesamten nachfolgenden biologischen Evolution. Die Ordnung in Organismen entsteht zwangsläufig und ist nicht bloß der unerwartete Triumph der natürlichen Selektion."[81]

... „Weder Darwin noch irgendein anderer Naturwissenschaftler hat bislang die Kraft der Selbstorganisation als Quelle der Ordnung auch nur im Ansatz verstanden ... Die Selektion wäre nicht die einzige Quelle von Ordnung."[82]

Kauffman weist daraufhin, dass es in der Biologie noch kein theoretisches evolutionäres Rahmenmodell gibt, das Selbstorganisation und Selektion miteinander vereint.

Hier kann man sich fragen, ob Kauffman im Grunde hier nicht die Selbstorganisation als Kriterium der Mutation begreift. Der Gedanke der Struktur noch vor jeder Selektion scheint dabei auch dem Gedanken der „Evolutionsfähigkeit der Evolution" von Dawkins zu ähneln, welcher ebenso bereits vor jeder Selektion die Entstehung von Viabilitätsmodulen für möglich hält.

Kauffmans Selbstorganisation hat jedoch im Unterschied zu Dawkins keinen Inhalt, sagt also beispielsweise nichts über eine verbesserte Evolutionsfähigkeit aus. Sowohl Kauffman als auch Dawkins denken dabei möglicherweise an Gesetzlichkeiten, die bereits der Mutation innewohnen.

Wir haben gesehen, dass sowohl Kauffman als auch Dawkins einen teleologischen Gradualismus, wie ihn Darwin noch durch die Selektion gesehen hat, verwerfen. Beide scheinen diesen jedoch nur vorzuverlegen in den Prozess der Mutation, in Dawkins Terminologie als „Evolutionsfähigkeit der Evolution" bezeichnet, mit Kauffmanns Worten als „Selbstorgani-

---

[80]   S. Kauffmann, 1998, 361
[81]   S. Kauffmann, 1998, 21, 46
[82]   S. Kauffmann, 1998, 142f.

sation" benannt. Kauffmann nennt zwei Gründe, die gegen die Annahme darwinistischer gradueller Selektion sprechen:

„Die wichtigste Prämisse – und eine der zentralen Voraussetzungen der gesamten Darwinschen Theorie – ist der Gradualismus, also die Annahme, dass Genom- oder Genotypmutationen geringfügige Veränderungen an den Merkmalen, also dem Phänotyp eines Organismus hervorrufen können ... Können also alle komplexen Systeme verbessert und letztlich durch Anhäufung einer Serie geringfügiger Modifikationen zusammengebaut werden? ... Darwins Annahme war ... höchstwahrscheinlich falsch. Offenbar besitzt der Gradualismus keine universelle Gültigkeit. In einigen komplexen Systemen bewirkt jede beliebig kleine Störung katastrophale Änderungen im Verhalten des Systems. Wie wir ... darlegen ... kann die Selektion in diesen Fällen keine komplexen Systeme aufbauen; hierin liegt eine grundlegende Begrenzung der Selektion. Es gibt noch eine zweite fundamentale Begrenzung: Selbst wenn der Gradualismus in dem Sinne gilt, dass geringfügige Mutationen kleine Änderungen des Phänotyps verursachen, so folgt daraus noch keineswegs, dass die Selektion die geringfügigen Verbesserungen auch erfolgreich anhäufen kann. Vielmehr kann es zu einer Fehlerkatastrophe kommen. In einer adaptierenden Population sammeln sich dann kleinere Katastrophen und nicht etwa geringfügige Verbesserungen an. Trotz der Aussonderung durch die Selektion löst sich die Ordnung des Organismus allmählich auf."[83]

Während Kauffmans Theorie demnach die selektive Anpassung durch eigengesetzliche Strukturen schon während der Mutation ersetzt, kann man sich fragen, wie seinerseits Dawkins die Evolutionsfähigkeit der Evolution anders denken kann, denn als rückgekoppelte Lernschleife? Wenn aber Lernen nicht auf der Ebene der selektiven Anpassung stattfindet, muss diese dann nicht bereits im Prozess der Mutation stattfinden? Da Dawkins Gedanke einer Verbesserung der Evolutionsfähigkeit eine telologische Richtung beinhaltet, bleibt die Frage offen, wie diese Richtung entsteht, bzw. an welchen Kriterien die Verbesserung stattfindet. Kauffman hat dieses Problem nicht, da er keinen gerichteten Prozess postuliert, sondern lediglich die Existenz von Eigengesetzlichkeiten.

„Woher stammt die Ordnung, die ich von meinem Fenster aus sehe? Meines Erachtens aus dem Zusammenwirken von Selbstorganisation und Selektion."[84]

Diese Selbstorganisation noch vor jeder Selektion nennt Kauffman „Ordnung zum Nulltarif":

„Wenn diese Annahme zutrifft, dann müssen Stoffwechselnetzwerke sich nicht sukzessive aus ihren Komponenten aufbauen, sondern können vollentwickelt aus der Ursuppe entstehen. Das nenne ich Ordnung zum Nulltarif. Wenn ich recht habe, dann sind wir nicht die Kinder des Zufalls, sondern der Notwendigkeit ... Der größte Teil der wunderbaren Ordnung, die in der Ontogenese sichtbar wird, entsteht ... spontan als eine zwangsläufige Mani-

---

[83] S. Kauffmann, 1998, 232f.
[84] S. Kauffmann, 1998, 280

festation der erstaunlichen Selbstorganisation, die in sehr komplexen Regulationsnetzwerken in großem Umfang auftritt."[85]

Die Radikalität der Gedanken von Stuart Kauffman wird man sich unter Umständen erst bewusst, wenn man sich verdeutlicht, dass damit jede Art von Adaption an Umweltgegebenheiten als Selektionskriterium nicht mehr entscheidend ist, sondern vielmehr Systeme bereits vor jeder Anpassung an Umweltgegebenheiten ihre Eigengesetzlichkeiten ausprägen.

„Die Evolution kann möglicherweise nur mit Systemen arbeiten die bereits eine innere Ordnung aufweisen, mit Fitneßlandschaften, die bereits so eingestellt sind, dass die natürliche Selektion Fuß fassen und ihr Werk verrichten kann. Und hier könnte ... eine grundlegende Verknüpfung zwischen Selbstorganisation und Selektion liegen. Die Selbstorganisation könnte nämlich die Vorbedingung der Evolutionsfähigkeit als solcher sein. Möglicherweise können nur Systeme, die zu spontaner Selbstorganisation fähig sind, eine weitere Evolution durchlaufen. Wie weit haben wir uns damit vom einfachen Bild der Selektion entfernt, deren Wirken sich darauf beschränkt, besser angepasste Varianten auszusieben. Die Evolution ist ein sehr viel komplexeres, sehr viel wundervolleres Schauspiel."[86]

Dieser Gedanke setzt im Grunde die Selbstorganisation von Systemen mit Naturgesetzlichkeit gleich. Evolution selbst wird damit als selbstorganisierend beschrieben. Wenn wir diesen Gedanken einmal weiter denken, in dem wir uns an den Gedanken des Philosophen J. G. Fichte (1762–1814) erinnern, dass der Mensch die sich selbst betrachtende Natur sei, so relativiert sich der Unterschied zwischen Mensch und Natur, System und Anpassung an die Umwelt:

„Die Natur wird in mir ihrer selbst im Ganzen sich bewusst ... In jedem Individuum erblickt die Natur sich selbst ... Dieses Bewusstsein aller Individuen zusammengenommen macht das vollendete Bewusstsein des Universum von sich selbst aus."[87]

Wenn Mensch und Natur aufgrund ihrer ursprünglichen Eigengesetzlichkeit nicht voneinander unterschieden sind, verliert auch der Begriff der Anpassung seinen Sinn. Ordnung tritt damit mit sich selbst in Interaktion. Dass Interaktion damit nicht redundant wird, das zeigt sich etwa im Gedanken des „Mems" von Dawkins, was soviel bedeutet wie eine Verhaltensweise, die sich in einer Population ausbreitet:

„Diese Kategorien von Verhaltensweisen definieren sich wechselseitig in einem komplexen Kreis ständiger Neubestätigung ... Nachdem wir Kategorien erfunden haben, pressen wir die Welt in sie hinein und werden selbst in sie hineingepresst."[88]

---

[85] S. Kauffmann, 1998, 75, 45

[86] S. Kauffmann, 1998, 280

[87] J.G. Fichte, 1962, 28

[88] S. Kauffmann, 1998, 440. Vgl. auch R. Dawkins, The Blind Watchmaker: Why the evidence of evolution reveals a universe without design, New York, 1987

Bei Dawkins erstrecken sich die Meme als die „neuen Replikatoren der Evolution" auch auf die kulturellen Leistungen:

> „Die kulturelle Überlieferung ist der genetischen Vererbung insofern ähnlich, als sie zwar im wesentlichen konservativ ist, aber dennoch eine Form von Evolution hervorrufen kann."[89]

Spätestens mit dem Verweis auf die kulturelle Evolution sind wir nun in der Philosophie und den Kognitionswissenschaften gelandet, wo wir nun sehen wollen, wie die naturwissenschaftlichen Ausführungen zum Verständnis von biologischen und physikalischen Systemen auf unser menschliches Selbstverständnis angewandt werden können. Dazu liegt es nahe, zunächst die Kognitionswissenschaften, welche die Untersuchung der Arbeitsweise des menschlichen Gehirns zur Grundlage haben, zu Rate zu ziehen.

7.1.3 Systemtheorie und Kognitionswissenschaften

Bereits in den 1950er Jahren begannen Wissenschaftler Maschinenmodelle von binären Netzwerken zu bauen. Hier zeigte sich, dass sich in den meisten Netzwerken nach einer kurzen Zeit der Willkür einige geordnete Muster einstellten. Diese spontane Erscheinung von Ordnung wurde als Selbstorganisation bezeichnet.[90]

In dem Bemühen der Kognitionswissenschaften, menschliche Intelligenz zu verstehen und zu beschreiben, wurde schnell klar, dass sich menschliche Intelligenz völlig von der künstlichen Intelligenz der Maschinen unterscheidet. Das menschliche Nervensystem verarbeitet nämlich keine Information, sondern steht im Dialog mit der Umwelt, indem es ständig seine eigene Struktur moduliert.[91]

Das Gehirn als Daten verarbeitenden Computer zu sehen, im Sinne einer trivialen Maschine, ist also unangemessen.[92] Während triviale Systeme analytisch bestimmbar, determiniert und damit voraussagbar arbeiten, sind nichttriviale Systeme analytisch unbestimmbar und nicht vorhersagbar.

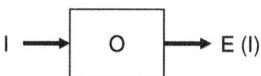

I Information
O Operation
E Ergebnis

Abb. 7–3: Triviales System

Im trivialen System führt eine Information (I) zu einer Operation (O) des Systems, was schließlich ein von der Ausgangsinformation abhängiges Ergebnis (E von I) bewirkt. Die

---

[89] R. Dawkins, 2001, 304
[90] Vgl. F. Capra, 1996, 102
[91] Vgl. F. Capra, 1996, 85
[92] Vgl. F. Capra, 1996, 233

Maschine sowie das Computersystem leben in ihrer Nützlichkeit für uns davon, dass die Ergebnisse der Operationen vorhersagbar und nicht willkürlich sind.

Menschen, sowie etwa die Umwelt, sind jedoch als lebende Systeme nichttrivial zu verstehen, d.h. um das uncharmante Beispiel von Gregory Bateson zu zitieren, es ist ein großer Unterscheid, ob wir eine Billardkugel anstoßen oder einen Hund treten, denn im zweiten Fall ist die Reaktion des lebenden Systems nicht vorhersagbar[93], aus der ursprünglichen Information, die in das lebende System eingespeist wurde, lässt sich nicht das Ergebnis, also die Reaktion vorhersagen.

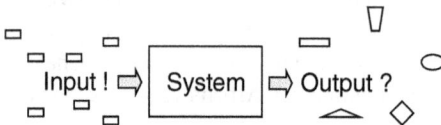

Input ! ⇨ | System | ⇨ Output ?

Abb. 7–4:   Nichttriviales System

Wie bereits erwähnt, ist in der Gehirnforschung inzwischen bekannt, dass unser Gehirn vernetzt arbeitet und einzelne Funktionen nicht notwendigerweise lokal beschränkt sind. Nach Unfällen hat sich gezeigt, dass auch andere Hirnreale Aufgaben übernehmen können, ein Befund der für die kognitive Selbstorganisation spricht.[94]

Es ist dabei viel über die grundsätzliche Unterscheidung zwischen künstlicher und menschlicher Intelligenz spekuliert worden, insbesondere darüber, ob es je möglich sein wird, künstliche Intelligenz der menschlichen nachzugestalten, wie es in Science Fiction zum Ausdruck kommt.

Der oft angeführte Unterschied von Mensch und Maschine, wonach Menschen sich ihren Zweck und ihren Sinn im Leben selbst geben, währenddessen Maschinen lediglich programmiert seien, lässt sich mit dem Gedanken eines unterstellten Determinismus nicht halten. Demnach können wir auch den Determinismus als eine Art Programmierung verstehen. Auch die Tatsache, dass wir Menschen uns doch frei fühlten und nicht determiniert[95], lässt sich nicht als Unterschied klassifizieren, denn auch dies ließe sich programmieren.

Es gibt jedoch einen Unterschied zwischen Mensch und Maschine, der sich nicht ausräumen lässt. Unabhängig davon, ob es je technisch-praktisch möglich sein wird, menschenähnliche Maschinen zu bauen, werden sich solche „Replikanten" von Menschen immer dadurch unterscheiden, dass Replikanten ihren Schöpfer bzw. Programmierer kennen.

Ist Selbstorganisation demnach prinzipiell programmierbar? Prinzipiell ja, ebenso wie sich der Zufallsgenerator eines Schachcomputers programmieren lässt. Damit ist theoretisch, bei genügender Kenntnis der Wirkvariablen, sowohl bei lebenden als auch bei nichtlebenden Systemen immer ein deterministisches Wirksystem anzunehmen.

Die Maschine folgt ihrem künstlichen Programm, der Mensch seinem natürlichen Programm. Die Verhaltensmöglichkeiten beider sind theoretisch zu jeder Zeit vorhersehbar und bereits determiniert noch vor jeder Realisierung, wenn auch praktisch, wie wir mit Hilfe der Quantenphysik und der Chaosforschung gesehen haben, die Möglichkeiten für uns heute nicht beschreibbar sind, bzw. allenfalls Eintrittswahrscheinlichkeiten angegeben werden können.

---

[93]   G. Bateson, 1985, 520

[94]   Vgl. F. Capra, 1996, 89

[95]   Vgl. Dazu etwa Genesis und Geltung bei R. Spaemann, 1984, 73f.

Varela

Die Neuorientierung der Kognitionswissenschaften weg vom Inputsystem trivialer Maschinen hin zu einem selbstorganisiertem System setzt der chilenische Kognitionswissenschaftler Francisco Varela (1946–2001) gleich mit der Abkehr von Theorien, welche eine erkenntnistheoretische Abbildtheorie der Umwelt (Repräsentation) in lebenden Systemen zu Grunde legen:

„Diese Konzepte implizieren drei ontologisch wie erkenntnistheoretisch folgenreiche Annahmen: 1. Die Welt ist vorgegeben, 2. Unsere Kognition bezieht sich auf diese Welt – wenn auch oft nur auf einen Teil derselben. 3. Die Art, auf die wir diese vorgegebene Welt erkennen, besteht darin, ihre Merkmale abzubilden und sodann auf der Grundlage dieser Abbildungen zu handeln."[96]

Vielmehr setzt Varela als Quintessenz seiner Konzeption des Gehirns die Eigenaktivität im Gegensatz zur Repräsentation der Außenwelt als Grundmuster lebender Systeme:

„Das Gehirn bringt ständig Welten im Prozeß gangbarer (viabler) Geschichten von Lebewesen hervor; es legt Welten fest statt sie zu spiegeln. Nach dieser Auffassung ersetzt Viabilität im erkenntnistheoretischen Diskurs Vorstellungen der Adäquanz."[97]

„Die eigentliche Herausforderung ... durch diese neue Orientierung liegt darin, dass sie die am tiefsten verwurzelte Grundannahme unserer naturwissenschaftlichen Tradition schlechthin in Frage stellt: dass die Welt, wie wir sie erfahren, unabhängig vom erfahrenden Subjekt ist."[98]

Maturana

Francisco Varela und Humberto Maturana (*1928), ebenfalls chilenischer Neurobiologe und Philosoph, haben zusammen ein Modell der operational geschlossenen Systeme aufgrund ihrer Untersuchungen der Funktionsprinzipien des Gehirns entwickelt und es dann auf biologische Systeme insgesamt übertragen. Sie bezeichneten diese Selbstorganisation als „Autopoiese".

Ein schnell einleuchtendes alltägliches Beispiel zur Verdeutlichung, dass wir mit unserer Wahrnehmung nicht die Wirklichkeit um uns so wahrnehmen, wie sie unabhängig von uns ist, sondern gemäß unserem Erkenntnisapparat, zeigt Varela anhand von Farben:

„Ein ... Beispiel ist die Welt der Farben, wie wir sie jeden Tag wahrnehmen. Farben und ihre Wirkungen sind so allgegenwärtig in unserem Leben, dass wir versucht sind anzunehmen, die Farben, die wir sehen, seien so, wie die Welt ist. Wir nehmen normalerweise an, dass Farbe ein Bestandteil der Wellenlänge des von Gegenständen reflektierten Lichts ist, den wir aufnehmen und als bedeutsame Information verarbeiten. Nun ist aber oft genug

---

[96] S.J. Schmidt, in F.J. Varela, 1990, 11

[97] Ibid.

[98] F.J. Varela, 1990, 97

eingehend dargelegt worden, dass die wahrgenommene Farbe eines Gegenstandes weitge-hend unabhängig ist von der auf das Auge auftreffenden Wellenlänge. Stattdessen läuft ein komplexer (und nur in Teilen verstandener) Prozeß ab, in dem vielfältige Neuronengrup-pen des Gehirns zusammenwirken und in dem ihre Aktivitäten miteinander verrechnet werden ... Wir können lediglich sagen, dass unsere Farbenwelt viabel ist: sie ist hand-lungswirksam, denn wir haben im biologischen Sinne überlebt."[99]

Varela weist hier daraufhin, dass für Überlebensfähigkeit nicht unbedingt eine korrekte Ab-bildung (Repräsentation) unserer Umwelt nötig sein muss. Entscheidend für lebende Systeme ist demnach vielmehr, ob sie mit ihrer jeweiligen Wahrnehmung überlebensfähig sind.

„Der Grundgedanke besteht also darin, dass kognitive Fähigkeiten untrennbar mit einer Lebensgeschichte verflochten sind, wie ein Weg, der als solcher nicht existiert, sondern durch den Prozeß des Gehens erst entsteht. Daraus folgt, dass meine Auffassung der Kog-nition nicht darin besteht, dass diese mithilfe von Repräsentationen Probleme löst, sondern dass sie vielmehr in kreativer Weise eine Welt hervorbringt, für die die einzige geforderte Bedingung die ist, dass sie erfolgreiche Handlungen ermöglicht: sie gewährleistet die Fort-setzung der Existenz des betroffenen Systems mit seiner spezifischen Identität."[100]

Wenn Viabilität und nicht Anpassung Kriterium der Evolutionsfähigkeit von lebenden Sys-temen ist, dass kann man auch nicht von einer linearen, optimalen Anpassungsskala spre-chen:

„Es gibt kein Überleben des Angepaßteren, sondern nur ein Überleben des Angepassten. Die Anpassung ist eine Frage notwendiger Bedingungen, die auf viele verschiedene Wei-sen erfüllt werden können, wobei es keine beste Weise gibt, einem Kriterium zu genügen, welches außerhalb des Überlebens zu suchen wäre. Die Unterschiede zwischen den Orga-nismen offenbaren, dass es viele strukturelle Wege der Verwirklichung des Lebendigen gibt und nicht die Optimierung einer Beziehung oder eines Wertes."[101]

Auch Varela und Maturana kehren der Darwinschen Auffassung der graduellen Anpassung den Rücken.

„Wir sehen die Evolution hier als ein strukturelles Driften bei fortwährender phylogeneti-scher Selektion. Dabei gibt es keinen Fortschritt im Sinne einer Optimierung der Nutzung der Umwelt, sondern nur die Erhaltung der Anpassung und Autopoiese in einem Prozess, in dem Organismus und Umwelt in dauernder Strukturkoppelung bleiben ... Es ist dem-nach nicht so, dass im Verlauf der Evolution irgendeine besondere Qualität der Lebewesen optimiert wird."[102]

---

[99]   F.J. Varela, 1990, 106f.
[100] F.J. Varela, 1990, 110
[101] Maturana/Varela, 1987, 125
[102] Maturana/Varela, 1987, 127, 129

Vielmehr ist jede Art von Überlebensfähigkeit als gleichwertig zu betrachten:

„Viele Strukturvariationen sind in der Lage, in einem bestimmten Milieu lebenstüchtige Individuen hervorzubringen. Sie alle sind gleichermaßen angepasst und auch dazu fähig, ihre Linie in dem Milieu, in dem sie vorkommen, sei dieses veränderlich oder nicht, für mindestens einige tausend Jahre fortzusetzen."[103]

Das Kriterium für Überlebensfähigkeit ist aus phylogenetischer Sicht die Replikationsfähigkeit:

„Es hat Abstammungslinien gegeben, die ausgestorben sind, weil die strukturellen Konfigurationen, durch die sie gekennzeichnet waren, die Erhaltung ihrer Organisation und ihrer Anpassung und somit ihre Fortdauer nicht erlaubt haben. Im Prozeß der organischen Evolution ist alles erlaubt, sofern die wesentliche ontogenetische Voraussetzung der Fortpflanzung erfüllt ist."[104]

Im Sinne eines strukturellen Driftens, also einer Koevolution, bewegen sich lebendes System und Umwelt nebeneinander her, wofür Maturana und Varela eine Analogie mit der Fahrt eines U-Bootes zur Verständlichung einführen:

„Stellen wir uns jemand vor, der sein ganzes Leben in einem Unterseeboot verbracht hat, ohne es je zu verlassen, und der im Umgang damit ausgebildet wurde. Nun sind wir am Strand und sehen, dass das Unterseeboot sich nähert und sanft an der Oberfläche auftaucht. Über Funk sagen wir dann dem Steuermann: Glückwunsch, du hast alle Riffe vermieden und bist elegant aufgetaucht; du hast das Unterseeboot perfekt manövriert. Der Steuermann im Inneren des Boots ist jedoch erstaunt: Was heißt denn Riffe und Auftauchen? Alles, was ich getan habe, war, Hebel zu betätigen und Knöpfe zu drehen und bestimmte Relationen zwischen den Anzeigen der Geräte beim Betätigen der Hebel und Knöpfe herzustellen – und zwar in einer vorgeschriebenen Reihenfolge, an die ich gewöhnt bin. Ich habe kein Manöver durchgeführt, und was soll das Gerede von einem Unterseeboot?"[105]

Dabei sind lebende Systeme als operational geschlossen aufgrund ihrer Eigengesetzlichkeit, aber strukturell offen, aufgrund der metabolischen Verwiesenheit auf die Umwelt, zu sehen. Im Sinne einer nichttrivialen Maschine kann man demnach nicht von einer linearen Informationsaufnahme von Umwelteinflüssen im System sprechen. Maturana und Varela ziehen es demnach vor, nicht von Information zu sprechen, sondern von Perturbation (lat. perturbare = stören), da das lebende System von der Umwelt gestört wird, seine eigengesetzlichen Operationen (operative Geschlossenheit) auszuführen:

---

[103]   Maturana/Varela, 1987, 118
[104]   Maturana/Varela, 1987, 118
[105]   Maturana/Varela, 1987, 149

„Das Nervensystem ist ein Netzwerk aktiver Komponenten, in dem jeder Wandel der Aktivitätsrelationen zwischen den Komponenten zu weiterem Wandel zwischen ihnen führt.
Das Operieren des Nervensystems besteht darin, einige dieser Relationen trotz fortdauern-
der Perturbationen – sowohl infolge ihrer eigenen Dynamik als auch infolge der Interaktionen des Organismus – invariant zu halten. Das Nervensystem funktioniert also als ein
geschlossenes Netzwerk von Veränderungen der Aktivitätsrelationen zwischen seinen
Komponenten."[106]

Durch die Perturbation ist damit das Ergebnis, die Reaktion des lebenden Systems nicht
vorhersagbar und lebende Systeme werden sowohl von ihrer Umwelt perturbativ beeinflusst
als auch umgekehrt, was die Autoren als strukturelle Kopplung bezeichnen,

„... es ist ... die Struktur des Lebewesens, die determiniert, zu welchem Wandel es infolge
der Perturbation in ihm kommt. Eine solche Interaktion schreibt deshalb ihre Effekte nicht
vor. Sie determiniert sie nicht und ist daher nicht instruierend, weshalb wir davon sprechen, daß eine Wirkung ausgelöst wird. Wir wollen damit darauf hinweisen, dass der
Wandel, der aus den Interaktionen zwischen dem Lebewesen und seiner Umgebung resultiert, zwar von dem perturbierenden Agens hervorgerufen, aber von der Struktur des perturbierenden Systems determiniert wird. Dasselbe gilt für das Milieu, für das das Lebewesen eine Quelle von Perturbationen und nicht von Instruktionen ist ... wirken Milieu und
Einheit füreinander als gegenseitige Quellen von Perturbationen, sie lösen gegenseitig
beim jeweils anderen Zustandsveränderungen aus – ein ständiger Prozeß, den wir als strukturelle Kopplung bezeichnet haben"[107]

während zugleich sowohl Organismus und Umwelt operational geschlossen, also unabhängig
voneinander bleiben:

„Strukturkopplung ist immer gegenseitig; beide – Organismus und Milieu – erfahren Veränderungen ... Organismus und Milieu" [sind] „operational unabhängige Systeme"[108]

Philosophisch postulieren Maturana und Varela ein Konzept, das weder einem erkenntnistheoretischen Solipsismus noch einem Repräsentationismus (Realismus) folgt:

„Aus der Tatsache der operationalen Geschlossenheit des Nervensystems geht hervor, dass
seine Arbeitsweise ... weder repräsentationistisch noch solipsistisch" [ist] ... „Sie ist nicht
solipsistisch, da das Nervensystem als Teil des Organismus an dessen Interaktionen mit
seiner Umwelt teilnimmt, welche im Organismus andauernd strukturelle Veränderungen
auslöst, die dessen Dynamik von Zuständen modulieren. Darauf beruht, daß uns als Beob-
achtern die Verhaltensweisen der Tiere im allgemeinen als ihren Lebensumständen ange-

---

[106] Maturana/Varela, 1987, 180
[107] Maturana/Varela, 1987, 106, 110
[108] Maturana/Varela, 1987, 113

messen erscheinen und dass die Tiere sich nicht verhalten, als würden sie ihrem eigenen Skript unabhängig vom Milieu folgen. Dies trifft trotz der Tatsache zu, dass es für das Operieren des Nervensystems weder Innen noch Außen gibt, sondern nur die Erhaltung der eigenen Korrelationen, die in ständiger Veränderung begriffen sind ... Die Arbeitsweise des Nervensystems ist auch nicht repräsentationistisch, da der strukturelle Zustand des Nervensystems bei jeder Interaktion spezifiziert, welche Perturbationen möglich sind und welche Veränderungen diese in seiner Dynamik von Zuständen auslösen. Es wäre deshalb ein Fehler, das Nervensystem im Sinne eines Input/Output-Modells zu sehen. Das würde nämlich bedeuten, dass zur Definition des Systems (d.h. zu seiner Organisation) Ein- und Ausgänge gehören müssten, wie das bei einem Computer oder anderen Maschinen der Fall ist. Diese Definition ist vollkommen angemessen, wenn man eine Maschine konstruiert, deren wichtigstes Merkmal die Art unserer Interaktion mit ihr ist. Das Nervensystem (oder der Organismus) ist jedoch von niemandem entworfen worden; es ist das Resultat eines phylogenetischen Driftens von Einheiten, die um ihre eigene Dynamik von Zuständen zentriert sind. Es ist daher angemessen, das Nervensystem als eine durch ihre internen Relationen definierte Einheit zu betrachten, in der die Interaktionen nur als Modulationen ihrer strukturellen Dynamik wirken – das heißt, als eine Einheit mit operationaler Geschlossenheit. In anderen Worten: Das Nervensystem empfängt keine Information, wie man häufig sagt. Es bringt vielmehr eine Welt hervor, indem es bestimmt, welche Konfigurationen des Milieus Perturbationen darstellen und welche Veränderungen diese im Organismus auslösen. Die populäre Metapher vom Gehirn als Computer ist nicht nur missverständlich, sondern schlichtweg falsch."[109]

Der Verweis auf den philosophischen Solipsismus bringt uns hier zur prinzipiellen Frage, wie die Systemtheorie erkenntnistheoretisch überhaupt zu denken ist. Damit kommen wir zur Philosophie.

7.1.4 Systemtheorie und Philosophie

> *Nasreddin saß am Flussufer, als jemand vom anderen Ufer aus rief:*
> *„Wie komme ich denn hier auf die andere Seite?"*
> *Darauf antwortete Nasreddin:*
> *„Du bist auf der anderen Seite!"*

Nasreddin[110]

Während Fritjof Capra die so genannte Santiago-Theorie von Maturana und Varela als erstes wissenschaftliches System bezeichnet, das die kartesianische Trennung überwindet[111], verkennt er hier die philosophische Vorbereitung der Gedanken etwa durch George Berkeley oder David Hume. Abgesehen von der naturwissenschaftlichen Genesis gehen sie, bezogen

---

[109] Maturana/Varela, 1987, 185

[110] In: G. Frank (Hg.), Der Schelm vom Bosporus. Anekdoten um Nasreddin Hodscha, Edition Orient, 1994

[111] Capra spielt hier auf die dualistische Trennung der geistigen (res cogitans) und der materiellen Welt (res extensa) an, wie sie der französische Philosoph René Descartes (1592–1650) entworfen hat, ein philosophisches Weltbild, das unser gesamtes neuzeitliches (insbesondere naturwissenschaftliches Denken) entscheidend beeinflusst hat. Vgl. Descartes, Meditationes de prima philosophia, 1641

auf die ontogenetische Geltung für das lebende System sogar weiter, und nehmen sowohl die Prozesshaftigkeit als auch die Eigengesetzlichkeit des Individuums bereits vorweg.

Der Gedanke der Abhängigkeit der Erkenntnis vom erkennenden Subjekt findet sich bereits im bekannten Homo-Mensura-Satz des Sophisten Protagoras (480–410 v. Chr.), wonach der Mensch das Maß aller Dinge sei. Allgemeingültige Wahrheit gibt es nach Protagoras nicht und sein Relativismus kommt auch darin zum Ausdruck, dass nicht einmal für denselben Menschen dasselbe zu verschiedenen Zeiten wahr sein kann, denn zu verschiedenen Zeitpunkten ist der Mensch auch jedes Mal ein anderer.[112]

Damit denkt Protagoras bereits das prozessurale Verständnis eines ständig wechselnden Seins, das sich mit einer stabilen Auffassung unserer Identität nicht vereinen lässt.

Eine systematischste Ausführung der „zweiten kopernikanischen Wende", welche den Menschen erneut in das Zentrum rückt, findet sich in der Erkenntnistheorie des schottischen Philosophen David Humes (1711–1776). Was seine Philosophie besonders reizvoll macht, ist, dass er zunächst, in bester angelsächsischer empiristischer Tradition stehend, gar nicht im Sinn hat, einen Subjektivismus zu begründen. Vielmehr ist die angelsächsische Tradition eine, welche den sinnlichen Erfahrungen in der Wirklichkeit Priorität einräumt.

Während der Subjektivismus (Idealismus) in der Philosophie immer schon vom Primat des Bewusstseins ausging, und alles andere, sowohl Umwelt, Wirklichkeit und Mitmenschen im Extrem des Solipsismus (lat. solus = allein, ipse = selbst) als Schöpfung desselben betrachtet, behauptet der Objektivismus (Realismus) eine unabhängig vom Subjekt bestehende und erkennbare Außenwelt.

Soweit der Empirismus die Erkenntnis auf die sinnliche Erfahrung der Wirklichkeit gründet, ist er zunächst realistisch und objektiv. Es zeigt sich aber im weiteren Verlauf der Überlegung, dass sich bei der logischen Durchführung dieses Gedankens eine Umkehrung in die Subjektivität und schließlich eine Auflösung auch des Subjekts, ganz in dem Sinne, den Protagoras bereits andeutet, nämlich als fließender Prozess des Seins, einstellt.

Die subjektivistische Rückkehr der Welt in den Geist, im Sinne der erwähnten „zweiten kopernikanischen Wende" ist dabei übrigens eigentlich weder Rückkehr noch westlich ethnozentrierte Philosophie. Bereits im Buddhismus, bis zur Mystik des alten Ägyptens wurde der Mensch bereits als Mikrokosmos des Makrokosmos gesehen:

> *„Diese Reiche rühren nicht von irgendwo außerhalb (deiner selbst) her. Sie kommen von innerhalb ... deines Herzens ... Sie kommen von da innen heraus und scheinen auf dich. Auch die Gottheiten sind nicht von sonst irgendwoher gekommen: sie existieren von Ewigkeit her innerhalb der Fähigkeiten deines eigenen Geistes. Wisse dass sie von solcher Natur sind."*

Tibetanisches Totenbuch[113]

Auch beispielsweise im Buddhismus findet sich kein erkenntnistheoretischer Realismus, vielmehr sind Dinge und Menschen nichts weiter als „Maya" (Welt des Scheins) und der Buddhismus geht auch nicht von einem beständigen Subjekt aus, das lediglich als nichtwirkliche Illusion gesehen wird.[114]

---

[112] Vgl. H.J. Störig, 1981, 152 oder K. Vorländer, 1990, Bd. 1, 152
[113] Das Tibetanische Totenbuch, Patmos, 2003, 197
[114] Vgl. F. Capra, 1996, 333f.

Wenn wir uns wieder der abendländischen Tradition und der weiteren Entwicklung des Homo-Mensura Satzes des Vorsokratikers Protagoras zuwenden, können wir zunächst im 13. und 14. Jahrhunderts des Mittelalters die Vorbereitung des Empirismus durch den so genannten Universalienstreit und dem Konzept des Nominalismus beobachten. Hierbei ging es darum, ob unseren Allgemeinbegriffen (Universalien) wie „Haus", „Baum" oder „Mensch" auch eine Entsprechung in der Wirklichkeit zukomme, oder ob wir es hierbei genau genommen nur mit Namen (lat. Nomen, deshalb auch als „Nominalismus" bezeichnet) zu tun haben.

Wenn wir uns überlegen, dass wir mit ein und demselben Allgemeinbegriff viele verschiedene Dinge mit unterschiedlichen Merkmalen bezeichnen, wird klar, dass der allgemeine Begriff eines Hauses beispielsweise also nicht hinreichend ist, ein bestimmtes einzelnes wirkliches Haus zu beschreiben, sondern lediglich eine Art Gattungsbegriff für alle Häuser darstellt. Wir müssen also sehr viel mehr Attribute hinzufügen, um konkrete Einzeldinge in Abgrenzung von anderen zu beschreiben.

Damit vollzieht der Nominalismus bereits die Abkehr von der Außenwelt und die Hinwendung zum Subjekt, im Postulat, dass unsere Allgemeinbegriffe nicht die Wirklichkeit abbilden, sondern lediglich als Kategorienbildungen eines Subjekts zu verstehen sind.

David Hume übernimmt diesen Nominalismus. Anders aber als idealistische Philosophen, welche von vorneherein die Welt als Emanation des Subjekts verstehen, wie etwa Fichte, Leibniz oder Schopenhauer, ist die empiristische Philosophie auch deshalb so interessant, weil die Wendung in das Subjekt sozusagen notgedrungen erfolgt. Sie geschieht nämlich aufgrund der Stringenz der Gedanken und verfolgt in ihrem ursprünglichen Bemühen, Erkenntnis auf die sinnliche äußere Wahrnehmungswelt zu gründen, gerade eine nüchterne, naturwissenschaftliche, realistische Ausrichtung. Zum anderen haben wir David Humes Erkenntnistheorie gewählt, weil sie unter den empiristischen Konzepten zugleich die logisch stringenteste, als auch die radikalste Ausformung hat. Wir wollen dieses Denkabenteuer kurz begleiten.

Hume
Hume fragt sich zunächst, wie unser Denken entsteht. Dabei kann er zum einen Eindrücke (impressions) ausmachen, zum anderen Vorstellungen (ideas). Die Eindrücke unterteilt er in Sinneswahrnehmungen (sensation) und Selbstwahrnehmungen (reflection).

Dies hat vor ihm schon John Locke (1632–1704), ebenfalls ein Vertreter des Empirismus, getan. Vorstellungen unterscheiden sich nun von Eindrücken dadurch, dass ihnen ein stärkerer Grad von Lebhaftigkeit zukommt.[115] Das heißt nichts anderes, als dass sich Wirklichkeit und Traum demnach nur von ihrer Intensität unterscheiden lassen, qualitativ sind sie gleich. Hume nennt die Vorstellungen deshalb schwache Abbilder der sinnlichen Eindrücke.

Für Hume, sowie für die gesamte Strömung des Empirismus, ist nun wichtig, dass die sinnlichen Eindrücke unseren Vorstellungen immer voran gehen, es kann niemals vice versa sein. Auch diesen Grundsatz hat bereits John Locke aufgestellt, demnach kann nichts in unseren Gedanken sein, was nicht von den Sinnen herkommt („Nihil est in intellectu quod non prius fuerit in sensu").[116]

---

[115] D. Hume, A Treatise of Human Nature, 1978, 1

[116] Einen Gedanken, den der Idealist Leibniz persifliert, indem er hinzusetzt: „Nisi intellectus ipse" (ausgenommen der Verstand selbst)

Dieser Gedanke hat weitreichende Folgen, den er besagt, dass wir gar nichts zu denken imstande sind, was nicht auf sinnliche Eindrücke zurückgeht. Wenn wir aber beispielsweise an ein Pegasus, ein geflügeltes Pferd denken? Hume würde sagen, wir verbinden hier lediglich zwei einzelne sinnliche Eindrücke, nämlich den Eindruck vom Pferd und den von Flügeln und setzen ihn zusammen.

Ebenso ist es, wenn wir an kaltes Feuer denken oder an das „Nichts" oder die Unendlichkeit. Das Nichts lässt sich demgemäß gar nicht denken, wir denken dann z.B. an eine weiße Fläche etc. und wenn wir an die Unendlichkeit denken, so können wir dies auch nur, indem wir immer und immer wieder endliche, sinnliche Teilstücke aneinanderreihen. Nachdem Hume bewiesen hat, dass all unser Denken aus unserer sinnlichen Wahrnehmung kommt, geht er zu der Frage über, woher unsere Sinneseindrücke ihrerseits herkommen. Während philosophische Richtungen wie Idealismus, Subjektivismus oder Solipsismus davon ausgehen, dass die das Subjekt umgebende Außenwelt durch das Subjekt geschaffen wird, von ihm abhängt, oder sogar, wie im Solipsismus, nur im Subjekt existiert, lässt sich der Empirismus davon noch einmal unterscheiden, weil die Objekte der Außenwelt, die so genannten materiellen Substanzen, hier ebenso aufgelöst werden.

Den Gedanken, dass wir, ausgehend von unser Sinneserfahrung, eigentlich nie Substanzen, materielle Dinge und dergleichen wahrnehmen, fasst bereits der irische Bischof George Berkeley (1685–1753), indem er darauf hinweist, dass Haptik und Optik in unserer Wahrnehmung nicht korrelieren:

> „Doch wenn wir die Dinge scharf und genau in den Blick nehmen, muß man zugeben, dass wir niemals ein und dasselbe Objekt sehen und fühlen. Was gesehen wird, ist ein Ding und, was gefühlt wird, ist ein anderes. Falls die sichtbare Gestalt und Ausdehnung nicht dieselbe wie die tastbare Gestalt und Ausdehnung wäre, dürften wir nicht folgern, dass ein und dasselbe Ding verschiedene Ausdehnungen hat. Die richtige Konsequenz ist: Die Objekte des Gesichts- und Tastsinns sind zwei verschiedene Dinge."[117]

Auch bei Blindgeborenen, die ihr Augenlicht wiedererlangt haben, zeige sich, dass die vormals taktilen Eindrücke nicht mit den neu erworbenen visuellen Eindrücken in Verbindung gebracht würden, wenn sie nicht in zeitlichem Zusammenhang stünden.[118]

Ja, nicht einmal wenn wir uns auf einen einzigen Sinneskanal verlassen, kann man diesen sinnlichen Erfahrungen trauen, wie etwa Sinnestäuschungen taktiler Art (eine sehr kalte Hand empfindet lauwarm bereits als heiß) oder auch visueller Art (z.B. unser rein visueller Eindruck über die Größe entfernter Objekte) zeigen. Der libanesische Dichter Khalil Gibran (1883–1931) hat dies einmal sehr schön ausgedrückt:

Das Auge

Das Auge sagte eines Tages: „Ich sehe hinter diesen Tälern im
blauen Dunst einen Berg. Ist er nicht wunderschön?"
Das Ohr lauschte und sagte nach einer Weile: „Wo ist der Berg,
ich höre keinen." Darauf sagte die Hand: „Ich suche vergeblich,
ihn zu greifen. Ich finde keinen Berg."

---

[117]   G. Berkeley, 1987, 33 (49.)

[118]   Das Beispiel des Blindgeborenen findet sich bereits bei Molyneux und Locke (J. Locke, 1979, 8, 146)

Die Nase sagte: „Ich rieche nichts. Da ist kein Berg."
Da wandte sich das Auge in eine andere Richtung. Die anderen
diskutierten weiter über diese merkwürdige Täuschung und kamen
zu dem Schluß: „Mit dem Auge stimmt was nicht."

K. Gibran[119]

So kommt Berkeley dazu, zu behaupten, eine von unserem Wahrnehmen und Denken unabhängige Außenwelt existiere nicht, das Sein der Dinge bestehe nur in ihrem Wahrgenommenwerden (esse est percipi, lat. = Sein ist Wahrgenommenwerden). Dies führt zu einigen, unserem Common Sense widersprechenden, Folgerungen. Wenn das Sein der Wirklichkeit von unserer Wahrnehmung abhängt, so würde die Wirklichkeit, wenn sie von uns oder anderen nicht wahrgenommen würde, verschwinden, bzw. jedes Mal wieder neu aus dem Nichts erschaffen, wenn wir sie wahrnähmen („creatio ex nihilo").

Man kann sich hier fragen, ob in der Logik der empiristischen Argumentation nicht eine petitio principii (Erschleichung des Beweisgrundes) vorliegt. Denn einerseits behaupten die Empiristen, wir müssen von der sinnlichen Wahrnehmung ausgehen um Erkenntnis zu erlangen, andererseits wird kurz darauf bewiesen, dass gerade diese Erfahrung widersprüchlich ist und damit die Auflösung der materiellen Welt eingeleitet.

Andererseits muss man dem Empirismus zu Gute halten, dass dieses Ergebnis zunächst nicht intendiert ist und anders als im Subjektivismus nicht schon im Ausgangspunkt angelegt wird. Vielmehr ergeben sich die Schlussfolgerungen aus dem Bemühen, die Daten aus der Außenwelt für repräsentativ zu nehmen und zu sehen, wie weit sie uns Gewissheit geben können.

Während George Berkeley die Auflösung der materiellen Dinge in der Wirklichkeit bereits vordenkt, greift David Hume ihn später wieder auf und treibt ihn zur logischen Konsequenz, nämlich der Auflösung von Substanz aber auch Identität generell. Denn wenn wir Dinge, Substanzen, Menschen durch unsere sinnliche Wahrnehmung nicht verbürgen können, löst sich nicht nur die Außenwelt, sondern auch wir selbst auf.

Wenn wir uns strikt an unsere Wahrnehmung halten, können wir nämlich auch nicht von uns selbst als zeitlich stabile Substanz mit Identität sprechen, vielmehr sehen wir uns einer ständigen Flut von wechselnden sinnlichen Eindrücken ausgesetzt, die wir aus einfachen Vorstellungen zur komplexen Vorstellung unserer Identität „zusammenbauen", weshalb man Humes Erkenntnistheorie auch als „Phantasmagorie" bezeichnet hat.

Hume nimmt damit bereits viele Gedanken der Systemtheorie bereits vorweg, so die Prozesshaftigkeit und Eigengesetzlichkeit lebender Systeme, wie sie auch in den naturwissenschaftlichen Einzeldisziplinen zum Ausdruck kommen, wie wir gesehen haben.

Ein anderer Philosoph, sozusagen das Urgestein aller Philosophen, der Grieche Sokrates (469–399 v. Chr.), ist ebenso als Vordenker der Systemtheorie zu sehen. Anders als die englischen Empiristen des 18. Jahrhunderts hat er systemisches Denken zwar als einer der ersten entworfen, allerdings noch nicht systematisch bis zum Ende gedacht.

Sokrates ist aber auch deshalb für die Systemtheorie so interessant, weil er hinsichtlich der didaktischen und pädagogischen Aspekte in seiner „Maieutik" (griechisch = Hebammenkunst) bereits viele Ideen andenkt, die wir in der Personalführung, Pädagogik, oder auch der therapeutischen Beratung nützen können.

---

[119] K. Gibran, Das Auge, in: Der Narr. Lebensweisheit in Parabeln, Patmos, 2007

„Ich weiß, dass ich nichts weiß!"

Sokrates

Sokrates

Die sokratische Methode der „Hebammenkunst" hat ihren Namen daher, dass Sokrates Mutter Hebamme war. Zugleich bringt die sokratische Methode mit ihrer Fragetechnik das Wissen im Befragten hervor, das immer schon in ihm gesteckt hat, einer Hebamme gleich, welche hilft, ein Kind auf die Welt zu bringen.

Der inzwischen jedermann bekannte Ausspruch des Sokrates „Ich weiß, dass ich nichts weiß" soll dabei ausdrücken, dass Sokrates, während er die Athener Mitbürger auf dem Marktplatz zu den unterschiedlichsten Themen befragte, zunächst nicht ein Nichtwissen aufdecken will, während er selbst die Antwort kennt, um seine Mitmenschen zu brüskieren.

Er versucht vielmehr, über seine Fragetechniken herauszufinden, ob die Befragten selbst über ein Wissen verfügen. Da sich meist herausstellt, dass die Befragten nicht das Wissen haben, das sie zu haben glauben, endet die Befragung in einer Aporie. Sokrates hat den Befragten voraus, dass er sich zumindest darüber im Klaren ist, über kein Wissen des untersuchten Gegenstandes zu verfügen, was seinerseits dennoch als Wissen zu werten ist (die so genannte sokratische „Ironie").

Die pädagogische Methode des Sokrates, die Aristoteles beschrieben hat mit:

„Sokrates fragte nur, aber er antwortete nicht"[120]

wird uns dabei später noch begegnen in der systemischen Beratung, wie sie etwa von Steve de Chazer angeregt wurde. Sokrates stellt Fragen, prüft die Antworten und enthält sich dabei selbst aller Behauptungen.[121]

In der weiteren pädagogischen und didaktischen Adaption führte die sokratische Methode der Maieutik zu einem Verständnis von Lehre, in dem der Lehrer dem Schüler nicht die fertigen Ergebnisse vorträgt, sondern durch Fragen die Schüler dahin führt, die Ergebnisse aus eigener Einsicht zu gewinnen.[122]

Es ist dabei in der Forschung offen geblieben, ob Sokrates über Wissen verfügte, aber sozusagen als pädagogischen Kunstgriff sein Nichtwissen vortäuschte, oder ob er das Wissen auch selbst nicht hatte. Wenn man davon ausgeht, dass die zweite Ansicht richtig ist[123], muss man sich allerdings fragen, wie zielgerichtetes Fragen möglich ist, ohne jeglichen eigenen Standpunkt, bzw. Vorannahme.

Ebenso bleibt fraglich, wie es denkbar ist, dass Sokrates die Antworten der Befragten prüft, ohne selbst eine prüfende Position zu haben, von der aus die Stellungnahme getroffen wird.

Übrigens haben diese zweite Ansicht wohl weder sein Schüler Platon, Aristoteles oder Sokrates selbst geteilt. Platon nennt ihn an Einsicht nicht zu übertreffen, Aristoteles rühmt sein

---

[120] Aristoteles, 1922, 66, 183 b
[121] Vgl. G. Martin, 1967, 101
[122] Vgl. G. Martin, 1967, 129
[123] G. Martin spricht sich beispielsweise für diese Sichtweise aus: Ibid., 1967, 129

methodisches Wissen und Sokrates verteidigt sich bei der Verteidigungsrede vor Gericht, das ihn zum Tode verurteilen wird, selbst als den weisesten aller Griechen.[124]

Die maieutische Methode des Sokrates hat dabei insbesondere auf die Pädagogik Auswirkung gezeigt, beispielsweise im Erziehungskonzept des Schweizer Entwicklungspsychologen Jean Piaget (1896–1980).

Wir kommen damit zu systemtheoretischen Konzepten, wie sie in Pädagogik, Didaktik, Beratungsarbeit sowie Therapie Ausprägung gefunden haben.

7.1.5 Systemtheorie, Pädagogik und Beratung

> *„Ich habe meinen Kindern unendlich wenig erklärt; ich habe sie weder Moral, noch*
> *Religion gelehrt; aber wenn sie still waren … dann fragte ich sie: werdet ihr nicht*
> *vernünftiger und braver, wenn ihr so seyd, als wenn ihr lärmet?"*

Pestalozzi[125]

Piaget

Piaget wies in seinen kinderpsychologischen Forschungen immer wieder darauf hin, dass Kinder nicht feste Regeln übernehmen wollen im Reifungsprozess, sondern vielmehr durch eigene Bemühungen und persönliche Erfahrungen ihren Weg entdecken wollen und auch sollen, sofern die Gesellschaft von dieser neuen Generation nicht nur Nachahmung des Alten, sondern vielmehr eine bessere Welt, die durch diese neue Generation bereichert wird, erwartet.[126] Um dies zu ermöglichen, wird freilich deutlich,

> „… dass ihr Gelingen wesentlich von der Rolle des Lehrers bzw. der Lehrerin abhängt. Deren wichtigste Aufgabe besteht darin, ein Arrangement von Lernproblemen zu schaffen und Wege zum aktiven Umgang mit den Problemen bereitzustellen, aber auch sich selbst im Hintergrund als Ressource zur Verfügung zu halten und gegebenenfalls mit mäeutischen Fragen nach Art des Sokrates den Lösungsversuchen der Kinder in die richtige Richtung zu verhelfen."[127]

Piaget kommt aufgrund seiner entwicklungspsychologischen Beobachtungen zu einer Art erkenntnistheoretischem Konstruktivismus, der die psychische Struktur in ihrer Eigengesetzlichkeit erst im Wachstumsprozess entstehen lässt. Erkenntnis baut sich von den frühesten Lebenstagen an vor allem durch die aktive, konstruktive Rolle des individuellen Subjekts[128] auf:

> „Nach landläufiger Auffassung ist die Außenwelt vom Subjekt völlig getrennt, obwohl sie den Körper des Subjekts mit einschließt … Tatsächlich stehen alle Entwicklungsstufen,

---

[124] Vgl. Platon, Phaidon, 1988, Band II, 133 (118St.), Aristoteles, Metaphysik, 1995, 19 (987b) und 274 (1078b), Platon, Apologie, Band I, 32f. (23St.)

[125] J.H. Pestalozzi, 1927, X III, 15

[126] Vgl. J. Piaget, 1999, 140

[127] J. Piaget, 1999, 139f.

[128] R. Fatke, 2003, 13

vor allem die sensomotorischen und vorsprachlichen Stufen der kognitiven Adaption und der Intelligenz, im Widerspruch zu diesem passiven Verständnis des Erkenntnisaktes ... diese Strukturen sind das Ergebnis einer Konstruktion; sie sind nicht in den Objekten gegeben, da sie von Handlungen abhängen, und auch nicht im Subjekt, da dieses erst lernen muss, seine Handlungen zu koordinieren (die, von den Reflexen oder Instinkten abgesehen, im Allgemeinen nicht erblich festgelegt sind)."[129]

Diese Eigengesetzlichkeit in der kindlichen Entwicklung führt demgemäß zu der praktischen Überzeugung individueller Lerngeschwindigkeiten:

„Für jedes einzelne Subjekt gibt es eine optimale Geschwindigkeit für den Übergang von einem Stadium zum folgenden, d.h., die Stabilität und selbst die Fruchtbarkeit einer neuen Organisation (oder Strukturierung) hängt von Verknüpfungen ab, die sich nicht sofort einstellen, aber auch nicht unendlich hinausgeschoben werden können, weil sie sonst ihr Vermögen zu internen Verknüpfungen einbüßen würden."[130]

Piaget weist darauf hin, dass er in dieser Sichtweise von den biologischen Selbstregulationsprozessen beeinflusst ist:

„Wenn wir dagegen Erhaltungen eher mit Operationen erklären und davon ausgehen, dass Quantitäten eine komplexe Konstruktion und nicht bloß eine Wahrnehmungstätigkeit verlangen, bewegen wir uns de facto vom Empirismus in Richtung des Konstruktivismus, der eine andere Form von Erkenntnistheorie ist; zudem steht diese Ansatz gegenwärtigen biologischen Trends sehr viel näher, welche die Notwendigkeit konstruktiver Selbstregulation unterstreichen ... Die Synthese der Konzepte von Struktur und Genese, die die psychogenetische Forschung bestimmt, findet ihre Rechtfertigung in den biologischen Konzepten von Selbstregulation und Organisation und nähert sich einem erkenntnistheoretischen Konstruktivismus an ..."[131]

Wie wir in den Ausführungen zum englischen Empirismus gesehen haben, irrt hier Piaget, was die epistemologische Zuordnung von Empirismus und Konstruktivismus angeht. Entscheidend ist aber vielmehr, dass seine Grundannahmen mit diesen in Einklang stehen. Die individuelle Zeit, die Piaget Individuen im Lernprozess zuerkennt, entspricht dabei der Individualität, welcher ein anderer Humanist, der Begründer unserer modernen institutionalisierten Bildung überhaupt, Wilhelm von Humboldt (1767–1835), den Studierenden zuspricht.

Humboldt
Bildung, die zunächst zweckfrei verstanden wird, als individuelle Bildung jedes Menschen, nicht als zielgerichteter Prozess, welcher bereits (im Sinne einer funktionalen Ausbildung) die Bildungsziele vorwegnimmt und bestimmt:

---

[129] J. Piaget, 2003, 43f., 45
[130] J. Piaget, 2003, 71
[131] J. Piaget, 2003, 125, 129

„Daher hat der Universitätsunterricht keine Gränze nach seinem Endpunkt zu, und für die Studirenden ist, streng genommen, kein Kennzeichen der Reife zu bestimmen. Ob, wie lange, und in welcher Art derjenige, der einmal im Besitz tüchtiger Schulkenntnisse ist, noch mündlicher Anleitung bedarf? Hängt allein vom Subject ab. Das Collegienhören selbst ist eigentlich nur zufällig: das wesentlich Nothwendige ist, dass der junge Mann zwischen der Schule und dem Eintritt ins Leben eine Anzahl von Jahren ausschliessend dem wissenschaftlichen Nachdenken an einem Orte widme, der Viele, Lehrer und Lernende in sich vereinigt."[132]

Systemische Beratung
Ein weiterer Zweig der systemtheoretisch orientierten Didaktik findet sich im Bereich der systemischen Beratung mit fließendem Übergang in die systemische Therapie. Wir haben bereits Inhalte der systemischen Beratung im Kapitel über Coaching angeführt. Systemische Beratung ist deshalb in unserem Zusammenhang auch so interessant, weil sie eine konkrete praktische Anwendung systemtheoretischer Grundlagen darstellt und demgemäß, wie jeder Praxisbezug, unmittelbar Nützlichkeit und Erfolg nachweisen muss.

Insbesondere wenn man die Therapiedauer von systemischer Kurzzeitberatung mit der klassischen Psychotherapie vergleicht, fällt auf, dass hier mit dem Fokus auf Zukunfts- und Lösungsorientierung, erstaunlich effektive Ergebnisse zu beobachten sind. In unserem Zusammenhang wesentlich ist aber die aus der Systemtheorie übernommene und weiterentwickelte Methode. Wir fühlen uns hier an die Ausführungen der maieutischen Fragetechniken von Sokrates erinnert:

„Die Therapeutin [der Solution Focused Therapy SFT] ist Expertin für die Fragetechnik, die Klientin ist Expertin für die inhaltliche Entwicklung von Lösungen. Dies fordert von der Therapeutin vollkommene Zurückhaltung. Auch wenn sie meint, besser zu wissen, was gut für die Klientin ist, gilt es, darauf zu vertrauen, dass die Klientin bereits alle Ressourcen hat, die sie braucht, diese aber zur Zeit nicht für sie zugänglich sind ... Um sich dermaßen mit einer eigenen Meinung zurückhalten zu können, ist für die Therapeutin eine Haltung des Nichtwissens und der Nichtbewertung hilfreich ... Da die Therapeutin der Klientin keine inhaltlichen Hinweise gibt, geht der Veränderungsprozess von der Klientin aus."[133]

Die Psychotherapeutin Insa Sparrer hat diesen Ansatz in der „Therapie ohne hörbare Antworten" weiterentwickelt. Hier genügt es, wenn die Therapeutin den Klienten Fragen stellt, und die Klienten geben zu verstehen, wenn sie die Frage für sich selbst beantwortet haben. Die Therapeutin muss die Antwort inhaltlich nicht kennen, sie vertraut auf die Selbstlösungskompetenz der Klienten.[134]

---

[132] W. v. Humboldt, 1988, Gesammelte Schriften, XIII, 261f.
[133] I. Sparrer, 2006, 35f.
[134] Vgl. I. Sparrer, 2006, 2007

7.1.6   Systemtheorie und Soziologie

Es gibt eine Reihe von systemtheoretischen Adaptionen in soziologische Theoreme, die wir hier aber im Rahmen der Themenstellung nicht behandeln können und z.T. auch nicht weiter für uns relevant sind. Im Wesentlichen beziehen sich die Äußerungen von Konstruktivisten, Soziologen und Kommunikationswissenschaftlern, die wir der Einfachheit halber hier im Zusammenhang nennen, auf die systemtheoretischen Grundlagen, die wir bereits in den verschiedensten interdisziplinären Zusammenhängen erwähnt haben. Deshalb wollen wir hier nicht näher auf die Ausführungen beispielsweise von E. v. Glasersfeld, H. v. Förster, P. Watzlawick oder auch N. Luhmann eingehen.[135]

Ein Aspekt sei jedoch erwähnt, den insbesondere Soziologen immer wieder betont haben, er bezieht sich auf den Systemcharakter von Gesellschaftssystemen. Etwa der amerikanische Soziologe Talcott Parsons (1902–1979) fasst den Gedanken, Gesellschaftssysteme mit komplexen Systemen zu vergleichen, ähnlich wie bereits Frederic Vester seine vernetzte Systemlehre entworfen hat:

> „Unsere ... Position lässt sich weitgehend auf die Feststellung ... zurückführen, die Gesellschaft sei – ebenso wie andere soziale Systeme – eine Realität eigener Art ... Wir definieren Gesellschaft als den Typ eines sozialen Systems, dessen Kennzeichen ein Höchstmaß an Selbstgenügsamkeit (selfsufficiency) im Verhältnis zu seiner Umwelt, einschließlich anderer Systeme, ist. Vollkommene Selbstgenügsamkeit wäre jedoch unvereinbar mit dem Status der Gesellschaft als Handlungssubsystem. Jede Gesellschaft ist hinsichtlich ihrer Erhaltung als System auf die Eingaben (inputs) aus dem Austausch mit Systemen ihrer Umgebung angewiesen. Selbstgenügsamkeit im Verhältnis zur Umwelt bedeutet also Stabilität der Austauschbeziehungen und die Fähigkeit, Austauschvorgänge im Interesse eines guten Funktionierens der Gesellschaft zu kontrollieren. Diese Kontrolle kann in dem Vermögen, mit Störungen fertigzuwerden oder ihnen zuvorzukommen, bestehen, aber auch in der Fähigkeit, die Verhältnisse der Umwelt günstig zu beeinflussen."[136]

7.1.7   Systemtheorie und Management

Ansätze zur Integration von systemtheoretischen Ansätzen in die Managementforschung hat es immer wieder gegeben, allerdings gibt es unseres Wissens keine systematische wissenschaftliche Ausführung, welche Thesen hinsichtlich der Übertragbarkeit auf Managementlehren zulässt. Es gibt aber einige sehr gute Ansätze. Die Unternehmensberater Roswita Königswieser und Christian Lutz beispielsweise haben bereits sehr früh systemtheoretische Ansätze in die Beratungsarbeit integriert.

Als Aspekte, die ein solches „systemisch-evolutionäres" Management kennzeichnen, nennen sie beispielsweise 1) „vom Teil zum Ganzen", 2) „von Objekten zu Beziehungen", 3) „von Strukturen zu Prozessen" und schließlich 4) „von Objektivität zur Konstruktion der Wirklichkeit".[137]

---

[135] Vgl. z.B. Glasersfeld/Foerster/Watzlawick/Hejl/Schmidt, Einführung in den Konstruktivismus oder Watzlawick, Wie wirklich ist die Wirklichkeit?

[136] T. Parsons, 2003, 15, 17

[137] F. Capra/A. Exner/R. Königswieser, Veränderung im Management-Management der Veränderung, 1992, 113

Die neue systemische Sichtweise beinhalte dabei einen Paradigmenwechsel weg vom klassischen Verständnis der Führungskraft als „Macher", einem „harten" Denken, sowie einem „männlichen" Prinzip, das sich auf Objektivität und Kausalität stütze. Demgegenüber beinhalte das systemische „Weltbild" eine „Vernetzung", die Führungskraft wird als „Entwickler" und „Gärtner" verstanden und damit eine Wende zum „weichen" Denken vollzogen, welches zum einen durch „Selbstorganisation", „Subjektivität" und Prozesshaftigkeit charakterisiert werde,[138] aber auch durch Intuition statt Rationalität, Synthese statt Analyse, Ganzheitlichkeit statt Reduktion sowie Kooperation statt Wettbewerb.[139]

Die Autoren zeigen dabei, auch unter Einbringung ihrer langjährigen Beratungserfahrung, welche Widerstände sich in den Unternehmungsleitungen gegenüber diesem neuen Paradigma regten. So fürchteten die Unternehmensspitzen mit diesem neuen systemischen Managementansatz Macht und Kontrolle zu verlieren, in dem Maße, in dem an der Basis Selbstentwicklungsprozesse, Eigenverantwortlichkeiten und „autonome", unternehmerisch agierende Arbeitsteams mit kurzen Entscheidungswegen entstehen.[140]

Dabei würden durch das Systemdenken keineswegs die Entscheidungen der Unternehmensführung ersetzt, vielmehr komme es zur Stärkung von Unternehmensfunktionen wie Unternehmenspolitik, Kommunikation und Personal-und Organisationsentwicklung.[141]

Durch die klassischen Herrschaftsstrukturen in Unternehmen vernichte man das Selbststeuerungspotential und damit auch die kreativen Ressourcen organisatorischer Subsysteme, die für die Krisenbewältigung einen wichtigen Stellenwert einnähmen und schwäche damit Unternehmen.[142]

Modernes Leadership-Credo orientiere sich heute mehr und mehr an den Mitarbeitern selbst:

„Führen heißt, das Beste aus den Menschen herauszuholen. Dazu muss man ihnen helfen, es selbst zu tun. Dies gelingt, wenn man die Menschen ermutigt, ihr eigenes Potential soweit zu entwickeln als sie selbst es können ..."[143]

Dazu gehöre auch, die Kritikfähigkeit der Mitarbeiter zuzulassen, ja sogar zu fördern.

„Auf etwas, was keinen Widerstand leistet, kann man sich nicht stützen"

Charles de Gaulles

Die Fähigkeit der Selbststeuerung, aber auch der Drang danach, müsse dabei gerade nicht als ein den Unternehmensinteressen gegenläufiges Verhalten gesehen werden. Der englische Wirtschaftsphilosoph Charles Handy geht dabei soweit zu behaupten, Fortschritt hänge gerade von unvernünftigen Menschen ab, denn vernünftige Menschen passten sich der Welt an, unvernünftige hingegen die Welt den eigenen Vorstellungen.[144]

---

[138] R. Königswieser, Widerstände gegen systemische Unternehmensführung, 1992, 2

[139] Ibid., 120

[140] C. Lutz, Unternehmensführung im Zeitalter der Kommunikation, 1992, 143

[141] F. Capra/A. Exner/R. Königswieser, Veränderung im Management-Management der Veränderung, 1992, 112

[142] M. Lueger, Macht und Herrschaft in Organisationen, 1992, 177

[143] H.H. Hinterhuber, 2007, 209

[144] Handy, C., The Age of Unreason. London, 1999, 4

„Unternehmerische Veränderungsprozesse werden deshalb von unvernünftigen Menschen und somit vor allem von richtig geleiteten Emotionen und Intuitionen vorangetrieben."[145]

Wir hatten bereits im Kapitel über Führungstheorien (Abschnitt 5.1.2) angeführt, dass Entscheidungen notwendigerweise von Emotionen getroffen werden, nicht durch reine Rationalität, in der Sprache der Systemtheorie also „weichem", „vernetztem", „zirkulärem" Denken. Die Verwendung dieser Attribute sollte dabei keine falschen Konnotationen von „Kuschelmanagement" entstehen lassen.

Selbst in militärischem Denken lassen sich davon Aspekte finden. So entwirft der preußische Generalfeldmarschall (1800–1891) Helmuth von Moltke beispielsweise Direktiven anstatt von Befehlen und Anordnungen, weil ihm initiatives Handeln so wichtig war, dass er sogar bereit war, deswegen Abweichungen von seinen Aktionsplänen in Kauf nahm. Die Methode der Direktiven führte somit zur „Individualisierung der Führung". H.H. Hinterhuber bezeichnet ihn deshalb in seiner Führungsmethode „fortschrittlicher als viele Unternehmen unserer Zeit".[146]

„Moltke schulte die Unterführer darin, ihre eigenen, besonderen Probleme und Möglichkeiten sowie ihre Lösungsmöglichkeiten im größeren Rahmen des allgemeinen Ganzen zu sehen."[147]

„Es liegt auf der Hand, dass dazu theoretisches Wissen nicht ausreicht, sondern dass hier die Eigenschaften des Geistes wie des Charakters zur freien, praktischen, zur künstlerischen Entfaltung gelangen ..."[148]

Malik
Wenn wir uns die Ausführungen des österreichischen Wirtschaftswissenschaftlers Fredmund Malik (*1944), u.a. Gründer des Management Zentrums St. Gallen, zum Themenkomplex der Führung vor Augen halten, so finden wir auch hier die Tendenz, Personalführung zunehmend individuell, im Sinne einer Selbststeuerung, zu verstehen:

„In letzter Konsequenz können sich Menschen wohl nur selbst entwickeln, genauso, wie sie sich nur selbst ändern können ... Fast alles, was mit der Entwicklung von Menschen zu tun hat, muss individuell geschehen."[149]

Malik weist darauf hin, dass gar nicht so sehr die Führungskräfte-Auswahl im Vordergrund stehen sollte, sondern vielmehr deren Ausbildung. Dementsprechend sei Management als Beruf zu verstehen, wie jeder andere Beruf auch.[150] Eine formale Ausbildung, wie sie bei-

[145] H.H. Hinterhuber, 2007, 40
[146] H.H. Hinterhuber, 2007, 126, 127, 130
[147] H. Rosinski, Die deutsche Armee, Düsseldorf, 1970, 125
[148] H. v. Moltke, Militärische Werke. Hg. Vom Großen Generalstab. 13Bd., Berlin, 1892, 170
[149] F. Malik, 2001, 248f.
[150] F. Malik, 2001, 45f.

spielsweise in Disziplinen wie Medizin, Architektur oder Ingenieurberufen üblich sei, müsse sich im Management erst noch durchsetzen[151]:

> „Es fällt auf, dass nur wenige Führungskräfte eine systematische Ausbildung in Management haben … Im Grunde gibt es nach wie vor nur zwei Organisationen, die ihre zukünftigen Führungskräfte wirklich systematisch auf ihre Führungsaufgaben im engeren Sinne vorbereiten und nicht nur auf ihre sachlich-fachlichen Aufgaben: die Armeen und die Kirche."[152]

Die insgesamt sehr praktisch ausgerichteten Ausführungen Maliks fordern über eine adäquate Managementausbildung hinaus, welche Management als Profession versteht, zwei Bedingungen von potenziellen Führungskräften. Zum einen Vorbildfunktion, zum anderen charakterliche Integrität.[153] Die wissenschaftliche Begründung sowie nähere Erläuterungen bleibt Malik hier bewusst schuldig. Es geht ihm vielmehr um Funktionalität und Nützlichkeit. Demnach sei Managementlehre auch nicht als Wissenschaft zu begreifen:

> „Management selbst halte ich nicht für eine Wissenschaft, sondern … für eine Praxis … Die Ziele von Wissenschaft und Management sind völlig verschieden … Wissenschaft ist auf Erkenntnis gerichtet, Management hingegen auf Nutzen. Die Wissenschaft orientiert sich an Wahrheit, Management an Wirksamkeit … Die Theorie fragt: Ist es wahr?, Management fragt: Funktioniert es? … Den Charakter einer Disziplin … erhält Management dadurch, dass es an der Schnittstelle von Kunst, Wissenschaft und gesundem Menschenverstand liegt."[154]

Bei aller Berücksichtigung der aktiven, selbstbestimmten und individualisierten Sicht des Menschen und damit auch der Führungsstrategie bleibt Malik dennoch in seinem Fokus bei der Führungskraft, deren Ausbildung und deren Verhalten, verhaftet. Dabei kommt ihm das Verdienst zu, die Professionalisierung der Managementausbildung gefordert zu haben und in dieser Forderung einen neuen Qualitätsanspruch an Führungskräfte sowie deren Führungsleistung formuliert zu haben.

Bei der systemischen Führung (ein Begriff, den es eigentlich so noch nicht gibt) wäre hingegen das Primat beim Mitarbeiter zu sehen, es findet ein Paradigmenwechsel von der Führungskraft, die klassischerweise in allen Führungsstillehren im Mittelpunkt stand, hin zum Mitarbeiter und seinen Bedürfnissen, Fähigkeiten und Möglichkeiten hin, statt.

Bevor wir sehen, welche Implikationen dies auf die Führungskraft und ihre Führungsstrategie haben kann, im Entwurf einer Systemic Leadership, sollten wir noch einmal zusammenfassen, welche Erkenntnisse wir aus dem systemtheoretischen Ansatz der unterschiedlichsten Fachdisziplinen ziehen können.

---

[151] F. Malik, 2001, 385f.
[152] F. Malik, 2001, 55
[153] F. Malik, 256f.
[154] F. Malik, 2001, 388, 390

7.2   Zusammenfassung

Wir haben in diesem Kapitel beleuchtet, in welcher Form die Systemtheorie, wenn man überhaupt von einem gesamtheitlichen Theorem sprechen kann, in den verschiedensten Teildisziplinen zum Ausdruck kommt. Zum Teil finden sich Verweise zwischen den Disziplinen in der Rezeption, größtenteils wurden ähnliche Gedanken in den verschiedensten Disziplinen zu unterschiedlichen Zeiten und unabhängig voneinander entworfen.

Unser Ziel ist es dabei nicht gewesen, die Systemtheorie als dominantes Erklärungsmodell darzustellen, oder die Notwendigkeit der behaupteten Ideen gegenüber anderen Paradigmen zu behaupten. Vielmehr wollten wir den roten Faden, der sich zeitlich und disziplinär übergreifend durchzieht, anhand von ausgewählten Beispielen aufzeigen.

Dies war dabei nicht als Selbstzweck zu verstehen. Wenn wir uns Gedanken darüber machen wollen, wie in den Wirtschaftswissenschaften, im Teilgebiet des Human Resources Management und hier wiederum im Teilgebiet der Personalführung diese verstanden und angewendet werden kann und soll, so bewegen wir uns damit in einem weit größeren Umfeld.

Um den Umgang mit Menschen, ihre Kommunikation miteinander, die Frage wie sie sich motivieren lassen und Leistung bringen oder auch wie Personalführung in Organisationen stattfinden soll, zu beantworten, reicht es nicht, wirtschafts- oder humanwissenschaftliche Betrachtungen alleine anzustellen. Vielmehr müssen wir uns fragen, wie lebende und komplexe Systeme generell funktionieren und agieren und welche Gesetzmäßigkeiten in der Natur wirken. Hier können uns die Erkenntnisse der Physik, der Biologie, der Evolutionstheorie nützlich sein, um zu verhindern, nur rein ideelle oder utopische Gedanken zu entwickeln.

Andererseits kann es auch nützlich sein, diese Ergebnisse und Erkenntnisse näher zu betrachten, um ideologischen Vorurteilen besser begegnen zu können und kreative Denk- und Handlungsmuster zuzulassen, die unter Umständen sonst kein Gehör finden.

Wir wollen demnach im Folgenden noch einmal einige Kernaussagen zusammenfassen, welche sich aus den Ergebnissen der aufgeführten Teildisziplinen für die Funktionsweise lebender Systeme ziehen lassen, bevor wir daraus Schlüsse für die Personalführung ableiten.

Biologie
Wir haben gesehen, dass biologische und evolutionäre Systeme sich nur im Kontext des größeren Ganzen verstehen lassen. Lebende Systeme sind operational geschlossen, dabei behalten sie aber aufgrund ihrer Angewiesenheit auf Stoffwechselprozesse ihre strukturelle Offenheit (Bertalanffy).

Die operationale Geschlossenheit bewirkt, dass sich lebendige Systeme gemäß ihrer inneren Organisation und Eigengesetzlichkeit verändern. Lebende Systeme sind nicht als Anpassung an ihre Umwelt entstanden, sondern passen ebenso ihre Umwelt an sich an (Lovelock). Organismen reagieren nicht passiv auf Umweltreize als Informationsträger, die kausale Wirkungen auslösen, sondern nach ihren Eigengesetzlichkeiten. Die Umwelt „stört" nur den Organismus, ohne die operationalen Änderungen des Organismus inhaltlich zu beeinflussen (Capra).

In der Evolution sind lebende Systeme durch die Gesetze von Mutation, Selektion und Offenheit charakterisiert (Eigen). Nicht Konkurrenz, sondern Kooperation, Vernetzung und Koevolution sind die in der Evolution erfolgreichen Strategien (Capra/Margulis).

Physik

Auch die physikalische Kybernetik zeigt, dass komplexe Systeme durch ihre Eigengesetz-lichkeit charakterisiert sind (Wiener). Diese Eigengesetzlichkeiten entstehen als dissipative, selbstorganisatorische Strukturen inmitten von Unordnung (Prigogine/Haken).

Dissipative Strukturen und Entropie sind dabei nicht als Widerspruch zu sehen (Gell-Mann). Auch die Emission von elektromagnetischen Strahlen erfolgt eigengesetzlich, nach den Planckschen Quantensprüngen.

Naturvorgänge sind nicht kausal beschreibbar, sondern nur mit Wahrscheinlichkeiten, glei-che Ursachen haben nicht die gleichen Wirkungen. Wir können auch nicht von einer objektiv vorhandenen Natur sprechen, Beobachter und Natur lassen sich nicht trennen (Heisenberg).

Chaosforschung

Die Chaosforschung zeigt uns ebenso die Entstehung eigengesetzlicher Muster, wenn Syste-me sich selbst überlassen bleiben. Dieses Ergebnis zeigt sich auch anhand der Bildung von Attraktoren in der nichtlinearen Mathematik (Mandelbrot).

Chaotische Systeme sind dabei grundsätzlich beschreibbar und damit zumindest theoretisch determiniert (Capra). Gerade am Rande des Chaos bilden sich komplexe, selbstorganisatori-sche Strukturen, und zeigen gerade dort ihre höchste Leistungs- und Veränderungsfähigkeit (Briggs/Peat/Kauffman).

Diese Selbstorganisation („Ordnung zum Nulltarif" nach Kauffman) entsteht noch vor jeder Selektion, die graduelle Evolution auf Ebene der Selektion im Darwinschen Sinne wäre demnach falsch (Kauffman/Dawkins).

Kognitionswissenschaften

Auch in den Kognitionswissenschaften bildete sich das Paradigma eines selbstorganisatori-schen, eigenstrukturell modulierten Nervensystems heraus, Gehirne arbeiten demnach nicht lokal, und auch nicht im trivialen Sinne von Computern oder Maschinen (Capra).

Unsere Kognition richtet sich demnach nicht auf eine von uns unabhängig existierende Au-ßenwelt, vielmehr legt unser Gehirn die Welt fest, anstatt sie zu spiegeln. Organismus und Umwelt sind operational geschlossen, also voneinander unabhängige Systeme. Entscheidend in der Evolution ist für das Nervensystem die Überlebensfähigkeit, nicht die Repräsentanz der Außenwelt (Varela).

Demnach gibt es kein Überleben des Angepassteren, wir könnten auch mit einem „Irrtum" was die richtige Wahrnehmung der Außenwelt betrifft, überleben. Entscheidend für evolutio-näre Überlebensfähigkeit ist demnach lediglich die Replikationsfähigkeit. (Maturana/Varela).

Philosophie

Sowohl abendländische wie morgendländische philosophische Systeme vertreten seit langem subjektivistische („eigengesetzliche") Konzepte. Wenn wir beispielsweise die Konstrukte von Nominalismus und Empirismus betrachten, so löst sich unsere Wirklichkeit auf, gerade wenn wir uns auf die „sicheren" Erkenntnisse unserer sinnlichen Erfahrung stützen. Dies sehen wir an Sinnestäuschungen ebenso wie an unserem Gebrauch von Allgemeinbegriffen, die nichts Wirklichem in der Welt entsprechen. Sogar unsere Innenwelt, unsere Identität, lässt sich nicht als Substanz nachweisen, vielmehr bleibt nur eine prozessurale Folge von Eindrücken (Berkeley/Hume).

Die sokratische Maieutik zeigt uns eine erste didaktische und pädagogische Methode, wie man Menschen systemorientiert begreift.

Pädagogik

Die Entwicklungspsychologie stützt die Ansicht, Lernen als konstruktiven, aktiven und individuellen Akt, insbesondere bezogen auf Lerngeschwindigkeiten, zu verstehen (Piaget), im Sinne institutioneller Bildung ein Anspruch, der demnach auch Zweckfreiheit von Bildung mit einschließen sollte (Humboldt).

Therapie

Systemisches Denken in Beratung und Therapie angewandt, zeigt sehr gute Resultate hinsichtlich der Effizienz, welche Zukunfts- und Lösungsorientierung beinhalten.

Die Zuversicht, dass die Klienten aufgrund ihrer Ressourcen selbstorganisatorisch zur Lösungsfindung und Veränderungsfähigkeit kommen, erfordert auf Seiten des Therapeuten die Haltung sokratischen Nichtwissens (de Shazer, Sparrer).

Soziologie

Auch soziologische Theorien haben das Systemdenken in der Adaption auf Gesellschaften und deren Subsysteme als Realitäten eigener Art beschrieben (Parsons).

Management

Die Systemtheorie wurde bereits in unterschiedlicher Definition und Spezifizierung auf Management- und Organisationslehren angewandt, in gleichsam allgemeinen Beschreibungen des systemischen Managers als vernetztem Denker, Gärtner, Entwickler, der sich durch weiches, prozesshaftes, intuitives und ganzheitliches Denken auszeichnet, weg von Konkurrenz hin zu Kooperation (Königswieser).

Die Führungskraft holt das Beste aus den Mitarbeitern heraus, indem sie ihnen hilft, es selbst zu tun, durch die Entwicklung ihres Potentials. Sie führt Mitarbeiter, indem sie ihre Subjektivität und Individualität anerkennt und Kritikfähigkeit fördert. (Hinterhuber)

Gerade durch das Zulassen selbstorganisatorischer Strukturen wird Kreativität aktiviert, die zur Lösung von unternehmerischen Krisen dringend benötigt wird (Lutz/Lueger).

Für erfolgreiche Personalführung sind dabei persönliche Qualifikationen notwendig, aber nicht hinreichend, sie muss vor allem durch eine instrumentelle Ausbildung professionalisiert werden (Malik).

8   Systemic Leadership

„Wer Menschen führen will, muss hinter ihnen gehen."

Laotse

Wenn wir die Ergebnisse der systemtheoretischen Ausführungen aus Kapitel 7 nun als Sprungbrett für einen Entwurf einer Systemic Leadership nehmen, so können wir daraus sechs Thesen ableiten, die für unseren Zusammenhang vor allem relevant sind:

8.1   Sechs Thesen

1. Organismen leben jeweils in ihrer eigen konstruierten Welt als unabhängig voneinander existierende Systeme, wir können nicht von einer allen gemeinsamen Umwelt ausgehen. Eine Anpassung an die Umwelt im Sinne einer Repräsentanz bietet unter Umständen keinen Überlebensvorteil.
2. Organismen agieren und reagieren nicht gleich, sondern gemäß ihrer Eigengesetzlichkeit und damit individuell. Die Anwendung gleicher Maßnahmen wird zu unvorhersagbaren Reaktionen führen
3. Nicht Konkurrenz, sondern Kooperation und Vernetzung sind evolutionär erfolgreiche Strategien
4. Organismen organisieren sich selbst inmitten von Unordnung
5. Lernen, Veränderung und Problemlösen geschehen individuell, eigenaktiv und konstruktiv, mithilfe eigener Ressourcen
6. Die durch Selbstorganisation entfaltete Kreativität erhöht die Überlebensfähigkeit von Unternehmen

Wir können uns hier natürlich fragen, inwieweit einige der Thesen aufgrund ihres mikrophysikalischen oder -biologischen Charakters und Maßstabs auf den Mesokosmos des Menschen anwendbar und übertragbar sind. Die Frage ist allerdings von uns ebenso wenig wie von den zitierten Autoren beantwortbar.

Wichtig erscheint in diesem Kontext vielmehr, dass sich keine Widersprüche zwischen den Beobachtungsmaßstäben und -systemen zeigen, beispielsweise Dissipation und Entropie ebenso miteinander vereinbar sind, wie Attraktoren im Chaos oder Determinismus und Chaostheorie. Wenn wir also davon ausgehen, dass die Übertragbarkeit zulässig ist, fragt sich nun, welche Schlussfolgerungen wir aus den sechs Thesen nun auf eine applizierte Personalführung zu ziehen haben.

8.2   Auswirkungen auf Personalführung

8.2.1   Von der Umwelt zum System, von der Führungskraft zum Mitarbeiter

Fangen wir mit dem augenscheinlichsten Aspekt an. Während herkömmliche Führungslehren die Führungsstrategie und vor allem die Führungskraft als Person im Mittelpunkt haben, verlangt der systemtheoretische Ansatz einen Paradigmenwechsel hin zum Geführten, dem Mitarbeiter. Dies hat seine Gründe zum einen darin, dass einer individuellen Betrachtung der Mitarbeiter mit einem begrenzten Arsenal an Führungsstilen, wie es z.B. die Ansätze des situativen Führungsstils von Hersey & Blanchard oder des Managerial Grid von Blake & Mouton darstellen, nicht adäquat entsprochen werden kann.

Zum anderen lässt sich aus der Anwendung der gleichen Methode auf verschiedene Mitarbeiter nicht erschließen, welche Wirkung diese haben wird, wenn wir von einer konstruktiven Eigengesetzlichkeit und der damit verbundenen Folgerungen, was beispielsweise die Motivationstriebfedern betrifft, ausgehen.

Klassische Führungsmodelle gehen davon aus, dass Menschen geführt werden müssen, sich also nicht selbst führen können. Wir haben aber bereits bei Lewins „Iowa-Studien" zu Führung in Kapitel 5 gesehen, dass beispielsweise gerade die Ergebnisse autokratischer Führung mit Abwesenheit der Führungskraft erheblich abnehmen, während sie im demokratischen Führungsstil auch ohne die Führungskraft stabil bleiben.

Wenn wir außerdem nicht davon ausgehen können, dass Führung informativ, als inhaltlicher Impuls vonstatten geht, sondern vielmehr als Störung, welcher den Mitarbeiter davon abhält, das zu tun, was in seinen eigenen Zielen angelegt ist und zur eigengesetzlichen Entfaltung strebt, so kann Führung im eigentlichen Sinne nicht stattfinden und hat auch niemals stattgefunden.

Hier könnte auch der Grund in der allerorts konstatierten fehlenden Effizienz von Führungsleistung sowie die Abstinenz methodischer Ausbildung liegen, wie sie F. Malik moniert. Die Gründe für erfolgreiche Führung sind unklar, was an der völlig unzureichenden Sicht liegt, wie Menschen und ihre Motivation zu verstehen sind und es mag nicht verwundern, wenn beispielsweise in der GLOBE Studie Robert House als Ergebnis erfolgreicher globaler Führung den Aspekt „Menschenorientierung" vor „Geschäftsorientierung" postuliert, bzw. die Aussage getroffen wird, dass die Passung zwischen Eigenschaften und Verhalten der Führungsperson und den Erwartungen über Geführtwerden seitens der Mitarbeiter den Führungserfolg signifikant erhöht.[1]

Wenn Motivation als gefühlsbasierter Eigenimpuls zu verstehen ist, und nicht als Verstandeskraft, so ist klar, dass sie sich nicht mit Information von außen erzeugen lässt. Wissen kann man vermitteln, Wollen nicht. Wenn sich jeder Mensch also nur selbst motivieren kann, und dieser Antrieb als gefühlsmäßiger Eigenimpuls zu verstehen ist[2], müssen wir uns fragen, welche Leistung der Führungskraft es dem Mitarbeiter ermöglicht, sich selbst maximal zu motivieren.

---

[1]   Siehe Kapitel 6, Abschnitt 6.5.2
[2]   Siehe Kapitel 5, Abschnitt 5.1

Gehen wir von der Systemtheorie aus, müssen wir auf diese Motivation nicht hoffen, sie ist im Sinne der Selbstorganisation bereits in jedem Menschen angelegt. Es geht also nicht darum, wie die Theorie X von McGregor darstellt, Mitarbeiter mit einem Impuls von außen zur Leistung zu bringen, sondern vielmehr im Sinne der Theorie Y, eine vorhandene Leistungsbereitschaft zu ermöglichen, im Sinne der Systemtheorie müssten wir sogar sagen, nicht zu verhindern.

Wenn wir demnach die Standardisierung von Führungsmethoden innerhalb der systemischen Personalführung nicht als zielführend sehen können, muss das noch kein Abgesang bezüglich der von F. Malik geforderten Professionalisierung der Führungskräfteausbildung sein. Diese hat nur einen Paradigmenwechsel zur Bedingung. Anstatt der Ausbildung der Führungskräfte in mannigfaltigen Führungsmethoden, welche in ihrer Fremdgesetzlichkeit auf die Mitarbeiter angewandt werden, müssen Führungskräfte nur noch in einer einzigen Technik ausgebildet werden. Diese ist nun aber, im Sinne der maieutischen Haltung lediglich als Technik zur Eigenbefähigung zu verstehen. Macht sich die Führungskraft damit nicht selbst nur mehr zum Berater und Coach des Mitarbeiters und damit, jedenfalls bezogen auf den Begriff „Führungskraft", selbst überflüssig?

8.2.2   Unternehmens- und Mitarbeiterziele

Während eine Führung im eigentlichen systemtheoretischen Sinne in der Tat nicht mehr stattfindet – denn der Mitarbeiter führt sich selbst auf dem Weg, den auch nur er kennt – bleibt die Entscheidungsgewalt natürlich weiterhin bei der Führungskraft, ebenso wie sich Unternehmensziele auf Abteilungsziele und letztlich auch auf Individualziele herunterdividieren lassen. Dabei wäre es aber unsinnig, Unternehmensziele und -interessen und Mitarbeiterziele und -interessen als genuin gegensätzliche Positionen zu sehen. Mitarbeiterinteressen werden sich nie völlig an den Unternehmensinteressen vorbei artikulieren und umgekehrt werden sich die Unternehmensinteressen immer an den Mitarbeiterinteressen zu ko-orientieren haben. Dabei ist systemische Führung gerade geeignet, diese Ko-Orientierung von Unternehmensperformance und Mitarbeiterperformance zu optimieren, denn die individuelle Performance lässt sich durch die Erzielung hoher Motivationsgrade erheblich steigern.

Mitarbeiterziele, die in ihrer individuellen Genese erkannt und zugelassen werden, können kreativen Mehrwert bieten, da nicht nur Mitarbeiter durch die Verfolgung ihrer Visionen und Ideen höchstmöglich motiviert arbeiten, sondern auch Chancen, die vom Unternehmen nicht gesehen werden, berücksichtigt werden. Praktischerweise werden die individuellen Ziele von Mitarbeitern nicht völlig aus dem Rahmen der Unternehmensziele fallen. Es ist aber durchaus möglich, dass aktuelle Abteilungs- und Bereichsprioritäten ergänzt oder umgeordnet werden, was nicht zu einer Schwächung, vielmehr zu einer Stärkung der Wettbewerbsfähigkeit von Unternehmen führt.

8.2.3   Konkurrenz

Der Gedanke der Konkurrenz speist sich im klassischen evolutionären Verständnis aus der gegenseitigen Durchsetzungsfähigkeit und der daraus folgenden Selektion. Wenn die Ordnungsbildung selbstorganisierter Systeme, wie in Kapitel 7 ausgeführt, jedoch schon vor jeder Selektion stattfindet, müssen wir wohl von der Ansicht, die Konkurrenz als entscheidende evolutionäre Strategie zu sehen, abrücken.

Wenn außerdem laut Aussagen der modernen Evolutionsbiologie gerade nicht Konkurrenz, sondern Kooperation sowie Vernetzung evolutionär erfolgreiche Strategien sind, fragt sich, warum gerade in unserer Wirtschaftswelt immer wieder der Hobbsche Homo Homini Lupus bzw. der Bellum Omnium Contra Omnes[3] bemüht werden, welche bereits den Naturzustand des Menschen charakterisierten. Die Natur des Menschen als selbstsüchtig, kriegerisch und in ständigem Konkurrenzkampf zu anderen stehend zu definieren, ist dabei ebenso willkürlich wie beliebig, denn es lassen sich genügend Argumente gegen diese These finden. In unserem Zusammenhang soll uns aber vor allem interessieren, dass Konkurrenz in systemischer Sichtweise kein erfolgreiches Konstrukt für individuelle, sowie Unternehmensstrategien ist. Außer den Gründen, die sich in der Evolutionsbiologie finden lassen, ist auch nach rein systemischem Verständnis Konkurrenz nicht nur unsinnig, sondern auch unmöglich.

Wenn wir von der Selbstorganisation lebender Wesen ausgehen, welche ihre Ziele gemäß ihrer eigenen Gesetzlichkeiten bereits in sich tragen, macht Konkurrenz, im Sinne der Vergleichung zweier Systeme anhand eines dritten Maßstabs (tertium comperationis) keinen Sinn. Autopoietische Systeme versuchen gemäß ihrer Entelechie die „beste" Version ihrer selbst zu werden, mit anderen Worten, sie wollen gemäß ihrer Eigengesetzlichkeiten operieren. Da dieser Prozess notwendigerweise individuell ist, lassen sich zwei Menschen auch nicht in eigentlichem Sinne vergleichen, und damit verliert auch der Gedanke des Wettbewerbs seinen Sinn. Wenn Wettbewerb verstanden wird, als Vergleich zweier Menschen anhand eines externen dritten Maßstabs, so werden wir Quantitäten von Leistungen messen, aber die verschiedenen Qualitäten, wie sie in etwa in kreativer Leistung zum Ausdruck kommen, nicht fördern und auch nicht erfassen.

In systemischem Sinne kann es also keine Konkurrenz zweier Menschen geben, denn Äpfel und Birnen lassen sich nicht vergleichen. Nicht einmal mit uns selbst können wir in Konkurrenz gehen, wir können allenfalls an der Entwicklung unserer Anlagen arbeiten; da dies, wie wir an den Ausführungen der Identität[4] gesehen haben, aufgrund der Prozesshaftigkeit unseres Seins aber kein Vergleich an einem festen Maßstab sein kann, lässt sich auch ein solcher Maßstab nicht uns selbst gegenüberstellen. Der Begriff der Konkurrenz macht demgemäß nicht einmal im Sinne eines Wettbewerbs mit uns selbst Sinn.

8.2.4   Leistung

Auch die Behauptung, nur in Konkurrenz entfalteten Menschen ihr optimales Leistungspotential, wäre demnach zu prüfen. Vielmehr ist zu fragen, ob nicht gerade in der Konkurrenz die Leistungsfähigkeit drastisch eingeschränkt wird, wenn doch Leistungsfähigkeit und -bereitschaft sich bereits vor jeder Selektion in der Selbstorganisation aller Lebewesen zeigt und Interaktionen von außen als Perturbationen diese Leistungsfähigkeit beeinträchtigen.

Wenn wir dies auf praktische Folgerungen übertragen, würde dies heißen, dass nach systemtheoretischen Verständnis Leistung zwar aktiv eingebracht würde, aber ein Maßstab intersub-

---

[3]   Siehe Kapitel 5, Abschnitt 5.2

[4]   Der Einwand übrigens, wir könnten nur zu unserer eigenen Identität mit anderen finden, der auf Hegels Gedanken gründet, dass Affirmation immer zugleich Negation bedeute, ist dabei aus dem gleichen Grund nicht zutreffend, wie Überleben theoretisch auch mit einem epistemologischen Irrtum möglich wäre. Entscheidend ist zwar, dass Negation stattfindet, aber ebenso wenig wie Repräsentanz der Außenwelt notwendig ist, ist diese Negation inhaltlich bestimmend. Kommunikation und Interaktion mit anderen sind systemtheoretisch verstanden immer perturbierend, nicht instruierend.

jektiver Leistungsmessung, wie er etwa in einer leistungsgerechten Vergütung gedacht und praktiziert wird, nicht mehr sinnvoll wäre. In dem Maße, als leistungsgerechte Vergütung aber gerade als Motivationsinstrumentarium eingesetzt wird, um Leistungsbereitschaft zu erzielen, ist dies auch nicht als Verlust zu sehen, da diese Motivationsnotwendigkeit ja nun wegfällt.

Wenn man sich bezogen auf die Personalentwicklung diese neue Sicht auf die Mitarbeiter bereits aus heutiger Sicht gut vorstellen kann, fragt sich, wie Personalauswahl mit diesem Paradigma noch praktisch denkbar ist, ohne Utopie zu werden. Wie soll die Auswahl von Mitarbeitern erfolgen, ohne jeglichen dritten Maßstab, an dem zwei Mitarbeiter gemessen werden? Würden damit nicht alle Personalauswahlinstrumente, welche eignungsdiagnostisch hohe Validität und Prognosegüte bewiesen haben, ad absurdum geführt?

Vielmehr zeigt sich, dass das systemtheoretische Paradigma vorhandene Eignungsdiagnostik nicht ersetzt, sondern ergänzt, indem Ziele, Entwicklungswünsche und Motivationen potentieller Mitarbeiter tendenziell eine größere Beachtung finden, demgemäß eine Verschiebung der Bewertungskriterien vom Können auf das Wollen stattfindet.

Blicken wir auf die Personalentwicklung. Wenn die Leistung von Mitarbeitern nicht mehr untereinander verglichen wird, womit kann dann Leistung gemessen werden? Hier ergäbe sich ein Wechsel vom Vergleich der Performance mehrerer Mitarbeiter hin zu einem Abgleich spezifischer Positions- und Funktionsmerkmale im Unternehmen mit den Qualifikationen und Motivationen der Mitarbeiter. Doch erhielte man damit durch die Hintertür nicht wieder einen externen Vergleichsmaßstab, der indirekt wiederum die Mitarbeiter anhand des Positionsprofils als Maßstab vergleicht?

Denkt man das systemtheoretische Paradigma für die Organisationsentwicklung weiter, so wäre ein lediglisches Matching von Mitarbeiterqualifikation auf Unternehmensprofile ein unzureichender Ansatz. Vielmehr müssten die unternehmerisch definierten Funktions- und Positionsprofile so viel Spielraum lassen, dass sie von der jeweiligen Qualifikation und Motivation der besetzten Mitarbeiter individuell ausgefüllt werden und damit individuelle Karriere-Entwicklungspfade erst mit ihnen definieren. Macht sich ein Unternehmen aber nicht dadurch von den Mitarbeitern und ihren jeweiligen Zielen abhängig?

Im Sinne einer Koevolution sind Unternehmen und Mitarbeiter, ebenso wie Umwelt und System, sowieso schon immer aufeinander wechselseitig verwiesen. Die heutige, recht einseitig forcierte Anpassung der Mitarbeiter an die Unternehmenskultur ändert daran nichts, denn auch heute schon müssen wir zugestehen, dass die Mitarbeiter im Grunde mit ihrer jeweiligen Individualität die Unternehmenskultur als Ganze erst schaffen. Wenn man dem Gedanken der Koevolution Rechnung trägt, ist demnach durchaus gewährleistet, dass sich die Mitarbeitermotivation und -interessen zielführend für die Unternehmensinteressen einbringen lassen.

Bezogen auf die konkrete Führungstechnik einer Systemic Leadership wird sich hier vor allem Feedback als Performance-Management-Instrument, wie im zweiten Kapitel beschrieben, anbieten. Feedback als kybernetische Rückkopplungsschleife, die es selbstorganisierten Systemen ermöglicht, ihre Eigenstrukturiertheit zu verändern, im Sinne eines aktiven, gewollten Lernprozesses, der, wie wir gesehen haben, auch nur autonom und ohne gerichtete Reaktion auf die Feedbackinhalte denkbar ist. Dennoch lässt sich Performance hier, etwa im Sinne einer 360-Grad-Beurteilung, messen. Sie dient jedoch dann nicht primär dazu, verschiedene Performances zu vergleichen, sondern die individuelle Möglichkeit der Verbesserung eigener Performance steht im Mittelpunkt.

Wir können uns auch fragen, ob das ausgeführte systemtheoretische Verständnis von Personalführung eigentlich auf alle Mitarbeiter anwendbar ist, oder, um etwa die Nomenklatur von Hersey & Blanchard zu benutzen, dies einen gewissen „Reifegrad" des Mitarbeiters erfordere, und damit nur wenige, höher Qualifizierte betrifft.

„Je höher von Art, je seltener geräth ein Ding. "

Friedrich Nietzsche[5]

Wenn wir die Systemtheorie lebender Organismen betrachten, so lässt sich hinsichtlich der Eigengesetzlichkeit von Lebewesen keine Unterscheidung treffen hinsichtlich der Qualität, also wie Lebewesen operieren. Ließe sich aber nicht ein Unterschied feststellen zwischen höher und weniger entwickelten Lebewesen und demgemäß quantitative Grade der Entwicklung angeben?

Wir haben gesehen, dass das Paradigma selektiver gradueller Anpassung sich nicht halten lässt, ja sogar gegenüber uns selbst könnten wir keine Grade unserer ontogenetischen Reife gemäß eines individuellen Maßstabes anlegen. Wenn man Evolution nicht teleologisch begreifen will, dann kann dies auch kein Maßstab für die Ontogenese sein.

Wir können also nicht von verschiedenen Reifegraden der Entwicklung sprechen, denn diese setzen einen quantitativen Maßstab der Vergleichung von Reife in uns voraus. Dies bedeutet in der systemischen Führung allerdings keinen Nachteil, denn die Gefahr, Mitarbeiter mit überhöhten Erwartungen bezüglich ihrer Reife zu begegnen und dementsprechend zu führen, wird mit einer Systemic Leadership nicht eintreten. Mitarbeiter definieren mit ihrem Wollen und ihren Zielen selbst, wie sie „geführt" werden wollen.

Wenn man diese Gedanken konkret und praktisch weiter denkt, können wir uns fragen, wie Systemic Leadership eine ganze Organisationskultur verändern würde, bzw. welche Unternehmensumwelt sie voraussetzen würde. So könnten eigenverantwortliche Teams Nachbesetzungen selbst regeln, Teams würden ihre Führungskräfte selbst aussuchen, Mitarbeiter würden sich selbst und initiativ Ziele setzen usw. Hier wird ein großes unbestelltes Feld zukünftiger fruchtbarer Forschungsprojekte deutlich, um die hier skizzierten Ansätze in unternehmerische Führungspraxis zu wandeln.

Es ließen sich noch viele weitere Beispiele anführen, welche systemtheoretische Ansätze als erfolgreiche Strategie ausweisen. Als Beispiel sei Mediation genannt, die gerade deshalb so erfolgreich ist, weil die Streitenden selbst eine Lösung erzielen, die sich nach den juristischen Erfahrungen als sehr viel tragfähiger erweist, als erzwungene Lösungen eines Dritten von außen.[6] Oder nehmen wir die aktuellen Ergebnisse der Lernforschung, wonach Studierende besser lernen, wenn sie sich den Stoff selbstverantwortlich aneignen. Das entspricht der selbstorganisierten Art des Lernens, weil es gemäß der eigenen inneren Struktur vonstatten geht, währenddessen die klassische „Frontbeschallung" die schlechtesten Lernergebnisse zeitigt.[7]

---

[5] F. Nietzsche, Also sprach Zarathustra, Vom höheren Menschen
[6] Vgl. Haft/v. Schlieffen, 2008
[7] P.R.-J. Simons, 1992, 251–264

8.2.5   Der Mensch als Künstler

Wir können aber auch Bereiche der Kunst betrachten, wenn wir gemäß J. Beuys Aussage, dass jeder Mensch ein Künstler sei, auf Selbstorganisation, Autonomie und Kreativität im menschlichen Schaffen verweisen, welche gerade erst durch die Sprengung konventioneller Muster, als gleichsam biologischer Mutationsentwurf, in die Welt kommen.

Nehmen wir nur die Entwicklung der elektrischen Gitarre, die in den 1920er Jahren begann, um die Gitarre im Orchester durchsetzungsfähiger und lauter zu machen. Während die Spielweise der klassischen Gitarre längst als Ausbildung etabliert war und auch nur, wie bei allen klassischen Instrumenten, eine richtige Technik, die in curricularem Studium zu erwerben war, zuließ, war die große Bandbreite von Techniken, die sich in der elektrischen Gitarrenwelt entwickelte, noch ohne jede Vorgabe.

Im Gegensatz zur klassischen Gitarre, die sich weder spieltechnisch noch künstlerisch weiterentwickelt hatte, sprossen die Künstler, die auf elektrischem Feld neue Ausdrucksmöglichkeiten und völlig neue Techniken entwickelten, nur so aus dem Boden. Der kreative Reichtum wäre nicht so entstanden, wenn die Art, wie das Instrument, und Kunst überhaupt, zu sehen ist, bereits institutionalisiert vorgegeben gewesen und nicht der Gestaltungsfreiheit der jeweiligen Künstler überlassen worden wäre.

So haben wir heute Künstler wie Edward Van Halen oder Stanley Jordan, welche auf der Gitarre völlig neue Spieltechniken beispielsweise wie „Tapping" aus dem Klavierspiel adaptiert haben, und die Musikwelt damit in einer Art und Weise bereichert haben, wie es im Sinne eines konkurrenzhaften Vergleiches, der Künstler lediglich anhand eines dritten Maßstabes, in diesem Fall der orthodoxen, bekannten Spielweise vergleicht, nicht passiert wäre (vor allem nicht in so kurzer Zeit).

> *"... I never took lessons, so I didn't know there were rules; I just knew what I liked*
> *and wanted to feel and hear. This also had a major impact on the way I play, doing*
> *things on the guitar that weren't written in any books."*
>
> Edward Van Halen[8]

Kunst und Kreativität waren immer schon in systemtheoretischen Zusammenhängen zu verstehen, das heißt aktiv, autonom, selbstorganisatorisch, individuell, aus sich heraus schaffend. In diesem Sinne können wir Beuys recht geben, dass jeder Mensch ein Künstler ist, ein (Über-)Lebenskünstler allemal. Wir sollten deshalb im Umgang mit Menschen, insbesondere in der Personalführung, dafür Sorge tragen, Mitarbeiter auch so behandeln.

Menschen mit den dargestellten systemtheoretischen Aspekten zu begreifen, und sie gemäß einer Systemic Leadership zu „führen", bietet viele Chancen. Dabei müssen wir nicht nur neue Denkansätze in Personal- und Organisationsentwicklung zulassen, die Systemtheorie fordert uns bis hin zu unseren erkenntnistheoretischen Überzeugungen heraus. Der metaphysischen Trauer um unsere verlorengegangene Realität wird das wahrscheinlich keinen Trost spenden, auch wenn wir uns klarmachen, dass unser verlorengegangener Realismus dem Idealismus doch nur Metaphysik war.

---

[8]   Guitar World, Vol. 30, No.2, February 2009, 68

„... wie liebte ich die Welt, und wie liebte sie mich wieder,
Denn all mein Lächeln lag auf ihren Lippen,
und ihre Träne stand in meinem Auge;
Doch gab es eine Kluft der Stille zwischen uns,
die sie nicht überbrücken
Und ich nicht überschreiten konnte. "

Khalil Gibran[9]

---

[9]   K. Gibran, Im Garten des Propheten, 1986, 76

Literaturverzeichnis

Achouri, C., Paradoxale Aspekte empiristischer Ethik. München, Akademischer Verlag, 1998

Achouri, C., Der Zusammenhang von Systemtheorie und sokratischer Maieutik. Information Philosophie, Lörrach, 2001

Achouri, C., Zeit und Identität. Eine philosophische Meditation. Würzburg, Königshausen und Neumann, 2004

Aristoteles, Metaphysik IX, 8, Hamburg, Meiner, 1991

Aristoteles. Sophistische Widerlegungen (Organon VI). Hamburg, Meiner, 1922

Bales, R.F., Slater, P.E., Role differentiation in small decision making groups, in: Gibb, C. (Hg.), Leadership, Harmondsworth, 1969

Bass, B.M., Does the transactional-transformational leadership paradigm transcend organizational and national boundaries?, In: American Psychologist, 52(2), 130–139, 1997

Bateson, G., Ökologie des Geistes, Anthropologische, psychologische, biologische und epistemologische Perspektiven. Suhrkamp, 1985a

Bau Michael, Wilkesmann Uwe (Hrg.), Human Resource Management – Vom Stiefkind zum strategischen Partner. Reihe: Wirtschaft: Forschung und Wissenschaft, Münster, LIT, Bd. 17, 2006

Baumer, T., Handbuch interkulturelle Kompetenz, Band 1, Zürich, Orell Füssli, 2002

Baumer, T., Handbuch interkulturelle Kompetenz, Band 2, Zürich, Orell Füssli, 2004

Berger, Peter L./Luckmann, Thomas, Die gesellschaftliche Konstruktion der Wirklichkeit. Frankfurt, Fischer, 1989

Bergemann, N., Sourisseaux, A.L.J., Interkulturelles Management. Berlin, Springer, 2003

Berkeley, G., Versuch über eine neue Theorie des Sehens. Hamburg, Meiner, 1987

Berne, E., Die Transaktionsanalyse in der Psychotherapie. Paderborn, 2006

Berne, E., Grundlagen der Gruppenbehandlung. Paderborn, 2005

Bertalanffy, Ludwig von: General System Theory. Foundations, Development, Applications. New York, George Braziller, Inc., 1969

BDA Bundesvereinigung der Deutschen Arbeitgeberverbände, Demographie und gesellschaftlicher Wandel. Band 44, 2004

Blake, R.R., Interview with Robert Blake, Healthcare Forum Journal, July–August 1992, Vol. 35, #4, International Copyright 1992, Joe Flower, All Rights Reserved

Blake, R.R., Mouton, J.S., The managerial grid, Houston, 1964

Blake R.R., Mouton, J.S., Verhaltenspsychologie im Betrieb, Düsseldorf, Econ, 1980

Block Richard J.; Yuker Harold E., Ich sehe was, was Du nicht siehst. 250 optische Täuschungen und visuelle Illusionen. München, Goldmann, 1996

Borsche, Tilman: Wilhelm v. Humboldt. München, Beck Verlag, 1990.

Börnecke, Dirk (Hrsg.), Basiswissen für Führungskräfte. Erlangen, Publicis, 2005

Briggs, J., Peat, F.D., Die Entdeckung des Chaos. Eine Reise durch die Chaostheorie. München, dtv, 2006

Brodbeck, F. C., Die Suche nach universellen Führungsstandards, in: Wirtschaftspsychologie aktuell, 1/2008

Brodbeck, F.C., Frese, M., Javidan, M., Leadership made in Germany, Low on compassion, high on performance. Academy of Management Executive, 16, (1), 16–29

Bryman, A., Charisma and Leadership in Organizations, London, Sage, 1992

Buck, H; Kistler, E.; Mendius, H.G., Demographischer Wandel in der Arbeitswelt – Chancen für eine innovative Arbeitsgestaltung. Broschürenreihe „Demographie und Erwerbsarbeit", Stuttgart, 2002

Bühler, C.: Theoretical observations about Life's Basic Tendencies. American Journal for Psychotherapy, 13, 1959 (561–581)

Capra, F., The Hidden Connections. A Science for Sustainable Living, New York, Doubleday, 2002

Capra, F., Lebensnetz. Ein neues Verständnis der lebendigen Welt. München, Scherz Verlag, 1996

Capra, F., Exner, A., Königswieser, R., Veränderung im Management-Management der Veränderung, in: Königswieser, R./Lutz, C. (Hg.), Das systemisch evolutionäre Management. Wien, Orac, 1992

Cohn, R.C., Von der Psychoanalyse zur Themenzentrierten Interaktion. Stuttgart, Klett-Cotta, 1975

Comelli, G., Rosenstiel, L. v., Führung durch Motivation. Mitarbeiter für Organisationsziele gewinnen. München, Vahlen, 2001

Daum, J.W., Two measures of R.O.I. on intervention-fact or fantasy? In: Cascio, W.F.: Managing human resources: Productivity, Quality of Life, Profits, 1992

Darwin, C., Über die Entstehung der Arten durch natürliche Zuchtwahl oder die Erhaltung der begünstigten Rassen im Kampfe um's Dasein. Köln, Parkland, 2002

Das Tibetanische Totenbuch. Ein Weisheitsbuch der Menschheit. Artemis & Winkler, Düsseldorf, Patmos, 2003

Dawkins, R., Das egoistische Gen, Hamburg, Rowohlt, 2001

Dawkins, R., Geschichten vom Ursprung des Lebens. Eine Zeitreise auf Darwins Spuren. Berlin, Ullstein, 2004

Deutsche Gesellschaft für Personalführung (Hg.): Personalcontrolling in der Praxis. Schäffer-Poeschel, 2001

DuBois, P.H., A history of psychological testing. Boston, Allyn & Bacon, 1970

Eibl-Eibesfeldt, I., Der vorprogrammierte Mensch, Kiel, Orion-Heimreiter, 1985

Eigen, M., Stufen zum Leben. Die frühe Evolution im Visier der Molekularbiologie. München, Piper, 1987

Eigen, M., Winkler, R., Das Spiel. Naturgesetze steuern den Zufall. München, Piper, 1996

Epiktet, Handbüchlein der Moral und Unterredungen, Stuttgart, Kröner, 1984

Erpenbeck, J./Rosenstiel, L.v. (Hrg), Handbuch Kompetenzmessung. Stuttgart, 2003

Fatke, R., Einführung, in: J. Piaget, Meine Theorie der geistigen Entwicklung, Weinheim, Beltz, 2003

Fischer, Roger / Ury, William / Patton, Bruce, Das Harvard Konzept. Der Klassiker der Verhandlungstechnik. Campus, 2003.

Fleischmann, E.A., Harris, E.F., Burtt, H.E., Leadership and supervision in industry, Columbus, 1955

Forrester, J. W., Der teuflische Regelkreis, Stuttgart, dva, 1971

Fromm, E., Anatomie der menschlichen Destruktivität (1973), Hamburg, Rowohlt, 1991

Fromm, E., Haben oder Sein, Die seelischen Grundlagen einer neuen Gesellschaft, München, DTV, 1987

Fuchs, Johann, Demographische Alterung und Arbeitskräftepotential. IAB-Colloquium „Praxis trifft Wissenschaft", Eine Frage des Alters, Herausforderungen für eine zukunftsorientierte Beschäftigungspolitik, Lauf, 2003

Gagné, R.M., Fleischmann, E.A., Psychology and human performance, New York, 1959

Gell-Mann, M., Das Quark und der Jaguar. Vom Einfachen zum Komplexen – Die Suche nach einer Erklärung der Welt. München, Piper, 1994

Gell-Mann, M., Das Quark und der Jaguar. Vom Einfachen zum Komplexen – Die Suche nach einer Erklärung der Welt. München, Piper, 1994

Gesteland, R.R., Global Business Behaviour, Zürich, Orell Füssli, 1998

Gibran, K., Im Garten des Propheten. München, Goldmann, 1976

Haft, F., Schlieffen, K. v. (Hg.), Handbuch der Mediation. München, Beck Juristischer Verlag, 2008

Hagehülsmann, H., Beratung zu professionellem Wachstum. Die Kunst transaktionsanalytischer Beratung. Paderborn, 2007

Hagehülsmann, Ute & Heinrich, Der Mensch im Spannungsfeld seiner Organisation. Transaktionsanalyse in Managementtraining, Coaching, Team- und Personalentwicklung. Paderborn, Junfermann, 1998

Hare, R.M., Wollen: Einige Fallen, in: Analytische Handlungsphilosophie, Bd.1 Hg.: G. Meggle, Frankfurt am Main, 1985

Heisenberg, W., Quantentheorie und Physik, Stuttgart, Reclam, 2006

Hell, Benedikt/Boramir, Ilkay/Schaar, Hagen/Schuler, Heinz, Interne Personalauswahl und Personalentwicklung in deutschen Unternehmen. In: Wirtschaftspsychologie 1-2006, 8. Jahrgang. Lengerich, Pabst Science.

Hentze, J., Brose,P., Personalführungslehre. Grundlagen, Führungsstile, Funktionen und Theorien der Führung. Ein Lehrbuch für Studenten und Praktiker, UTB, Stuttgart, 1986

Herbrand, F., Fit für fremde Kulturen, Bern, Haupt, 2002

Hersey, P, Blanchard, K., Management of organizational behaviour: Utilizing human resources, Englewood Cliffs, NJ, 1987

Herzberg, F., Work and Nature of Man, London, Crosby Lockwood Staples, 1966

Hinterhuber, H., Leadership. Strategisches Denken systematisch schulen von Sokrates bis heute. Frankfurt am Main, Frankfurter Allgemeine Buch, 2007

Hobbes, T., Leviathan. Cambridge University Press, 1996

Hoffmann, D., Max Planck, Die Entstehung der modernen Physik, München, C.H. Beck, 2008-12-10

Hofstede, G., Culture's Consequences, CA, Sage, 1984

Hofstede, G., Lokales Denken, Globales Handeln München, DTV, 2006

Hossiep, R./Paschen, M./Mühlhaus, O., Persönlichkeitstests im Personalmanagement. Grundlagen, Instrumente und Anwendungen. Göttingen, 1999

House, R. J., Hanges, P. J., Javidan, M., Dorfmann, P. W., Gupta, V., (Eds.) Culture, Leadership, and Organizations, The GLOBE Study of 62 Societies, Thousand Oaks, CA, Sage, 2004

Hume, D., A treatise of human nature. Oxford, Clarendon Press, 1978

Hume, D., Enquiries concerning human understanding and concerning the principles of morals. Oxford, Clarendon Press, 1975

Hunter, J.E./ Hunter, R.F., Validity and utility of alternative predictors of job performance. In: Psychological Bulletin, 96, pp. 72–98, 1984

Jung, C. G., Grundwerk in 9 Bänden. Walter, Düsseldorf, 1999

Kant, I., Kritik der praktischen Vernunft, Hamburg, Meiner, 2003

Kant, I., Was ist Aufklärung: Aufsätze zur Geschichte und Philosophie, hrsg. Von J. Zebbe, Göttingen, 1994

Kaplan, R.S., Norton, D.P., The Balanced Scorecard – Measures that Drive Performance. In: Harvard Business Review. 1992, January–February S. 71–79.

Kaplan, R.S., Norton, D.P., Putting the Balances Scorecard to work. In: Harvard Business Review. 1993, September–October S. 134–147.

Kaplan, R.S., Norton, D.P., Balanced Scorecard. Strategien erfolgreich umsetzen. Stuttgart, 1997

Kaplan, R.S., Norton, D.P., Strategy Maps. Der Weg von immateriellen Werten zum materiellen Erfolg. Verlag Stuttgart, 2004

Katz, D., Macoby, N., Morse, N.C., Productivity, supervision and morale in an office situation, Ann Arbor, 1950

Kauffman, S., Der Öltropfen im Wasser. Chaos, Komplexität, Selbstorganisation in Natur und Gesellschaft. München, Piper, 1998

Keirsey, David; Bates, Marilyn, Versteh mich bitte. Charakter und Temperamenttypen. CA, USA, Prometheus Nemesis, 1990

Kersting, Martin, Stand, Herausforderungen und Perspektiven der Managementdiagnostik. In: Personalführung, Düsseldorf, 10/2006. DGFP (Hrsg)

Kießling-Sonntag, Jochem, Handbuch Mitarbeitergespräche. Berlin, Cornelsen, 2000

Kluckhohn, F.R., Strodtbeck, F.L., Variations in value orientations, New York, Harper Collins, 1961

Kohn, L.S./Diopboye, R.L., The effects of interview structure on recruiting outcomes. In: Journal of Applied Social Psychology, 28, pp. 821–843, 1998

Königswieser, R., Widerstände gegen systemische Unternehmensführung, in: Königswieser, R./Lutz, C. (Hg.), Das systemisch evolutionäre Management. Wien, Orac, 1992

Königswieser, Roswita/Lutz, Christian (Hrsg.), Das systemisch evolutionäre Management. Wien, Orac, 1992

Königswieser Roswita/Hillebrand Martin, Einführung in die systemische Organisationsberatung. Heidelberg, Carl-Auer-Systeme Verlag, 2004

Königswieser, Roswita/Exner, Alexander, Systemische Intervention. Architekturen und Designs für Berater und Veränderungsmanager. Stuttgart, Klett-Cotta, 1998

Kuhn, T., Internes Unternehmertum, München 2000

Kutschker, M., Schmid, S., Internationales Management, München, Oldenbourg, 2008

Lavan, H./Mathys, N./Drehmer, D., A Look at the Counseling Practices of Major U.S. Corporations, in: Personnel Administrator, 1983, Vol. 28, No.6, 76–81, 143–146.

Leibold, Marius/Voelpel, Sven, Managing the aging Workforce. Challenges and Solutions. Erlangen, Publicis, 2006

Leibniz, G.W., Monadologie, Französich/Deutsch. Stuttgart, Reclam, 1998

Levine, R., Eine Landkarte der Zeit. Wie Kulturen mit Zeit umgehen. München, Piper, 1997

Levine, R., Hashimoto, T., Verma, J., Love and marriage in eleven cultures, in Journal of cross cultural psychology 26, 1995

Levine, R., Conover, L., The Pace of Life Scale, International Society for the Study of Time, 1992

Lewin, K., Field theory in social science (selected theoretical papers). New York, 1951.

Lisges,G., Schübbe, F., Personalcontrolling. Haufe, Freiburg 2004

Locke, J., An essay concerning human understanding. Oxford, Clarendon Press, 1979

Lord, R.G., Maher, K.J., Leadership and Information Processing, Linking Perceptions and Performance. People and Organizations, Vol. 1, Boston, MA, Unwin Hyman, 1991

Lovelock, J.E., Healing Gaia, New York, 1991

Lueger, M., Macht und Herrschaft in Organisationen, in: Königswieser, R./Lutz, C. (Hg.), Das systemisch evolutionäre Management. Wien, Orac, 1992

Luft, J. & Ingham, H., The Johari Window, a graphic model for interpersonal relations. Western Training Laboratory in Group Development, University of California at Los Angeles, Extension Office, 1955

Luhmann, N., Einführung in die Systemtheorie. Heidelberg, Carl-Auer, 2002

Lutz, C., Unternehmensführung im Zeitalter der Kommunikation, in: Königswieser, R./Lutz, C. (Hg.), Das systemisch evolutionäre Management. Wien, Orac, 1992

Porter, L.W., Lawler, E.E., Managerial Attitude and Performance, Hanenwood, Irwin, 1968

Malik, Fredmund, Führen, Leisten, Leben. München, Heyne, 2001

Margulis, L., Sagan, D., Microcosmos, New York, 1986

Martin, G., Sokrates, Hamburg, Rowohlt, 1967

Maslow, A., A Theory of Human Motivation, Psychological Review 50, 1943

Maturana, H.R., Varela, F.J., Der Baum der Erkenntnis. Die biologischen Wurzeln menschlichen Erkennens. München, Scherz, 1987

May, B., Moore, P., Lintott, C., Bang. Die ganze Geschichte des Universums, Stuttgart, Kosmos, 2007, 146

McClelland, D.C., The achieving society, NJ, Princeton, Van Nostrand, 1961

McGregor, D., The human side of Enterprise, New York, 1960

Molcho, Samy, Alles über Körpersprache. München, Goldmann, 2001

Molcho, Sammy, Körpersprache im Beruf. München, Goldmann, 1988

Müller, Gabriele, Systemisches Coaching im Management. Weinheim, Beltz, 2003

Neuberger, O., Führen und geführt werden, Stuttgart, 1995

Nietzsche, F., Also sprach Zarathustra. Ditzingen, Reclam, 1986

Parsons, T., Das System moderner Gesellschaften, Weinheim, Juventa, 2003

Pelz, D.C., Influence: A key to effective leadership in the first line supervisor, in: Personnel, 29, 1952

Pestalozzi, J.H., Sämtliche Werke, Berlin, de Gruyter, 1927

Piaget, J., Meine Theorie der geistigen Entwicklung, Weinheim, Beltz, 2003

Piaget, J., Theorien und Methoden der modernen Erziehung. Frankfurt am Main, 1999

Platon, Sämtliche Dialoge, Band I und II, Hamburg, Meiner, 1988

Redfield, R., Introduction to B. Malinowski, Magic, Science and Religion. Boston: Beacon Press, 1948

Rentzsch, H.P., Erfolgreich verhandeln im weltweiten Business. Verhalten, Taktik und Strategie für internationale Meetings und Präsentationen. Wiesbaden, Gabler, 1999

Rescher, N., Warum sind wir nicht klüger? Der evolutionäre Nutzen von Dummheit und Klugheit. Stuttgart, Hirzel, 1994

Ridder, H.G., Personalwirtschaftslehre, Stuttgart, 1999

Risse, H., Berkeley und der Demiurg. Requiem auf das Spiel in der Sackgasse. Vastorf, Merlin, 1983

Schein, E. H., Organizational Psychologie, Englewood Cliffs, Prentice Hall, 1980

Schein, E. H., Organizational Culture And Leadership, San Francisco, Jossey-Bass, 1992

Schein, E.H., Organisationskultur, Bergisch Gladbach, EHP, 2003

Scheler, Max, Der Formalismus in der Ethik und die materiale Wertethik. Bouvier, 1954

Scherm, M., Sarges, W., 360°-Feedback. Hogrefe, Göttingen 2002

Scherm, M., (Hg.): 360-Grad-Beurteilungen. Hogrefe, Göttingen 2005

Schiller, F., Über die ästhetische Erziehung des Menschengeschlechts (1795), Ditzingen, Reclam, 2000

Scholz, Christian, Personalmanagement. Informationsorientierte und verhaltenstheoretische Grundlagen. Vahlen, 2000

Schulz von Thun, Friedemann, Miteinander Reden, Band 1–3. Allgemeine Psychologie der Kommunikation. Hamburg, Rowohlt, 1981

Sen, Amartya, Ökonomie für den Menschen. München, DTV, 2002

Senge, Peter, Die fünfte Disziplin. Stuttgart, Klett-Cotta, 1998

Simon, F.B., Einführung in Systemtheorie und Konstruktivismus, Heidelberg, Carl-Auer, 2007

Simons, P. R. J., Lernen, selbständig zu lernen – ein Rahmenmodell. In: Mandl, H., Friedrich, H.F. (Hg): Lern- und Denkstrategien. Analyse und Intervention. Göttingen, 1992

Spada, Hans, Allgemeine Psychologie. Bern, Hans Huber, 1990

Spaemann, R., Sein und Gewordensein. Was erklärt die Evolutionstheorie? In: Evolutionstheorie und menschliches Selbstverständnis, hrg. Von R. Spaemann, P. Koslowski, R. Löw, Cicitas Resultate Band 6, Weinheim, Acta humaniora, 1984

Sparrer, I., Einführung in Lösungsfokussierung und Systemische Strukturaufstellungen, Heidelberg, Carl-Auer, 2007

Sparrer, I., Wunder, Lösung und System. Heidelberg, Carl-Auer, 2006

Stogdill, R.M., Handbook of Leadership: A survey of theory and research, New York, 1974

Störig, H.J., Weltgeschichte der Philosophie. Stuttgart, Kohlhammer, 1981

Struck, Klaus-Günter, Der Coaching-Prozess. Der Weg zu Qualität: Leitfragen und Methoden. Erlangen, Publicis, 2006

Tannenbaum, R., W.H. Schmidt, W.H., How to choose a leadership pattern, Harvard Business Review, 1958

Taylor, F.W., Principles of Scientific Management, New York, Harper, 1911

Trompenaars, F., Riding the Waves of Culture: Understanding Cultural Diversity in Business. Random House Business Books, 1993

Tscheulin D., Rausche, A., Beschreibung und Messung des Führungsverhaltens in der Industrie mit der deutschen Version des Ohio-Fragebogens, in: Psychologie und Praxis, 14, 1970

Wöhe, Günter, Einführung in die Allgemeine Betriebswirtschaftslehre. München, Vahlen, 2005

Varela, F. J., Kognitionswissenschaft – Kognitionstechnik, Frankfurt am Main, Suhrkamp, 1990

Vester, F., Unsere Welt – ein vernetztes System, München, dtv, 2002

Vogelauer, Werner, Methoden-ABC im Coaching. München, Wolters-Kluwer, 2004

von Bertalanffy, Ludwig, General System Theory. Foundations, Development, Applications. George Braziller, Inc., New York, 1969

von Humboldt, W., Werkausgabe in 7 Bänden hg. Von Carl Brandes, ND Berlin 1988

Vorländer, K., Geschichte der Philosophie mit Quellentexten, Band 1–3. Hamburg, Rowohlt, 1990

Weber, M., Soziologie, Weltgeschichtliche Analysen, Stuttgart, 1956

Weibler, J., Personalführung, München, Vahlen, 2001

Weiner, Bernard, Motivationspsychologie. Weinheim, Beltz, 1994

Weber, M., Wirtschaft und Gesellschaft, Tübingen, Mohr Siebeck, 1980

Weider, P.C., Das 360° Feedback in einem europäischen Versicherungsunternehmen, in: Hofmann/Köhler/Steinhoff (Hrsg.): Vorgesetztenbeurteilung in der Praxis, Weinheim, 1995, 159–166

Welch, Jack & Suzy, Winning. Frankfurt, Campus 2005

Wiener, N., Kybernetik, Düsseldorf, Econ, 1963

Wittmann, S., Praxisorientierte Managementethik: Gestaltungsperspektiven für die Unternehmensführung, Münster, 1994

Zeilinger, A., Einsteins Spuk. Teleportation und weitere Mysterien der Quantenphysik. München, Goldmann, 2007

www.ingramcontent.com/pod-product-compliance
Lightning Source LLC
Chambersburg PA
CBHW072011230326
41598CB00082B/7270